D1719284

Jörg Osarek, Andreas Hoffmann

Die Exzellenz-Formel – Das Handwerkszeug für Berater

Tools und Techniken für mehr Beraterexzellenz

BusinessVillage
Update your Knowledge!

Jörg Osarek, Andreas Hoffmann
Die Exzellenz-Formel – Das Handwerkszeug für Berater
Tools und Techniken für mehr Beraterexzellenz
BusinessVillage, Göttingen 2008
ISBN: 978-3-938358-76-4
© BusinessVillage GmbH, Göttingen

Beraterexzellenz® ist eine eingetragene Marke der Jörg Osarek Unternehmensberatung, Bad Homburg

Bestellnummer
Druckausgabe Bestellnummer PB-757
ISBN 978-3-938358-76-4

Bezugs- und Verlagsanschrift
BusinessVillage GmbH
Reinhäuser Landstraße 22, 37083 Göttingen
Telefon: +49 (0)5 51 20 99-1 00
Fax: +49 (0)5 51 20 99-1 05
E-Mail: info@businessvillage.de
Web: www.businessvillage.de

Layout und Satz
Sabine Kempke

Coverfoto
Jörg Osarek

Fotos in Anzeige Seite 16/17
Fotolia: pressmaster, bellemedia, Evgeny Kan, gridcaha

Abbildung 27
Limbic® Map – mit freundlicher Genehmigung von Dr. Hans-Georg Häusel

Über die Autoren

 **Jörg Osarek**, Jahrgang 1970, wohnhaft in Bad Homburg vor der Höhe, schloss 1990 seine Ausbildung bei der Hewlett Packard GmbH als Industriekaufmann ab. Seit 1992 bewegt er sich aktiv im IT-Beratungsgeschäft. Dort hat er als Consultant vom kleinen Systemhaus bis zum Fortune 500-Unternehmen das volle Beratungsspektrum erlebt und mitgestaltet.

1997 bis 2003 lernt er im weltweit tätigen Softwareunternehmen Oracle in den Rollen Programmierer, IT Architect, Projektmanager, Principal Consultant und Soft Skill Trainer für die Consulting-Ogranisation die komplette Bandbreite der IT-Beratung kennen.

2003 wirkt er als Gesellschafter bei der Gründung des its-people Unternehmensverbundes für IT-Beratung mit und baut als Geschäftsführer die its-people Hochtaunus GmbH auf.

Mit einem tiefen technologischen Hintergrundwissen unterstützt Jörg Osarek heute als selbstständiger Berater und Interimsmanager Unternehmen durch IT-Architecture-Consulting und Projektmanagement bis hin zur Übernahme einer Interims-Geschäftsführung.

Ergänzend dazu publiziert er Fachartikel, hält Trainings sowie Vorträge unter anderem zu den Themen Professional-Vermarktung, Beraterexzellenz, Projektmanagement und serviceorientierte Architekturen.

Jörg Osarek ist seit 1992 glücklich verheiratet und lässt sich von seiner Frau auch im Beratungsgeschäft immer wieder inspirieren. Kommunikation spielt eine wesentliche Rolle, im Privaten wie im Beruflichen. Die Kommunikationsfehler und Kommunikationserfolge ähneln sich stark.

Neben den Themen Soft Skills, IT und Management beschäftigt er sich mit den Auswirkungen technologischen Fortschritts im Sinne der evolutionären Weiterentwicklung auf die Zukunft von Menschen und Gesellschaft.

Andreas Hoffmann, geboren 1965, heute wohnhaft in Neu-Anspach und seit 2000 verheiratet, war nach seiner Ausbildung im Informatik-Bereich für große Beratungsunternehmen und Softwarehersteller im IT-Beratungsgeschäft tätig.

Bei Unternehmen wie CSC Ploenzke und Oracle hat er viel Praxiserfahrung in erfolgreichen IT-Beratungsprojekten sammeln können, beispielsweise bei der Ford Werke AG oder der Deutschen Bank AG. Dort eignete er sich solide Kenntnisse der technischen Basis an und baute darauf Fähigkeiten in den Bereichen Kommunikation, Präsentation, Beratung und Serviceorientierung auf.

Auch die Erkenntnis der Bedeutung dieser „weichen Fähigkeiten" für ein erfolgreiches Beratungsgeschäft führte dazu, dass Andreas Hoffmann seit 2001 seine Erfahrungen in Soft Skill-Trainings an Beraterkollegen weitergibt.

2003 wechselt er in die Rolle des selbstständigen Unternehmers und ist Mitbegründer und Gesellschafter des its-people Unternehmensverbundes.

Als selbstständiger Berater unterstützt er namhafte Großkunden vorrangig in Business Intelligence-Projekten, wie zum Beispiel die Deutsche Telekom oder die UBS. Dabei baut er kontinuierlich sein umfangreiches Handwerkszeug für Berater aus.

Neben Soft Skill-Trainings liegen die fachlichen und technischen Schwerpunkte von Andreas Hoffmann in Applikationsdesign und -management, technischer Projektleitung, Konzeption und Design von Datawarehouse-Umgebungen, Analyse, Oracle Datenbank-Server Software, diversen Programmiersprachen und Betriebssystemen sowie dem Bereich von ETL-Prozessen. Daneben gehören auch alle gängigen projektmethodischen Verfahren zu seinem Repertoire.

Aufgrund seiner Herkunft ist eine seiner großen nichtberuflichen Leidenschaften der 1.FC Köln.

Vorwort

Wir freuen uns, dass Sie dieses Buch in Ihren Händen halten, und wünschen uns, dass es Sie auf Ihrem persönlichen Weg ein Stück begleitet und vielleicht ein wenig in Ihre Wunschrichtung weiterbringt.

Für uns war die Entstehung dieses Buches ein spannender Prozess. Von der ersten Idee im Jahr 2003 über den echten Beginn der Arbeiten Anfang 2006 bis zur Fertigstellung des Manuskripts im April 2008 ist viel Arbeit und viel Herzblut hineingeflossen und wir beide haben währenddessen eine Menge hinzugelernt. Dabei ist das Schreiben ist ja nicht die einzige Aufgabe. Es geht darum, einen Verlag zu finden, Vertragsverhandlungen zu führen, juristische Fragen zu klären, Partner zu gewinnen und vieles mehr. Daher können wir Ihnen unbesorgt den Tipp geben: Schreiben auch Sie ein Buch zu Ihrem Fachgebiet, es lohnt sich. Sie werden viele Abenteuer erleben und Sie erweitern dabei Ihren Horizont.

Doch warum haben wir all dies neben unserem Beruf als Berater und Manager auf uns genommen? Ein Aspekt war sicherlich eine gewisse Naivität zu Beginn. Wir beide geben zusammen Trainings zum Thema Beraterkompetenz oder Consulting Skills. Da wir unser Training nach und nach verbesserten und vom Thema Beraterkompetenz ausbauten zum Thema Beraterexzellenz, dachten wir, es wäre nett, statt ausgedruckter Teilnehmerunterlagen den Teilnehmern ein Buch an die Hand zu geben. Außerdem war es die Idee, all die einzelnen Puzzlesteine des Könnens guter bis exzellenter Berater zusammenzutragen und wie bei einem Mosaik zu einem Gesamtbild zusammenzusetzen.

Schließlich gab es im ganzen Prozess Höhen und Tiefen, Zweifel, Probleme und neue Ideen, das Thema zu verwirklichen. Denn Beraterexzellenz ist ein Thema, das uns beiden wirklich sehr am Herzen liegt und für das wir beide bereit sind, die eine oder andere Extrameile zu gehen. So haben wir bei jeder neuen Hürde einen Weg gefunden, diese zu überwinden. Nach und nach entstanden die Struktur, die Inhalte und die Umgebung, in der das Buch das Licht der Welt erblicken sollte. Einige Kapitel haben wir bereits in Fachartikeln veröffentlicht, der Großteil ist jedoch vollständig neu für das Buch geschrieben.

Dieses Buch haben wir zwei nicht alleine geschaffen, sondern wir wurden durch viele Menschen dabei unterstützt. An dieser Stelle folgt natürlich zuerst der obligatorische Dank an unsere beiden Ehefrauen Martina Hoffmann und Barbara Osarek, die durch ihren Verzicht auf Zeit mit uns den wichtigsten Beitrag zu diesem Werk geleistet haben. Wir sind beiden ernsthaft zutiefst dankbar für ihre großen Opfer und die permanente Unterstützung sowie den einen oder anderen ehelichen Tritt in den Hintern, am Buch weiterzuarbeiten, damit es fertig wird – und zwar aus reiner Liebe, nicht, weil man das so schreibt.

Neben dieser wichtigsten Unterstützung haben uns viele weitere Personen unter die Arme gegriffen und mehr gegeben, als wir zu erhalten gehofft hatten. Der erste Dank geht an Daniel Stanitzek, der mit seiner Digital Solutions Group (www.d-s-g.de) enthusiastisch die Verantwortung für die hervorragenden Abbildungen in diesem Buch übernommen hat. Ein herzliches Dankeschön auch an Prof. Dr. Christian Zielke, der in einem sehr frühen Stadium das Buchkonzept mit uns durchsprach und wesentliche Hinweise und Tipps gab. Ebenso vielen Dank an Kai-Jürgen Lietz für seine Vermittlung sowie an Bettina Querfurth und Oliver Gorus für ihre Hilfestellungen aus der Agenten-Sicht. Dann natürlich noch vielen Dank an Christian Hoffmann und Jens Grübner vom BusinessVillage Verlag für die intensiven Diskussionen sowie an Sabine Kempke für den wunderbaren Satz des Buches. Last but not least ein Dank an alle Berater des its-people Unternehmensverbundes (www.its-people.de), die uns durch ihren Rat und Input unterstützt haben. Besonders dabei hervorheben möchten wir unseren Philosophen Dr. Christian Mann (www.ipponsoft.de), Alexander Scholz (www.scholz-wiesbaden.de), dem wir den ersten Buchstaben der Exzellenz-Formel verdanken, sowie unserer bezaubernden und fähigen Marketing-Leiterin Beatrice Wächter (moreandmarketing.de), die uns zu Marketingfragen auf die Sprünge half. Möglicherweise haben wir einige wichtige Menschen nicht aufgeführt, denen wir Dank schulden. Sollte dies so sein, meldet Euch bitte bei uns und wir verhandeln darüber, wie wir das wieder gutmachen können.

Nach all diesem Dank noch zwei Hinweise in eigener Sache: Auf unserer Webseite: www.beraterexzellenz.de finden Sie Zusatzmaterial zu diesem Buch, Artikel, Tipps, Seminare und Tools für Berater sowie aktuelle Ent-

wicklungen für exzellente Berater. Wir laden Sie ein, regelmäßig vorbeizu-
schauen und sich in unseren Newsletter-Verteiler einzutragen, dann halten
wir Sie automatisch auf dem neuesten Stand.

Über Ihre Kontaktaufnahme zwecks Rückmeldungen, konstruktiver Kritik,
Anregungen oder Ideen freuen wir uns beide. Schreiben Sie uns einfach
eine E-Mail an:

joerg.osarek@beraterexzellenz.de
oder andreas.hoffmann@beraterexzellenz.de.

Wir wünschen Ihnen nun genau so viel Spaß beim Lesen, wie wir ihn bei der
Entstehung dieses Buches hatten.

Bad Homburg, im Juni 2008

Ein paar einleitende Worte

Wozu denn jetzt noch eine Exzellenz-Formel für Berater? Die ganze Welt sucht nach Formeln. Die Wissenschaftler suchen eine Weltformel, die alle bekannten physikalischen Phänomene vereint. Viele Menschen suchen eine Erfolgsformel für ihr Leben. Manche suchen eine Formel, mit der sie in der Spielbank sicher beim Roulette gewinnen, oder haben eine Formel für Blackjack (Card Counting) erlernt.

Formeln machen unser Leben leichter, da sie Regeln für komplexe Themenbereiche in einfache Gleichungen gießen. Umfangreiche Zusammenhänge werden so beherrschbar. Eine der genialsten Formeln ist aufgrund ihrer Einfachheit die von Einstein aufgestellte Gleichung $E = mc^2$. Solche einfachen Formeln können wir uns leicht merken und so mit komplexen Sachverhalten umgehen. Formeln und Abkürzungen für Methoden haben in unserem Berufsalltag schon lange Einzug gehalten. Von der SWOT-Analyse über die AIDA-Formel des Marketings bis zu SMART-Zielen dienen uns diese Stellvertreterbegriffe als Eselsbrücke für detailliertere Verfahren. Und selbst die Römer trugen vor ihren Heeren Standarten mit der Abkürzung S.P.Q.R. vor sich her. Da das Thema Beraterexzellenz eben kein einfaches, sondern ein hochkomplexes ist, steuern auch wir unsere Eselsbrücke bei, um ein umfangreiches Thema einfacher zu fassen. Damit plädieren wir für einen einfacheren Zugang zum Thema, nicht dafür, das Thema zu simplifizieren. Um den hochgeschätzten Professor Harald Lesch aus dem Gedächtnis zu zitieren: *„Auf jede schwierige Frage gibt es eine klare, einfache und falsche Antwort."* Unsere Eselsbrücke zur Beraterexzellenz lautet:

$$(BASTELN) \times 110\,\%.$$

Mit diesem Shortcut wollen wir Ihnen helfen, wichtige Elemente exzellenten Beratens auch in Ihren persönlichen Alltagssituationen parat zu haben. Und wenn Sie spicken wollen, was dahinter steckt, können Sie dies im Kapitel: „Der Weg zum Ziel – Die Exzellenzformel" tun. Die Exzellenz-Formel ist ein wichtiges Kernstück des Themas Beraterexzellenz – jedoch nur das Kernstück. In diesem Buch beschreiben wir das Gesamtbild der Beraterexzellenz. Dieses Buch stellt eine Art Reiseführer dar, wie Sie selbst ein exzellenter Berater werden können. Damit Sie sich besser darin orientieren können, geben wir an dieser Stelle einige Hinweise.

Zum Aufbau dieses Buchs

Das Buch gliedert sich in folgende Hauptteile, die aufeinander aufbauen.

Teil I – Wie arbeiten eigentlich gute Berater?: Hier beschreiben wir die Grundlagen und Basis-Methoden für professionelle Berater.

Teil II – Vom guten Berater zur Beraterexzellenz: fortgeschrittene Kommunikation und Soft Skills sowie weitere Erfolgsstrategien exzellenter Berater vertiefen wir hier, ebenso wie die Exzellenz-Formel.

Teil III – Feintuning/die Arbeit an der eigenen Beraterexzellenz: Das richtige Maß und die Einstellung der einzelnen Eigenschaften im Kontext Ihrer Persönlichkeit, der jeweiligen Situation und Ihres Gegenübers sind Gegenstand dieses Teils.

Teil IV – Im Zusammenspiel wird die Exzellenzformel wirksam: Aristoteles sagt: „Das Ganze ist mehr als die Summe seiner Teile." Dieses Verständnis von Basiswissen, Beraterexzellenz, Feintuning und dem perfekten Zusammenspiel macht einen exzellenten Berater aus. Hier führen wir alle Fäden zusammen.

Prinzipiell empfehlen wir das Lesen des Buchs von vorne nach hinten, da viele Themen in den besagten vier Stufen aufeinander aufbauen. Sollten Sie sich jedoch einzelne Teile herausgreifen und direkt lesen wollen, ist auch dies in vielen Fällen möglich und wird durch die von uns gewählte Struktur unterstützt.

Wir oder ich – Wer schreibt dieses Buch?

Dieses Buch ist aus der gemeinsamen Arbeit von Jörg Osarek und Andreas Hoffmann entstanden. Ursprünglich hatten wir vorgesehen, dass jeder die Hälfte der Kapitel beisteuert. Im Interesse eines einheitlichen Schreib- und Lesestils haben wir uns jedoch schließlich für eine andere Arbeitsteilung entschieden. Jörg Osarek hat die Kapitel dieses Buchs angereichert mit Anregungen von Andreas Hoffmann geschrieben, Andreas Hoffmann hat die Überarbeitungen durchgeführt und Ideen inhaltlich korrigiert. Dabei kamen teils intensive Überarbeitungen heraus. So ist am Schluss ein gemeinsames Werk entstanden. Durch diese besondere Art des Schreibens lesen Sie an vielen Stellen „uns" oder „wir". Damit sind wir beide als Autoren oder wir im Kontext der Unternehmen gemeint, für die wir tätig sind oder waren. Lesen Sie etwas, das in der „Ich"-Form geschrieben ist, handelt es sich um persönliche Aussagen von Jörg Osarek.

An unsere Leserinnen

Dieses Buch wendet sich an intelligente und gut aussehende Beraterinnen und Berater. Wenn wir Sie im Verlauf des Buchs als Berater ansprechen, schließen wir die Damenwelt damit nicht aus. Wir haben uns jedoch aufgrund leidlicher Lesbarkeitserfahrungen entschieden, auf das Durchziehen dieses Buchs mit nervtötenden Passagen wie „Sie als Beraterin/Berater" zu verzichten. Wir glauben, damit den Lesefluss deutlich zu verbessern und schließen Beraterinnen explizit in diese Anrede mit ein! Im Übrigen wenden wir uns natürlich auch an Menschen, die erwägen, den Beruf des Beraters zu ergreifen oder die sich einfach für das Thema Beratung interessieren. Seien Sie alle herzlich willkommen!

Nach diesen einleitenden Worten wünschen wir Ihnen nun viel Spaß bei der Erforschung Ihrer Exzellenz-Formel und der Geheimnisse Ihrer Beraterexzellenz.

„Eine Reise von tausend Meilen beginnt mit dem ersten Schritt."

Laotse, chinesischer Philosoph
(3. bis 4. Jahrhundert v. Chr.)

Ich strample mich ab bis zum
Gehtnichtmehr und bei ihm
funktioniert alles mühelos.
Er weiß alles, kennt die besten
Tricks und für jede Aufgabe
hat er das richtige Werkzeug.
Seine Kunden lieben ihn.
Wie macht er das bloß?

Teil I – Wie arbeiten eigentlich gute Berater?

1.1 Ein professionelles Verständnis von Beratung ist Pflicht

1.1.1 Was ist Beratung und was tut ein Berater?

Das Leben ist nicht immer einfach. Daher suchen Menschen gerne den Rat ihrer Mitmenschen und hoffen so bessere Entscheidungen zu treffen. Schon in den Jahrtausende alten Berichten über antike Herrscher treffen wir auf Berater, darunter bekannte Namen wie Plinius, Seneca und Tacitus.

Die wichtige Bedeutung von Beratern zeigt sich auch beim Schachspiel. Die heutige Dame hat ihren historischen Ursprung in der Figur des Farsin (oder arabisch Wesir) – dem Ratgeber des Königs[1]. Später wurde sie umgedeutet in die Königin, die Dame. Wenn man sich die Zugmöglichkeiten des Farsin/der Dame ansieht, erkennt man, dass es sich um die mächtigste Figur auf dem Spielfeld handelt, die über die meisten Möglichkeiten und die größte Macht verfügt. Und mit großer Macht ist eine große Verantwortung verbunden.

Berater haben also eine lange Tradition und verfügen über viel Macht. In unseren Tagen hat sich eine solche Vielzahl von Beratungsformen entwickelt, dass wir präzisieren wollen, worum es in diesem Buch geht.

Wikipedia definiert Beratung wie folgt[2]: *„Der Begriff Beratung bezeichnet im Allgemeinen ein Gespräch oder einen anderweitig kommunikativen Austausch (Brief, E-Mail oder Ähnliches) oder auch eine praktische Anleitung, die zum Ziel hat, eine Aufgabe oder ein Problem zu lösen oder sich der Lösung anzunähern."* Es folgt eine Auflistung circa dreißig verschiedener Beratungsformen von psychologischer- und Sozialberatung über Rechtsberatung bis hin zu Unternehmensberatung und IT-Beratung. Die Berufsbezeichnung Berater ist weiterhin nicht geschützt, also darf sich jeder, der möchte, Berater nennen, unabhängig von seiner Qualifikation. Wir konnten in unserem Berufsleben als Berater viele Kollegen erleben, die sich Berater nennen. Eine Reihe von ihnen waren dies auch. Und wir haben ein Gefühl dafür bekommen können, was einen kompetenten Berater ausmacht und was darüber hinaus einen exzellenten Berater kennzeichnet.

---

1 Quelle: http://de.wikipedia.org/wiki/Schachgeschichte – Ursprung des Schachspiels
2 Quelle: http://de.wikipedia.org/wiki/Beratung – Definition der Beratung

Wenn wir von Beratung sprechen, dann meinen wir damit den Bereich, in dem wir über mehrere Jahre und in unzähligen Projekten Erfahrungen sammeln durften: die Beratung von Unternehmen und dort besonders Fragen der Informations- und Telekommunikationstechnologien, der Organisationsberatung, der Unternehmensstrategie und die Begleitung von sogenannten Veränderungsprozessen. Beratung, so wie wir sie täglich praktizieren, ist dadurch gekennzeichnet, dass ein Unternehmen einen Berater beauftragt, es professionell bei einer wichtigen Aufgabe zu unterstützen. Typischerweise geht es nicht um eine einmalige Beratung, sondern um ein Engagement in dem Bereich von Tagen, Wochen oder gar Monaten.

Gehen wir noch einmal zurück zu unserem Ansinnen, eine Definition des Beratens zu finden. Dazu sehen wir uns neben der soeben gemachten allgemeinen Definition eine sehr gute Beschreibung von Beratung oder englisch Consulting von Gerald M. Weinberg aus seinem Buch *The Secrets of Consulting* an:

Gerald M. Weinberg

Consulting is influencing people at their request. – Beratung ist das Beeinflussen von Menschen auf ihr Verlangen hin.

Weiter können wir mit etwas Arbeit aus diesem ausgezeichneten Buch[3] die (ersten) drei Gesetze des Beratens entnehmen:

Die (ersten) drei Gesetze des Beratens

1. *There is always a problem. – Es gibt immer ein Problem.*
2. *It is always a people problem. – Es ist immer ein Problem von Menschen.*
3. *Remember, you get paid by the hour, not by the solution. – Du wirst bezahlt pro Stunde, nicht für die Lösung.*

---

3 Quelle: Weinberg, Gerald M.: The Secrets of Consulting. A Guide to Giving and Getting Advice Successfully.

Dies verdeutlicht noch einmal den Charakter von Beratung. Beratung ist in der Regel eine Dienstleistung, auch wenn Marktentwicklungen, wie zum Beispiel in der BITP-Studie von Lünendonk beschrieben, aufzeigen, dass immer mehr Unternehmen Wert darauf legen, dass bei ihrem Beratungspartner sowohl Beratungskompetenz als auch Umsetzungskompetenz vorhanden ist. Vor einer guten Umsetzung steht eine gute Beratung.

Das dritte Gesetz von Gerald M. Weinberg sagt aus: „Du wirst pro Stunde bezahlt, nicht für die Lösung". Es kommt vor, dass Kunden sich Dienstleistungen zum Festpreis wünschen. Mit einer entsprechenden Erfahrung des Beraters kann dies durchaus gut funktionieren und dem Kunden die nötige Sicherheit vermitteln. Beispielsweise eine Analyse oder ein Audit mit dem Ergebnis von Empfehlungen.

Beraten bedeutet also, Unternehmen und Menschen, die dies von uns erbitten, bei ihrer Entscheidungsfindung zu beeinflussen. Dazu hilft unser hoffentlich objektiverer Blick auf ihre Situation von außen.

Wenn ein Unternehmen als unser Kunde eine Entscheidung trifft, bedeutet dies auch, dass es die Verantwortung dafür trägt. Wir tragen als Berater die Verantwortung, unseren Kunden so gut wie möglich nach dem aktuellen Stand von Wissenschaft und Technik und exzellenten Beraterfähigkeiten zu beraten, damit seine Entscheidung mit unserer Unterstützung besser ist als eine, die er alleine treffen würde.

1.1.2 Das magische Dreieck des Projektmanagements

Einführung

In der Beratung geht es oft um die Begleitung oder das Durchführen von Projekten – also von Arbeiten in einem Unternehmen, die nicht im normalen Tagesgeschäft anzusiedeln sind.

Daher sehen wir uns an, welche Steuergrößen in einem Projekt existieren, auf die ein Berater achten muss. Die Arbeiten im Rahmen eines Projekts haben üblicherweise ein klar definiertes Ziel, ein zeitliches Ende und verfügen über ein Projektbudget. Was erwartet ein Kunde nun, wenn er die

Aufgabe stellt, dass ein Projekt abgewickelt werden soll? Wir haben die drei wesentlichen Stellschrauben schon genannt: das Ziel, das zeitliche Ende und das Budget.

Die Theorie

Die normale Erwartungshaltung eines Kunden ist, dass in dem Projekt
eine **definierte Leistung**   in einer   **vereinbarten Zeit**   zu den   **angegebenen Kosten**   erbracht wird.

Diese drei Parameter werden üblicherweise dargestellt als gleich lange Seiten im magischen Dreieck des Projektmanagements.

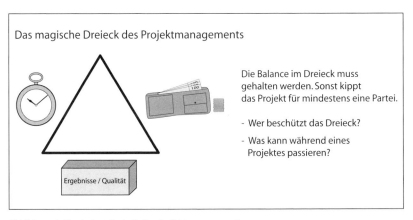

Das magische Dreieck des Projektmanagements

Die Balance im Dreieck muss gehalten werden. Sonst kippt das Projekt für mindestens eine Partei.

- Wer beschützt das Dreieck?
- Was kann während eines Projektes passieren?

Ergebnisse / Qualität

Abbildung 1: Magisches Dreieck des Projektmanagements

Nun gibt es oft eine Vielzahl beteiligter Personen und Organisationen an einem Projekt. Beispielhaft können wir nennen: den Kunden und das Beratungsunternehmen (falls es sich zum Beispiel um einen angestellten Berater handelt). In den einzelnen Organisationen geht es weiter. Da können auf Kundenseite sein: der Auftraggeber, der sein Ziel erreichen möchte. Die Mitarbeiter einer Abteilung, deren Arbeit durch das Projekt verändert wird. Personen, die gerne sehen würden, dass das Projekt scheitert, um eigene Ideen durchzusetzen. Der Einkauf usw. Auf Seiten des Beratungsunternehmens können sein: der Berater selbst. Der Vorgesetzte des Beraters, der Ziele für seine Gruppe hat. Der Vertrieb, der Vertriebsziele und Umsatzziele hat.

Jede dieser Gruppen und Personen kann unterschiedliche Interessen im Zusammenhang mit dem Dreieck des Projekts haben. Während der Kunde – zum Beispiel speziell der Einkauf – gerne ein größtmögliches Ergebnis in kurzer Zeit bei kleinstmöglichen Kosten wünscht, wäre der Berater oft beglückt, möglichst viel Zeit bei einer möglichst kleinen Aufgabenstellung zu haben, da er so unter weniger Druck steht. Der Vorgesetzte des Beraters wiederum interessiert sich eher dafür, möglichst viel Geld in kurzer Zeit zu verdienen, damit er den Berater bei anderen Kunden gewinnbringend einsetzen kann. Den fachlichen Auftraggebern fällt häufig im Projektverlauf ein, dass sie gerne noch dieses und jenes Extra im Projektergebnis sehen möchten bzw. Dinge auftauchen, die zuvor nicht absehbar waren, die aber ganz wichtig sind. Also wünschen sie mehr Ergebnisse in der gleichen Zeit oder schneller.

So zerren viele Menschen mit vielen Interessen an allen Seiten des magischen Dreiecks. Nun stellt sich die spannende Frage: Welche Form des Dreiecks wird funktionieren? Nach einer Reihe von durchgeführten Projekten wird man feststellen, dass die Projekte erfolgreich sind, die ein ausgeglichenes Dreieck aufweisen.

Projekte laufen üblicherweise nicht von der initialen Idee bis zu ihrem Ende wie geplant ab. Es wird Änderungen geben und diese führen zur Veränderung am Dreieck des Projekts. Daher ist es wichtig, dass jedes Projekt einen Hüter des Dreiecks hat, der darauf achtet, dass Änderungen an einer Seite auch Änderungen an den anderen Seiten nach sich ziehen. Den Hüter des Dreiecks nennt man Projektmanager oder Projektleiter. Es gibt keine einheitliche Terminologie für beide Begriffe. Daher ist es sinnvoll, in einer neuen Umgebung zu fragen, wie die Begriffe dort gelebt werden.

Die Anpassung des Dreiecks wird normalerweise über Änderungsverlangen, sogenannte Change Requests abgewickelt. Sprich: Ein Änderungswunsch des Kunden oder des Leistungserbringers wird durch den Projektmanager aufgenommen, bewertet und schriftlich mit seinen Konsequenzen auf alle drei Seiten des magischen Dreiecks beschrieben. Der Kunde und der Leistungserbringer genehmigen die Änderung und somit wird diese Änderung Vertragsbestandteil. Ein Projekt ist daher typischerweise kein starres, einmal definiertes Gebilde, sondern dadurch gekennzeichnet, dass sich der Projektumfang, die Projektzeit und naturgemäß auch die Projektkosten verändern. Gutes Projektmanagement erfasst diese Veränderungen und bildet die Dynamik des „Magischen Dreiecks des Projektmanagements" ab.

Der erste wichtige Punkt ist also, dass der ursprünglich angenommene Umfang eines Projekts, der sogenannte Scope, im Dreieck klar definiert ist und der zweite wichtige Punkt ist, dass ein klares Änderungsverfahren (Change Requests) existiert, das Veränderungen erfasst und für alle Beteiligten mit damit einhergehenden Konsequenzen sichtbar macht.

Die Praxis
Beispiel für einen Change Request: Projektumfang ist bislang das Umstellen von zehn Geschäftsprozessen des Kunden innerhalb von 100 Tagen für 100.000 Euro. Nun will der Kunde, dass ein weiterer Geschäftsprozess umgestellt wird. Der Projektleiter schreibt einen Change Request über den neuen Geschäftsprozess. Aufwand zehn weitere Tage à 1.000 Euro. Folgen: Verlängerung der Projektlaufzeit um zehn Tage auf 110 Tage. Erhöhung der Kosten um 10.000,- Euro auf 110.000,- Euro.

Change Requests gehen übrigens nicht nur in Richtung Mehraufwand. Auch, wenn festgestellt wird, dass ein geplanter Projektteil nicht mehr erforderlich ist, kann dies zu einem Change Request führen, der den Aufwand verringert und damit die Realisierungszeit.

Nun könnte ein Berater entgegnen, dass er ja „nur" Berater und nicht auch noch Projektmanager sei. Eine solche Auffassung verkennt, dass das magische Dreieck des Projektmanagements derart elementar ist, dass es jede Rolle in einem Projektteam und jede Tätigkeit in einem Projekt betrifft. Letztlich hat jede Person einen eigenen Verantwortungsbereich mit einem eigenen magischen Dreieck. Denn jede Beratung lässt sich als Projektmanagement begreifen. Jeder Berater ist somit auch immer der Manager seines eigenen magischen Dreiecks – und, wenn er ein Team koordiniert, auch der Summe der „Magischen Dreiecke" seines Projektteams. Das magische Dreieck wiederholt sich also fraktal.

Probleme und Fallen

Wird das Dreieck verletzt und werden Änderungen nicht an den anderen Seiten nachvollzogen, dann gerät ein Projekt üblicherweise in Schieflage. Und das geschieht – Sie ahnen es schon – oft. Der Extreme Chaos Bericht der Standish Group 2001 über Projekterfolge erfasst seit 1994 Daten aus einer Reihe von Projekten und gibt an[4]:

28 % successful: on time, on budget with all features and functions originally specified
49 % challenged: the project is completed operational but over-budget, over time, fewer features
23 % failed: the project is cancelled before completion or never implemented.

Nur 28 Prozent der Projekte verliefen also wie geplant. Die restlichen 72 Prozent scheiterten oder gerieten in große Bedrängnis und lieferten nicht das geplante Ergebnis oder wurden deutlich teurer und dauerten erheblich länger. Bei diesen 72 Prozent der Projekte wurde häufig gegen besseres Wissen gehandelt und die beteiligten Personen hoben den Blick nicht über ihren Tellerrand hinaus, sondern konzentrierten sich darauf, dass sie selbst nicht angreifbar wurden und nicht zu den Überbringern schlechter Nachrichten wurden. Dies beschreibt auch Cobbs Paradox sehr schön, der sagt: *„We know why projects fail, we know how to prevent their failure – so why do they still fail?"[5]*

---

4 Quelle: http://www.standishgroup.com/sample_research/index.php
5 Quelle: Cobb, Martin: Treasury Board of Canada Secretary. Unfinished Voyages.

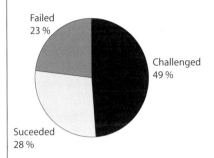

Extreme Chaos Bericht der Standish Group 2001 über Projekterfolge:
(Datenerfassung seit 1994)

Failed
23 %

Challenged
49 %

Suceeded
28 %

28 % successful
on time, on budget with all features and
functions originally specified

49 % challenged
the project is completed operational but
over-budget, over time, fewer features

23 % failed
the project is cancelled before completion
or never implemented

Abbildung 2: Tortendiagramm des Extreme Chaos Report 2001;
Quelle: http://www.standishgroup.com/sample_research/index.php

---

Übungen und Tipps

▨ Suchen Sie bei Ihrer täglichen Arbeit nach dem Dreieck und entwickeln Sie ein permanentes Gespür dafür, wenn jemand oder ein Ereignis das Dreieck verändert. Werden Sie sensibel dafür.

▨ Denken Sie auch an Nebeneffekte. Eine kürzere Realisierungszeit in einem Projekt kann auch bedeuten: Man nimmt mehr Leute in das Projekt, die in Summe aber nicht mehr kosten. Aber durch den zusätzlichen Einarbeitungs- und Kommunikationsaufwand entstehen neue Kosten, die zuvor nicht sichtbar waren. Bedenken Sie auch solche unerwarteten Änderungen.

▨ Entwickeln Sie Spaß am Management des Dreiecks.

▨ Achten Sie darauf, dass bereits im Vertrag das Thema Change Requests geregelt ist, falls es sich um ein Gewerk handelt.

▨ Übertreiben Sie nicht. In einem Projekt von 100 Tagen muss ich nicht über eine Änderung von zwei Stunden mit einem Kunden eine Diskussion anfangen. Das ist kontraproduktiv. Achten Sie nur darauf, dass nicht zwanzig Zwei-Stunden-Änderungen daraus werden. Das ist schon eine Woche Zusatzarbeit.

Zusammenfassung

Professionelles Projektmanagement und das konsequente Beschützen des magischen Dreiecks sind Voraussetzungen für das Gelingen von Projekten, so wie sich der Kunde dies vorgestellt hat. Und nur zufriedene Kunden werden zu Stammkunden. Daher zieht sich die Pflege des Dreiecks durch das gesamte Beratungsgeschäft. Beschützen Sie das Dreieck im Interesse Ihres Kunden und in ihrem eigenen als Voraussetzung für eine langfristige, erfolgreiche Partnerschaft.

1.1.3 Zielgruppe und Honorierung

Einführung

Wen beraten Berater? Wer ist unsere Zielgruppe? Der Kunde, Klient oder Mandant. Ohne einen Kunden gibt es keinen Berater. Ohne Menschen, die Beratungsdienstleistungen honorieren, gibt es kein Consulting. Aber da sind Kunden, die uns Berater beauftragen. Und es werden immer mehr. Bundesweit hat sich der Anteil Erwerbstätiger im Dienstleistungsgewerbe seit 1957 stetig von 36,6 Prozent auf 66,4 Prozent im Jahr 2003 auf über 24 Millionen Menschen erhöht. [6] Der Trend setzt sich fort. Anfang 2007 meldete das Statistische Bundesamt für das Jahr 2006 sogar über 28 Millionen Menschen im Dienstleistungsgewerbe.

An dieser Stelle steigen wir nicht in eine tiefer gehende Zielgruppendefinition von Kunden für Berater ein. Lassen wir es im Moment dabei bewenden, dass wir erkannt haben: Menschen beauftragen Berater, ihre Dienstleistung – die Beratung – zu erbringen. Diese Menschen sitzen oft in Unternehmen – zunehmend erfolgen aber auch Beauftragungen durch Einzelpersonen zum Beispiel für ihre berufliche Weiterbildung, für Coaching, Vermögensberatung, Mentoring usw.

---

6 Quelle: Statistisches Bundesamt: Erwerbstätige nach Wirtschaftsbereichen Deutschland Ergebnisse des Mikrozensus. http://www.destatis.de/indicators/d/lrerw05ad.htm

Für welche Honorierung beraten wir unsere Kunden?
Deutsche Firmen der Unternehmens- und PR-Beratung erwirtschafteten im Jahr 2004 laut statistischem Bundesamt[7] einen Umsatz von über 16,6 Milliarden Euro. Das bedeutet: Kunden waren bereit, für Beratungsdienstleistungen einen zweistelligen Milliardenbetrag auszugeben. Dieses Geld wurde erwirtschaftet von über 136.000 in diesen Beratungsunternehmen tätigen Personen. Das bedeutet, pro Person wurde im Schnitt ein Umsatz von über 121.000 Euro erwirtschaftet. Natürlich sollte man nicht verrechenbare Tätige berücksichtigen. Aber lassen wir dies der Einfachheit halber einmal außer Acht.

Nun die Frage: Wofür erhält ein Berater 120.000 Euro pro Jahr von einem Kunden? **Für seine Leistung**, durch die der Berater diesem Kunden einen höheren Wert zurückbringt als die 120.000 Euro. Jedenfalls sollte das so sein – und ich bin überzeugt: Nur dann wird ein Berater langfristig erfolgreich sein, wenn er das tatsächlich tut. Wenn nicht, könnte der Kunde das Geld lieber auf die Bank legen und 5 Prozent Zinsen dafür kassieren – dann hätte er mehr davon.

Die Theorie
Nun sind wir an einer wirklich wesentlichen Eigenschaft des Miteinanders unter Menschen seit Tausenden von Jahren angelangt. Jemand, der Geld hat, gibt dieses Geld weiter für eine Leistung, die er für wertvoller hält als das Geld. Das Geld wurde als Tauschmittel eingeführt, um diesen Wert-Ausgleichs-Prozess zu erleichtern. Letztlich stellt Geld damit eine Form gespeicherter Energie dar – wie bei einer Batterie – die wir durch Weitergabe in Aktion umsetzen können (durch den Kauf von Produkten und Dienstleistungen). Und wir brauchen unseren Blick nicht auf die Beratung beschränken. Es handelt sich um eine grundsätzliche Regel in der Welt:

Eine grundsätzliche Regel in der Welt
Alles Geld der Welt wechselt nur dann den Besitzer, wenn die Leistung des Dienstleisters dem Geldgeber dieses Geld wert ist. Ausnahme: Raub und Betrug.

---

7 Quelle: Statistisches Bundesamt: Strukturerhebung im Dienstleistungsbereich 2004 – Rechts-, Steuer-, Unternehmensberatung usw. http://www.destatis.de/

Diese Grundregel gilt für Dienstleistungen ebenso wie für Produkte. Der Bauer erhält vom Müller Geld für die Getreidekörner. Dieser mahlt das Getreide in seiner Mühle und verkauft es zu einem höheren Preis an den Bäcker (Einkaufspreis plus Mehrwert durch seine Dienstleistung). Dieser backt Brötchen und verkauft diese zu einem höheren Wert an den Endkunden. Daher kommt auch der Begriff Mehrwert-Steuer, weil durch das Veredeln der Ausgangsprodukte ein Mehr-Wert entsteht, auf den der Staat eine Steuer erhebt.

Somit ist es ganz wesentlich für den Berater, dem Kunden einen Mehrwert zu schaffen. Denn nur, wenn der Kunde diesen Mehrwert erlebt, ist er bereit (beziehungsweise wiederholt bereit), ihn zu vergüten, zu honorieren. Wenn der Berater dem Kunden einen Mehrwert liefert, so kann er dies stolz und selbstbewusst tun und sein Honorar guten Gewissens entgegennehmen. Der Umkehrschluss gilt allerdings ebenso. Daher sollte die Maxime eines jeden Beraters bei jedem Engagement sein, mehr als sein Honorar wert zu sein. Und das schafft er, indem er die Ziele seines Auftraggebers verfolgt, erreicht und ein wenig übertrifft. Denn: Wer zahlt, gibt die Ziele vor.

Übungen und Tipps

- Denken Sie immer daran, für wen Sie Ihre Arbeit tun und wer Sie dafür bezahlt: für einen Kunden, dem Ihre Leistung einen Mehrwert stiftet. Bei jeder Kleinigkeit, die Sie für diesen Kunden tun. Machen Sie die Ziele des Kunden zu Ihren Zielen.

- Entwickeln Sie ein gesundes Selbstbewusstsein, stoppen Sie Ihren Höhenflug jedoch, bevor es in Übermut oder gar Arroganz umschlägt. Erfolg macht sexy. Arroganz erzeugt Kopfschütteln.

- Seien Sie ehrlich, wenn Sie einmal keine gute Leistung erbracht haben und dies in Ihrer Verantwortung lag. Wenn Sie selbstständig sind: Bieten Sie dem Kunden in diesem Fall an, das Honorar zurückzuzahlen. Wenn Sie angestellt sind, besprechen Sie mit Ihrem Vorgesetzten, wie Sie dem Kunden einen Ausgleich schaffen können. Das hört sich im Einzelfall hart an, produziert aber langfristig die zufriedensten Kunden mit dem höchsten Vertrauen in Ihre Person. Und das zahlt sich immer aus.

Zusammenfassung

Alles Geld der Welt wechselt seinen Besitzer für einen Mehrwert, den der Auftragnehmer dem Auftraggeber erbringt. Beratung ist ein solcher Mehrwert. Wir beraten Menschen für eine Honorierung mit Geld. Bringen wir unsere Kunden ihren Zielen näher, sind wir unser Honorar wert und können es selbstbewusst entgegennehmen. Dabei sollten wir langfristig denken und verantwortungsbewusst handeln. Dies wird uns bei unseren Kunden das Vertrauen aufschließen. Und das ist die Basis für echten, langfristigen Erfolg.

1.1.4 Flower Power – Die Kompetenzblume

Einführung

Berater werden aufgrund ihrer Kompetenz gebucht. Doch was ist Kompetenz? Das Wort wird seit dem 18. Jahrhundert in der Juristensprache mit der Bedeutung „zuständig" verwendet und stammt aus dem lateinischen com-petere – „zusammenlangen, -treffen; stimmen, zutreffen"[8]. Somit war das Kernwesen der Kompetenz die Zuständigkeit, nicht die Fähigkeit für eine bestimmte Aufgabe. Im ausgehenden 20. Jahrhundert wurde Kompetenz mehr und mehr mit einer weiteren Wortbedeutung verwendet: „über Fähigkeiten und Fertigkeiten verfügen, um bestimmte Aufgabenstellungen in einem speziellen Umfeld zu lösen".

Welche Kompetenzen benötigt nun ein Berater für seine Arbeit beim Kunden? Zur Beraterkompetenz gehören verschiedene Einzelkompetenzen, die alle zusammengenommen wichtig für die erfolgreiche Beratung von Kunden sind.

Probleme und Fallen

Manch ein Berater ist zu Recht stolz auf seine Fachkompetenz oder seine technologische Kompetenz. Allerdings heben auch Berater, die alleine über Fach- oder Technologiekompetenz verfügen, ihr Kinn aus einer geraden selbstbewussten Position höher gen Himmel, sodass ihre Nasenlöcher weithin zu sehen sind. Fachliche oder technologische Kompetenz ist wichtig,

---

8 Vgl. Dudenredaktion: Das Herkunftswörterbuch: kompetent.

aber bei Weitem nicht ausreichend, um eine gute gesamthafte Beratungs-leistung zu erbringen. Dies vergisst manch ein Berater. Darauf angespro-chen fragen andere: „Was soll denn sonst noch wichtig sein?"

Die Theorie
Während meiner Beraterlaufbahn stieß ich irgendwann auf das Bild der vier Kompetenzbereiche, das ich über die Jahre erweiterte, um so bis heute zur Kompetenzblume™ (Skill Flower™) zu gelangen.

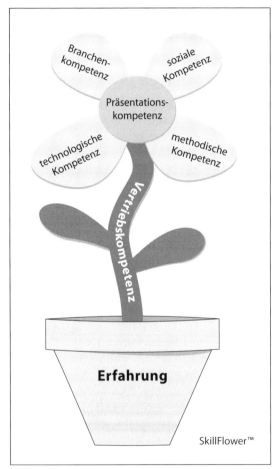

Abbildung 3:
Die Kompetenzblume

Aus dem ursprünglichen Bild erhalten sind die vier Kompetenzbereiche, die heute die Blütenblätter darstellen:

- Fachliche oder Branchenkompetenz
- Technologische Kompetenz (sehr wichtig speziell für IT-Berater)
- Methodische Kompetenz
- Soziale Kompetenz

Nun könnte man die Fähigkeit, sich sinnvoll zu präsentieren unter „soziale Kompetenz" fallen lassen. Aufgrund der herausragenden Bedeutung dieser Fähigkeit für Berater gebe ich der **Präsentations-Kompetenz** in der Blume jedoch den speziellen Platz in der Mitte der Blüte.

Gerade in der letzten Zeit ist neben der Fähigkeit, gut zu beraten, eine weitere Fähigkeit in den Vordergrund getreten. Die Fähigkeit, sich selbst zu vermarkten oder zu vertreiben. Daher gehört die **Vertriebs-Kompetenz** zumindest in ihren Grundlagen zum Kompetenz-Mix erfolgreicher Berater dazu. Durch Vertriebskompetenz bekommen wir als Berater die Chance, die anderen Kompetenzbereiche weiterzuentwickeln, zum Blühen zu bringen und sie zu präsentieren. Ohne Vertriebserfolge keine aktuelle technische, fachliche, methodische oder Branchenkompetenz. Die Energie für die anderen Kompetenzbereiche fließt über den Weg der Vertriebserfolge in die Blume hinein.

Schließlich gibt es einen wesentlichen Faktor, der die Energie all dieser Kompetenzen um ein Vielfaches erhöhen kann, wenn er vorhanden ist. Sein Name lautet: **Erfahrung**

Die Erfahrung sind die tiefen Wurzeln, die wir uns im Lauf der Zeit gegraben haben: die speist die anderen Kompetenzbereiche. Wir haben zwei Energiequellen. Die Erfahrung und das Projekt. Im Projekt (in diesem Bild gleichzusetzen mit der Sonne) nehmen wir in allen Bereichen wieder Energie auf und profitieren gleichzeitig von der Kraft der Erfahrung und einem starken Vertrieb, durch den diese Kraft in die anderen Bereiche fließt. Warum ist Erfahrung so wichtig? Ist das nicht unfair den jungen Menschen gegenüber, die berechtigterweise stolz auf ihren brandneuen Studienabschluss oder ihre gerade abgeschlossene Ausbildung sind? Stellen Sie sich vor, Sie haben ein wirklich brennendes Problem, das Ihre Existenz bedroht, und suchen einen Spezialisten, einen Berater, der dieses Problem löst. Hand aufs Herz: Zu wem tendieren Sie? Zum erfolgreichen Studienabgänger, der gerade ganz frisch an der Uni gelernt hat, wie man solche Probleme nach höchsten wissenschaftlichen Maßstäben löst? Oder zum alten Hasen, der schon vielen Ihrer Geschäftsfreunde nachweislich das Fell gerettet hat?

Den Unterschied macht die Erfahrung. Erfahrung kann man nicht theoretisch erlernen, man muss sie selbst sammeln. Dazu zählt eben auch, dass dieser „alte Hase" ein paar Mal Schiffbruch erlitten hat, um zu erkennen, wie etwas nicht geht.

Welche Perspektive habe ich nun für die Young Professionals, die vor Begierde, die Welt zu erobern, kaum zu halten sind? Hier mein Tipp: Rennen Sie ein paar Wände ein und sammeln Sie Ihre eigenen Erfahrungen. Das habe ich auch getan. Ab und zu war es schmerzhaft, aber ich habe gelernt, ruhiger zu werden. Tun Sie, was Sie vermögen oder glauben zu vermögen, und lernen Sie, wie die Welt auf Sie reagiert und Sie verändert ebenso wie Sie die Welt verändern können. Und irgendwann strahlt die Souveränität der Erfahrung aus Ihnen heraus. Ein tolles Gefühl – und dann stellen Sie fest: Sie selbst sind erfahren. Und ganz egal, wie erfahren Sie auch sein mögen. Sie werden immer Menschen finden, die so viel mehr Erfahrung haben, dass Ihnen fast die Luft wegbleibt. Das ist das Spiel. Und wenn Sie gelernt haben, es an erfolgreichen und auch an weniger erfolgreichen Tagen zu genießen, sind Sie auf dem richtigen Weg.

Die Praxis

Als junger Projektleiter wurde ich von einer großartigen Projektmanagerin gecoacht. Der Kunde hatte wieder einmal eine Veränderung in seinem Team vorgenommen und uns wurde somit ein Ansprechpartner entzogen. Ich war aufgeregt, warf dies doch unseren gesamten Zeitplan über den Haufen. Ich drängte unsere Projektmanagerin und sagte: „Wir müssen da schnell reagieren!" Sie überlegte eine Weile und sagte: „Wir schreiben jetzt erst einmal einen Brief, in dem wir den Kunden darauf hinweisen, dass er eine Beistellungsleistung nicht wie vereinbart erbringt und sich dadurch das Projekt zu seinen Lasten verzögert." Entsetzt entgegnete ich: „Das dauert ja Wochen, bis wir darauf eine Reaktion haben – das torpediert den gesamten Projektfortschritt."

Wir haben dann den Brief geschrieben, es kam eine Reaktion, in einigen Gesprächen wurden Lösungen erörtert, meine Projektmanagerin präsentierte Ideen und verhandelte ein vernünftiges Ergebnis unter Anpassung des Projektplans und mit einem zusätzlichen Budget des Kunden.

Rückblickend erkenne ich, wie ich nur auf einen kleinen Teil unserer Handlungsmöglichkeiten fokussiert war und sie ruhig und gelassen die volle Bandbreite ihrer Kompetenzen ausschöpfte, um unter Einsatz von vertrieblichen, kommunikativen, fachlichen, methodischen und präsentierenden Mitteln das beste Ergebnis zu erzielen.

Übungen und Tipps

- Entspannen Sie sich. Souveränität kommt aus Gelassenheit und Erfahrung.
- Fragen Sie Kollegen, die andere Schwerpunkte als Sie haben, wie sie eine bestimmte Aufgabe lösen würden. Merken Sie sich ungewöhnliche Lösungen und versuchen Sie, gleichartige Lösungen demnächst bei neuen Aufgabenstellungen zum Zuge zu bringen.
- Achten Sie bei Ihrer Weiterentwicklung darauf, dass Sie jeden Kompetenzbereich ausbauen. Je weiter Sie in Ihrer persönlichen Entwicklung kommen, desto mehr werden Sie feststellen, dass Sie alle Kompetenz-Bereiche benötigen und aus allen einen starken Nutzen ziehen.

Zusammenfassung

Für Berater sind die verschiedenen Kompetenzbereiche der Skill Flower™ wichtig für ihr Geschäft. Branchen- oder Fachkompetenz, soziale Kompetenz, methodische Kompetenz und technologische Kompetenz bilden die Grundlage. Als Berater kommen Präsentations- und Vertriebskompetenz hinzu. Vielfach verstärkt wird dieses Gebilde durch jahrelange Erfahrung. Bauen Sie alle Kompetenzbereiche aus, da jeder Bereich ein weiteres Werkzeug darstellt, mit dem Sie Aufgaben lösen können.

1.2 Überlebenswichtig –
Funktionierendes Projekt- und Zeitmanagement

Nach den Grundlagen der Beraterkompetenz ist die methodische Kompetenz ein weiterer wichtiger Baustein für eine gute Beratung. Sie versetzt den Berater in verschiedenen Situationen in die Lage, deutlich effektivere Dinge zu tun als jemand ohne Methodenkompetenz. Methoden sind Handlungsrahmen und Vorgehensmodelle, die auf verschiedene Situationen anwendbar sind, um alle notwendigen Schritte zu einem Ziel vollständig und effizient durchzuführen. Dabei schauen wir in den nächsten Kapiteln auf die Themen:

- Zeitmanagement und Balancing
- Projektvorgehensmodelle
- Basiskompetenz Vertragsgrundlagen

Wichtig bleibt zu erwähnen: Methoden sind kein Dogma. Wenn Sie in einem Projekt aus gutem Grund von einer Methode abweichen, um für den Kunden ein besseres Ergebnis zu erzielen, machen Sie sich die Konsequenzen bewusst und tun Sie es, wenn die Folgen akzeptabel sind.

1.2.1 Zeitmanagement und Balancing

Einführung

Es gibt zu Recht ganze Bücher alleine über die Themen Zeitmanagement und Balancing. Wir schneiden sie hier nur an, und zwar zusammen, denn die effiziente Nutzung der vorhandenen Zeit ist wichtig für den Job als Berater, schließlich zahlen Kunden in der Regel für die Stunde oder den Tag und wollen möglichst viel Ergebnis. Ein ausgewogenes Balancing zwischen Beruf und Privatleben ist wesentlich für jeden anspruchsvollen Job, funktioniert aber nur mit einem effektiven Zeitmanagement.

Was ist nun so wichtig an Balancing und Zeitmanagement?
Für jeden von uns kommt der Tag, an dem es heißt: „GAME OVER". Und wir können keine Münze nachwerfen, um unser Leben weiterzuspielen. Wir diskutieren hier nicht die religiöse Frage, was nach dem Tode kommt. Son-

dern wir schauen hier auf dieses eine Leben und was jeder von uns daraus machen will und kann. Es ist gut, sich bewusst zu machen, dass dieses eine Leben endet, damit wir seinen Wert erkennen und selbst entscheiden können, wie wir die Zeit nutzen wollen, die uns allen zur Verfügung steht. Und auch, wenn viele über Zeitmangel klagen, gibt es eine Wahrheit: Jeder hat am Tag 24 Stunden, über die er selbst entscheidet. Jeden Tag neu. Das ist das große Geschenk. Wenn wir uns dessen bewusst sind, können wir selbst entscheiden, was wir daraus machen und wie wir die Zeit managen wollen.

Dabei gibt es keine guten oder schlechten Entscheidungen. Es gibt nur Entscheidungen und Konsequenzen.

Was bedeutet in diesem Zusammenhang Entscheidungen und Konsequenzen:

Wenn jemand den Schwerpunkt seines Lebens stark auf die Arbeit legt, ist dies legitim. Ihm muss nur klar sein, dass dadurch Freizeit, Familie, Ehe in den Hintergrund treten. Bei vielen sogenannten Workaholics scheitert die Ehe, weil zu wenig Zeit für die Beziehung bleibt. Wenn das der Plan ist, ist es in Ordnung. Falls das Ihr Weg ist, fragen Sie sich: „Was würde passieren, wenn ich plötzlich zum Beispiel durch Unfall oder Krankheit meinen Job nicht mehr machen kann? Welchen Sinn finde ich dann in meinem Leben?" Die Konsequenz dieser Entscheidung ist die klare Ausrichtung auf das Berufsleben als Lebensmittelpunkt.

Wenn jemand den Schwerpunkt seines Lebens stark auf den familiären Bereich und die Freizeit legt, wird ihn dies stark beanspruchen. Üblicherweise bedeutet dies, dass er in das Berufsleben nicht so viel Zeit investieren kann, da er anderweitig gebunden ist. Also wird er die Karriereleiter nicht so schnell erklimmen, wie die Kollegen, die den Schwerpunkt eher auf die Arbeit legen. Er wird nicht so viel Einkommen zur Verfügung haben. Wenn das der Plan ist, ist das in Ordnung. Die Konsequenz dieser Entscheidung ist die klare Ausrichtung auf Familie und Freizeit als Lebensmittelpunkt.

Wenn jemand versucht, beide Themen, Beruf und Familie, in Einklang zu bringen und eine Balance zwischen beiden zu schaffen, wird ihn dies stark fordern. Denn Kräfte aus unterschiedlichen Richtungen ziehen an ihm.

Das ist ein anspruchsvoller Weg und es gibt kein Patentrezept. Das Spannende ist, bewusst, geplant und nachhaltig sowohl in Beruf als auch in Familie und Freizeit genug Qualitätszeit einzubringen, sodass beide Bereiche wachsen und gedeihen. Die Qualitätszeit im privaten Umfeld ist dabei eine geheime Kraftquelle für den Arbeitsplatz, und Erfolge im Beruf sind eine geheime Kraftquelle für den privaten Bereich. Geheim deshalb, weil Menschen, die sich nur auf Beruf oder nur auf Privatleben fixieren, diesen Kräftetransfer aus dem anderen Bereich nicht kennen. Dieses balancierte Leben zu organisieren ist sicherlich sehr anspruchsvoll. Wenn das der Plan ist, ist das in Ordnung. Die Konsequenz dieser Entscheidung ist die nicht immer einfache, aber wirklich lohnenswerte Ausgewogenheit der zwei Welten Beruf und Privatleben.

Wie gesagt, die Entscheidung für einen dieser Wege ist weder gut noch schlecht, sondern führt lediglich zu den daraus resultierenden Konsequenzen. Das einzig Schlechte wäre, wenn wir durch unzureichendes Zeitmanagement selbst keine Kontrolle über unsere Zeit hätten und zum Spielball des Schicksals würden.

Versuchen wir im Folgenden von Variante drei auszugehen, von jemandem, der versucht, Beruf und Familie in Einklang zu bringen. Wenn Sie sich für die anderen Möglichkeiten interessieren, können Sie die optimalen Handlungsweisen dafür leicht ableiten.

Probleme und Fallen

Das Thema Zeitmanagement hat historische Wurzeln und hat es bis in unsere Volksmärchen geschafft. Rumpelstilzchen bietet zum Beispiel eine Lösung für eine zeitlich unlösbare Aufgabe, nämlich das Spinnen eines gesamten Zimmers voll von Stroh zu Gold in einer einzigen Nacht. Daher kennen die meisten von uns die Probleme, in die man beim Zeitmanagement und beim Balancing tappen kann. Einige davon heben wir kurz hervor:

Kein Zeitmanagement: Betreiben wir kein Zeitmanagement, kann dies zu einem großen Chaos führen, wenn viel zu tun ist. Wir fühlen uns überfordert, steuern nicht mehr, sondern reagieren nur noch auf Aufgaben, die uns andere Menschen stellen und die somit uns steuern.

Over-Management: Wir können mit wundervollen Zeitmanagement-Methoden unseren Tag perfekt organisieren. Dabei ist es leicht möglich, so viel Zeit in das Zeitmanagement selbst zu investieren, dass wir weniger Arbeitsergebnisse erreichen als ohne Zeitmanagement. Der Aufwand ist größer als der Nutzen.

Das Sharpen the Saw-Problem: Stephen R. Covey beschreibt in seinem Buch *The 7 habits of highly effective people* verschiedene Methoden erfolgreichen Zeitmanagements. Er berichtet über das „sharpen the saw problem". Jemand soll einen Baum fällen und seine Säge ist inzwischen stumpf. Er hat aber keine Zeit, die Säge zu schärfen. Mit der stumpfen Säge kann er wiederum nicht schnell genug sägen – ein Teufelskreislauf. Übertragen auf das Leben bedeutet dies: Wir brauchen Zeit zur Regeneration, gerade wenn wir unter starkem Zeitdruck stehen. Balancing ist nicht nur wichtig, wenn wir einen Schwerpunkt auf Familie und Privatleben setzen, sondern auch, um ausreichend Zeit für Erholung zu haben, um dann wieder mit neuer Energie in den Job zu gehen. Ein zu starkes Engagement im Beruf ohne Balancing kann im Extremfall zum Burnout führen.

Die Theorie

Werfen wir einen Blick auf einige Kernaspekte des Zeitmanagements.

Termine und Aufgaben: Für eine sinnvolle Tagesplanung legt man üblicherweise Aktivitäten und Besprechungen zu vereinbarten Zeiten als Termine an. Sie können dabei einen Papierkalender verwenden oder einen sogenannten PDA (personal digital assistant) oder MDA (mobile digital assistant), sprich, einen kleinen Computer im Westentaschenformat mit Kalenderfunktion. Da manche Dinge sich nicht auf bestimmte Uhrzeiten festlegen lassen, oder getan werden müssen, wenn ein wenig Luft ist, pflegt man zusätzlich eine Liste von Aufgaben oder To-Dos in einer To-Do-Liste. Die To-Dos werden häufig priorisiert und terminiert (bis wann sie spätestens abgearbeitet sein müssen). Dann ist noch wichtig, dass Sie Ihre Termine und Aufgaben planen und im Nachhinein kontrollieren (zum Beispiel Planung montags und jeden Morgen, Kontrolle freitags und jeden Abend). Das ist schon die Basis für ein gutes Zeitmanagement von der technischen Seite. Doch damit wissen Sie noch nicht, was Sie eigentlich planen sollen – oder, was sich lohnt, geplant zu werden.

Ziele herunterbrechen in lang-, mittel- und kurzfristige Ziele: Echtes Zeitmanagement fängt bei der Planung Ihrer Ziele an. Es geht also um das, was Sie kurzfristig (Tage und Wochen), mittelfristig (Monate bis ein bis zwei Jahre) und langfristig (mehrere Jahre) erreichen wollen. Hier planen Sie Ihre Lebensziele. Somit gehört der private Bereich auch dazu. Nehmen Sie sich für diesen Prozess ausreichend Zeit. Diese Planung kann Monate, manchmal auch Jahre dauern. Schreiben Sie Ihre persönlichen langfristigen Ziele auf. Überlegen Sie nun, welche mittelfristigen Ziele Sie erreichen müssen, um Ihre Langfristziele zu erreichen und schreiben Sie diese auf. Dann überlegen Sie, welche kurzfristigen Ziele Sie erreichen müssen, um Ihre mittelfristigen Ziele zu erreichen, und schreiben Sie diese auf. So werden Sie in die Lage versetzt, in kleinen Schritten über Ihre kleinen auf Ihre mittleren und großen Ziele zuzugehen. Nun wissen Sie auch, welche kurzfristigen Aufgaben Sie in Ihre Tages- und Aufgabenplanung übernehmen sollten, nämlich diejenigen, die Sie Ihren mittelfristigen Zielen näher bringen.

Zeitmanagement: Stoppuhr oder Kompass?

Viele Menschen nutzen Zeitmanagement wie eine Stoppuhr. Sie schaffen es, immer noch mehr in ihren Tag hineinzustopfen dank Zeitmanagement. Am Ende wundern sie sich aber, dass sie nicht näher an ihre Ziele kommen, weil sie nicht darauf achten, dass ihre Aufgaben und Termine sie näher an ihre mittel- und langfristigen Ziele heranbringen. Viele Menschen haben sich gar keine Ziele gesetzt.

Der eigentliche Sinn von Zeitmanagement ist es jedoch, dass wir die verfügbare Zeit besser nutzen, um unsere Ziele zu erreichen. Menschen, die prüfen, ob ihre Aufgaben und Termine sie näher an ihre Ziele heranbringen, nutzen Zeitmanagement als Instrument, wie einen Kompass, an dem sie die Richtung ablesen können.

Priorisieren von Aufgaben: Häufig stürzt eine Flut von Aufgaben über uns herein. Beim bloßen Anblick all der Aufgaben mag mancher erstarren wie das Kaninchen vor der Schlange. Abhilfe verschafft die Technik des Priorisierens anhand der Relevanz von Aufgaben für die kurz- und mittelfristige Zielerreichung. Dazu können wir uns der klassischen Methode bedienen, Aufgaben in vier Quadranten einzusortieren. Auf der einen Achse

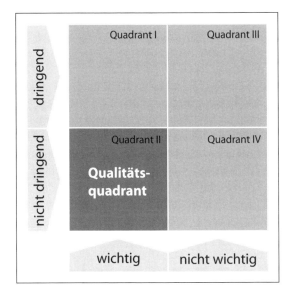

Abbildung 4:
Quadranten
des Zeitmanagements

tragen wir ein, ob eine Aufgabe dringend oder nicht dringend ist, auf der anderen Achse, ob sie wichtig oder nicht wichtig (für das Erreichen unserer Ziele) ist. Dadurch erhalten wir vier Quadranten:

- Dringend und wichtig: Diese Aufgaben sollten Sie umgehend erledigen.
- Dringend und nicht wichtig: Versuchen Sie, diese Aufgaben an jemanden zu delegieren
- Nicht dringend und wichtig: Das ist der Qualitätsquadrant. Versuchen Sie, so viele Aufgaben wie möglich in diesen Quadranten zu bringen, und gehen Sie diese Aufgaben geplant an. Diese Themen bringen Sie weiter. Wenn Sie sie vernachlässigen, werden sie irgendwann dringend und wichtig.
- Nicht dringend und nicht wichtig: Gehen Sie diese Aufgaben nicht an. Sie sind irrelevant für Sie.

Sinnvolle Zeiten für Aufgaben planen: Manche Aufgaben fallen zu bestimmten Zeiten an. Wenn Sie eine Reihe von Personen telefonisch erreichen wollen, macht es Sinn, sich dafür eine Zeit zwischen 9:00 und 17:00 Uhr einzuplanen, denn abends um 21:00 Uhr wird es eher schwierig, Menschen mit einem Businessanliegen zu erreichen. Administrative Tätigkeiten lassen sich sinnvoller morgens vor 9:00 Uhr und abends nach 17:00 Uhr erledigen. So halten Sie sich die Zeit frei für Themen mit kommunikativen Schwerpunkten wie Meetings, Gespräche, Telefonate.

Balancing als Bestandteil des Zeitmanagements: Planen Sie Balancing als festen Bestandteil in Ihrer Gesamtzeitplanung ein. Ebenso familiäre Ereignisse. Blocken Sie diese Zeiten fest. Wenn etwas nicht klappt, tauschen Sie ein Familien-Event (in Abstimmung mit der Familie) mit einem anderen Termin. Je mehr Zuverlässigkeit Ihre Geschäftspartner und Ihre Familie in Ihren Aktivitäten erkennen können, desto kompromissbereiter werden sie Ihnen gegenüber auftreten.

Zeitdiebe: Es gibt sie, die Zeitdiebe, die Ihnen Zeit stehlen. Seien es Störungen durch andere oder eigene Ablenkungen, weil man zu einem verplanten Zeitpunkt noch mal schnell im Internet etwas anderes schauen will… drei taktische Tipps helfen hier weiter:

- Konzentrieren Sie sich auf Ihre geplanten Aufgaben und planen Sie Pausen ein, die Sie für „die kleine Entspannung" nutzen können.
- Planen Sie Ablenkungen, Unterbrechungen und Störenfriede ein, da sich diese nicht vermeiden lassen. Planen Sie – je nach dem wie Ihre Arbeit üblicherweise strukturiert ist – circa ein bis zwei Stunden pro Tag für ungeplante Tätigkeiten. Sie werden in der Regel kommen. Und wenn dann eine Unterbrechung eintritt, erfüllen Sie Ihren Plan, statt sich über den Störenfried zu ärgern.
- Schaffen Sie Zeiträume ohne Unterbrechungen, indem Sie sich für bestimmte Aufgaben wegschließen. Dazu können geschlossene Türen dienen, ein Schild an der Tür: „Bitte nicht stören", ein ausgeschaltetes Mobiltelefon, die Umleitung des Telefons auf jemand anderen sowie auch Arbeiten aus dem Home Office (von zu Hause). So schaffen Sie es, einige Stunden ungestört einer wichtigen Tätigkeit nachzugehen, auf die Sie sich voll konzentrieren können.

Die Praxis

Praxisbeispiele erfolgreichen Zeitmanagements sind schwer zu nennen. Es gibt Menschen, bei denen das Zeitmanagement gut funktioniert, und Menschen, die von Chaos zu Chaos getrieben werden.

Probieren Sie verschiedene Dinge aus und prüfen Sie, mit welchen Methoden Ihr Zeitmanagement am besten für Sie funktioniert und in Ihren persönlichen biologischen Rhythmus passt. Denn jeder von uns ist zu unterschiedlichen Tageszeiten besonders leistungsfähig. Nutzen Sie diese Zeiten, um Ihre wichtigen Ergebnisse zu erreichen.

Natürlich stehen all diese Zeitplanungs-Themen im Kontext Ihrer Kundenprojekte. Wenn Sie ein Morgenmuffel sind und der Kunde Sie morgens um 6:30 Uhr sehen will, werden Sie einen Weg finden müssen, um auch um diese Zeit eine gute Leistung abliefern zu können.

Übungen und Tipps

- Experimentieren Sie und prüfen Sie, welche Elemente des Zeitmanagements Ihnen weiterhelfen und welche nicht. Entwickeln Sie über die Zeit Ihre individuelle Zeitmanagement-Methode.

- Planen Sie Zeit ein für das Festlegen Ihrer Lebensziele, für Ihre langfristige Zielplanung. Leiten Sie Ihre mittelfristigen und kurzfristigen Ziele daraus ab. Überprüfen Sie täglich, welche Aufgaben Ihre Ziele unterstützen und welche nicht. Mit der Zeit wird dieses Überprüfen ein Automatismus werden, der Sie intuitiv das Richtige tun lässt.

- Planen Sie auch Zeit für Vor- und Nachbereitungen ein. Sie brauchen dadurch zwar länger für einzelne Dinge, jedoch schaffen Sie es so, Themen schneller abzuschließen als andere Menschen. Außerdem ist Ihr Aufgabenpensum dann nicht so zerfasert, sondern wird so klein wie möglich gehalten.

Zusammenfassung

Zeitmanagement und Balancing sind wichtige Methoden, um effektiv als Berater arbeiten zu können und dem Kunden einen optimalen Mehrwert sowie dem privaten Umfeld eine optimale Zuwendung zu bieten.

Dabei ist die Zielsetzung langfristiger Ziele wichtig, weil uns dadurch ermöglicht wird, Zeitmanagement als Kompass auf dem Weg zum Ziel und nicht als Stoppuhr für noch mehr Arbeit in weniger Zeit zu nutzen.

1.2.2 Projektvorgehensmodelle

Einführung

Wir haben uns bereits das magische Dreieck des Projektmanagements angesehen. Es geht darum, in einer bestimmten Zeit mit einem bestimmten Energie-Einsatz (Geld) ein definiertes Ergebnis zu erreichen. Als Methode zur Einhaltung dieses Dreiecks hat das Projektmanagement Vorgehensmodelle hervorgebracht, die für unterschiedliche Projektgrößen und unterschiedliche Aufgabenstellungen entwickelt wurden.

Wikipedia gibt hierzu wie folgt Auskunft:
„Ein Vorgehensmodell gliedert den Prozess des Organisierens in verschiedene, strukturierte Phasen, denen wiederum entsprechende Methoden und Techniken der Organisation zugeordnet sind. Aufgabe eines Vorgehensmodells ist es, die allgemein in einem Gestaltungsprozess auftretenden Aufgabenstellungen und Aktivitäten in ihrer logischen Ordnung darzustellen.
Unterschiedliche Autoren propagieren verschiedenste Vorgehensmodelle. Diese variieren einerseits in der Anzahl und Bedeutung der unterschiedenen Phasen, andererseits hinsichtlich ihres Einsatzgebietes. So werden Vorgehensmodelle intensiv für Innovationen (insbesondere in der Softwareentwicklung, siehe Prozessmodell) und Veränderungsprojekte (Veränderungsmanagement) eingesetzt. Gemeinsam ist allen Vorgehensmodellen der schrittweise Weg vom Problem zur Lösung und ihr systematisch rationales Vorgehen (im Gegensatz etwa zu Versuch und Irrtum, siehe Entscheidungsstil). Die einzelnen Phasen sind Idealtypen. In der Praxis ist es oft notwendig, iterativ vorzugehen und „zurückzuspringen". Phasenorientierte Meilensteine sollen das Risiko und Kosten eines Scheiterns minimieren." [9]

Die Prinzipien des Projektmanagements und der Vorgehensmodelle wiederholen sich auf die eine oder andere Art und Weise in den vielen unterschiedlichen Modellen, die am Markt existieren. Wichtig ist in diesem

---

9 Quelle: http://de.wikipedia.org/wiki/Vorgehensmodell

Kontext, dass Sie als Berater diese Prinzipien erkennen und ein Gespür für die Auswirkungen und Einflüsse von Methoden und deren Wirkmechanismen in Projekten entwickeln, egal ob Sie Projektleiter oder Mitglied eines Projektteams sind oder von außen auf ein Projekt schauen.

Probleme und Fallen

Die Top-10 Gründe für das Scheitern von Projekten werden häufig zu wenig berücksichtigt. Laut diverser Studien sind die Top-10 Gründe für gescheiterte Projekte [10]:

- Keine Einbeziehung der späteren Nutzer (Lack of User Involvement)
- Unvollständige Anforderungen (Incomplete Requirements)
- Unrealistische Erwartungen (Unrealistic Expectations)
- Ändern von Anforderungen/Spezifikationen (Changing Requirements and Specifications)
- Keine oder schlechte Planung (Lack of, or poor planning)
- Keine ausreichende Unterstützung des Managements (Lack of Executive Support)
- Mangel an Ressourcen (Lack of Resources)
- Unklare Zielvorgaben (Unclear Objectives)
- Unrealistische Zeitvorgaben (Unrealistic Timeframes)
- Probleme mit neuen Technologien (New technology Problems)

Die Theorie

Das Project Management Institute (PMI) [11] definiert neun Wissensfelder im Projektmanagement:

Integrationsmanagement	Umfangsmanagement	Terminmanagement
Kostenmanagement	Qualitätsmanagement	Personalmanagement
Kommunikationsmanagement	Risikomanagement	Beschaffungsmanagement

---

10 http://www.cpm-solutions.com/toptenreasonsforprojectfailure.html
11 http://www.pmi.org/

Diese neun Themen, die von verschiedenen Vorgehensmodellen unterstützt werden, gehören zum Projektmanagement-Anteil eines Projekts. Dieser ist üblicherweise für verschiedene Arten von Projekten geeignet (IT-Projekte, Hausbau-Projekte, Forschungsprojekte etc.). Neben diesem Anteil existiert ein weiterer technisch-fachlicher Anteil des Projektvorgehens, der sich mit der Erzielung des Projektergebnisses beschäftigt. Klassischerweise wird dieser Projektanteil in verschiedene Phasen wie Analyse, Design, Realisierung, Test und Abnahme sowie Einführung und Nutzung unterteilt. Das gewählte Projektmanagement-Vorgehen muss dabei zur gewählten technisch-fachlichen Methode passen. Daraus ergeben sich Arbeitsschwerpunkte in den einzelnen Wissensfeldern der jeweiligen Phasen für beide Bereiche (Projektmanagement und technisch-fachliches Vorgehen; Siehe Abbildung „Projektorganisation und Projektrollen").

Statt wie hier abgebildet ein Softwareentwicklungsprojekt zu unterstützen, kann das Projektmanagement auch für andere Aufgabenstellungen Anwendung finden. Deshalb ist es vom technisch-fachlichen Modell getrennt. Beispielsweise kann es zur Entwicklung eines bestimmten Produkts

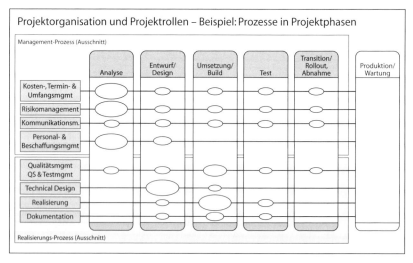

Abbildung 5: Projektorganisation und Projektphasen

im Konsumgüterbereich eingesetzt werden oder zur Durchführung einer Marktstudie, zur Umgestaltung einer Garten- und Parkanlage usw.

Häufig wird zur Unterstützung des Projektvorgehens bei Planung, Durchführung und Projektkontrolle eine Projektmanagement-Software eingesetzt, dessen bekanntester Vertreter Microsoft® Project sein dürfte.

Die Praxis

Es haben sich diverse Vorgehensmodelle herauskristallisiert, die mehr oder weniger gut für verschiedene Aufgabenstellungen geeignet sind. Die Projektvorgehensmodelle passen sich zum Beispiel sich wandelnden Kundenanforderungen an. So war es um das Jahr 2000 durchaus üblich, mit dem klassischen Wasserfallmodell in der Softwareentwicklung zu arbeiten, das Phase für Phase durch eine Abnahme abschließt, bevor es die nächste Phase beginnt. Als Kontrollpunkte während einzelner Phasen dienen Meilensteine, die im Vorfeld festgelegt werden und anhand derer man feststellen kann, ob das Projekt sich im geplanten Zeit- und Kostenrahmen bewegt. Die Folge solcher Wasserfallmodelle waren lange zum Teil mehrjährige Projektlaufzeiten, in denen die Innovationszyklen der eingesetzten Software dem Projekt teils mehrere Versionssprünge bescherten. Diese Versionssprünge haben die Projekte dann ungewolltermaßen teilweise mitgemacht. So kamen zu den bereits geplanten Aktivitäten die Migrationen auf neue Software-Versionen hinzu.

Inzwischen begannen die Kunden, schnellere ROIs (Return on Investment) zu fordern. Dem wurde beispielsweise durch iterative Verfahren wie Timeboxing oder Toyboxing Rechnung getragen, bei denen das Projekt in verschiedene, zeitlich fest definierte Fertigstellungsblöcke eingeteilt wird, die üblicherweise ein bis drei Monate lang sind. In diesen Zeitblöcken werden jeweils die schon bekannten Phasen Analyse, Design, Erstellung, Test und Produktivschaltung vorgenommen, dafür sind die Arbeitspakete kleiner. Der Kunde kann Teilergebnisse bereits nach kurzer Zeit nutzen, und innerhalb solcher Phasen treten keine störenden Einflüsse wie zum Beispiel Versionswechsel auf. [12]

---

12 Eine Auflistung verschiedener Softwareentwicklungsprozesse findet sich in Wikipedia unter
   http://de.wikipedia.org/wiki/Liste_von_Softwareentwicklungsprozessen.

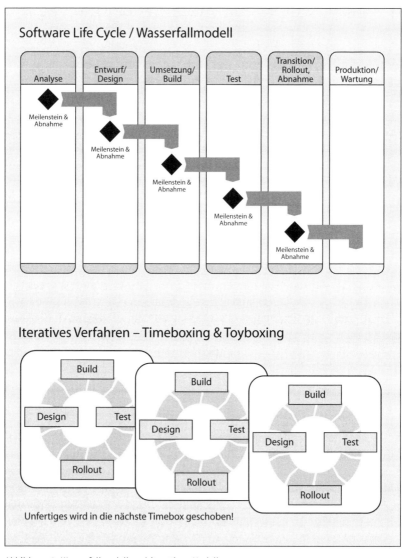

Abbildung 6: Wasserfallmodell und iteratives Modell

Eines haben alle Vorgehensmodelle gemeinsam. Sie liefern Methoden, um kontrolliert von einem Startpunkt zu einem bestimmten Ergebnis zu gelangen und unterstützen dabei, die Balance des magischen Dreiecks des Projektmanagements einzuhalten: Zeit, Kosten, Ergebnisse (Leistung).

- Bauen Sie Ihren Methodenbaukasten im Bereich Vorgehensmodelle aus. Entdecken Sie für sich erfolgreiche Instrumente und verfeinern Sie diese.
- Informieren Sie sich über verschiedene Vorgehensmodelle und halten Sie Ihr Wissen aktuell.
- Prüfen Sie im Licht der Erwartung Ihrer Kunden, ob eine Zertifizierung für Sie in Frage kommt. Mögliche Anlaufstellen sind zum Beispiel das Project Management Institute (http://www.pmi.org/) oder die GPM, Deutsche Gesellschaft für Projektmanagement e. V. (http://www.gpm-ipma.de/).

Zusammenfassung

Sie können als Berater aus einem riesigen Fundus von Projektvorgehensmodellen für eine bestimmte Aufgabenstellung wählen. Häufig sind Vorgehensmodelle in Unternehmen bereits vorgegeben. Alle haben ihre Gemeinsamkeiten, aber auch signifikante Unterschiede. Jedes Vorgehensmodell unterstützt die Einhaltung der Balance des magischen Dreiecks des Projektmanagements.

1.3 Der Schlüssel zum Erfolg – Die persönliche Kommunikation

1.3.1 Präsentation I/Überzeugend Präsentieren

Einführung

Laut verschiedenen Studien rangiert die Angst von Menschen, in der Öffentlichkeit zu sprechen – also zu präsentieren – höher als die Angst vor dem Tod.

Berater unterstützen ihre Kunden zu komplexen Themen. Sie sind Dolmetscher zwischen dem Auftraggeber und dem Mysterium ihres Fachgebiets. Sie präsentieren permanent, um ihre Kunden von einer guten Lösung zu überzeugen. Das passiert in drei Minuten auf dem Flur beim Kaffee genau so wie im Meeting oder vor einem größeren Publikum, dem man seinen Projektstatus vorstellt und einen Vorschlag präsentiert. Somit ist es durchaus gerechtfertigt, einen genaueren Blick auf die Erfolgsfaktoren wirkungsvoller Präsentationen zu werfen.

Dabei betrachten wir in diesem Kapitel einige Basiskompetenzen zum Thema Präsentieren. Im Themenbereich „Feintuning/Die Arbeit an der eigenen Beraterexzellenz" dieses Buchs beschäftigen wir uns mit einigen weiteren fortgeschrittenen Aspekten des Themas Präsentieren. Gerne können Sie also im Anschluss an dieses Kapitel das Kapitel „Präsentation II/Zielgruppenfokussiert Präsentieren" lesen, um Grundlagen und fortgeschrittene Kernpunkte zum Thema Präsentieren im Zusammenhang zu erfassen.

Probleme und Fallen

Keine Vorbereitung: Viele Präsentationen scheitern, weil sich der Präsentator nicht oder zu wenig vorbereitet hat. Dann kann man oft einen verzweifelten Versuch erleben, die schlechte Vorbereitung zu überspielen, jedoch ist das Ergebnis häufig sehr traurig.

Die vollständige Rede als Klartext: Häufig versucht ein Redner, den Text vollständig im Voraus aufzuschreiben und glaubt, er könne dann vom Blatt ablesen. Oft scheitert dies an der Aufregung. Wenn es jedoch gelingt, wirkt das Vorgelesene eben vorgelesen, einschläfernd und nicht motivierend. Das Publikum gewinnt den Eindruck, seine Zeit zu verschwenden. Stattdessen: Schreiben Sie ruhig den ganzen Text, aber lassen Sie rechts daneben einige Zentimeter Platz. Dann schreiben Sie sich rechts neben den Text die wichtigsten Stichpunkte und üben sie so. In die Präsentation nehmen Sie nur noch Ihre Stichpunkte, nicht aber den gesamten Text. (In der Aufregung würden Sie dort in angemessener Zeit Ihren roten Faden nicht wiederfinden – ich habe das jedenfalls nie geschafft.)

Tod durch PowerPoint®: Moderne Präsentationssoftware bietet uns schöne Möglichkeiten. Leider fühlen sich dadurch Heerscharen von Menschen berufen, wahre PowerPoint-Schlachten auszurichten. Sie überschütten uns mit zig Folien, auf denen in 90 Prozent der Fälle nur Bulletlisten zu sehen sind. Diese sind dann aber im schlimmsten Fall phantastisch animiert, die Buchstaben fliegen mit tollen Animationen ein und es dauert dreißig Sekunden, bis die Folie aufgebaut ist. Zugegeben, ich habe etwas übertrieben, aber wir alle haben solcherlei schon erlebt. Langweilen Sie Ihr Publikum nicht mit schlecht eingesetztem PowerPoint zu Tode, sondern erzeugen Sie eine außergewöhnliche Präsentation, in der Sie durch Ihr Wirken, originelle Inhalte und durch geeignete Medien einen nachhaltigen Eindruck hinterlassen.

Die Theorie

Was ist Präsentieren eigentlich? Das Wort Präsentieren leitet sich her vom lateinischen praesentare – „gegenwärtig sein, seine Anwesenheit wirken lassen"[13]. Es geht also darum, durch die eigene Anwesenheit eine Wirkung zu erzielen. Dabei verfolgt der Präsentierende ein Ziel und möchte die Zuhörer häufig von diesem Ziel überzeugen, damit sie einem Vorgehen zustimmen oder einen Auftrag erteilen.

Also können wir zwei Fragen für Berater ableiten:
1. Wie präsentiert man möglichst wirkungsvoll?
2. Wie entwickelt man Spaß am Präsentieren, statt Todesängste auszustehen?

Aufgrund der immensen Unterschiede zwischen Präsentationen (von drei Minuten bis drei Tage in Trainings und von einem Vier-Augen-Gespräch bis zu einer Rede vor Tausenden von Menschen) gibt es keine allgemeingültige Antwort auf die Frage „Wie präsentiert man optimal?" Dennoch existieren einige Punkte, die immer bedenkenswert sind und je nach Situation helfen können, eine gute Präsentation abzuliefern. Nähern wir uns dem Thema, indem wir den Prozess der Präsentation betrachten.

---

13 Vgl. Dudenredaktion: Das Herkunftswörterbuch.

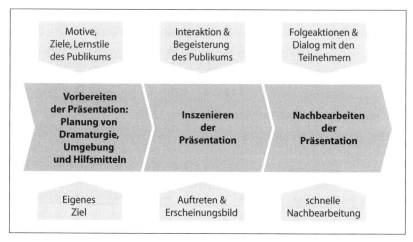

Abbildung 7: Prozess der Präsentation

Der Prozess der Präsentation
Der Präsentationsprozess beginnt weit vor dem eigentlichen Auftritt und endet auch deutlich nach seinem Abschluss. Zu jeder guten Präsentation gehören die Schritte: **1. Vorbereitung, 2. Inszenierung** (Durchführung) und **3. Nachbereitung der Präsentation.**

Die in diesem Kapitel nicht behandelten Komponenten (zum Beispiel Motive und Lernstile des Publikums) werden im Kapitel „Präsentation II/Zielgruppenfokussiert Präsentieren" im Teil „Feintuning" des Buchs erläutert.

1. Die Vorbereitung der Präsentation
Bereiten Sie Ihre Präsentation in zwei Schritten vor:

Erster Schritt der Vorbereitung – Zwei Fragen: Suchen Sie zu Anfang die Antwort auf folgende Fragen:
1. Was ist Ihr Ziel bei der Präsentation? Die Antwort sollte leicht zu finden sein.
2. Wer ist das Publikum und was sind die Ziele Ihrer Zuhörer? Die Ziele des Publikums zu ermitteln kann sich schwieriger gestalten. Es lohnt sich jedoch, möglichst viel über die Ziele Ihrer Zuhörer in Erfahrung zu bringen, um Ihre Erfolgschancen zu erhöhen.

Zweiter Schritt der Vorbereitung – Struktur und Dramaturgie: Planen Sie die Dramaturgie. Jeder spannende Roman oder Film folgt einer guten Dramaturgie, die am Ende ihr (glückliches) Ende findet.

Zwei klassische Ansätze für die Struktur und Dramaturgie einer Präsentation sind die Ansätze **Tell, Tell, Told** für einfache Präsentationen und **Bomber B**[14] zum Beispiel, wenn Sie mehrere Unterpunkte präsentieren wollen.

Tell, Tell, Told	Bomber B
Tell	**B** ang! (Paukenschlag zu Beginn)
sagen Sie, was Sie sagen werden	**O** pening (Hauptbotschaft)
Tell	**M** essage (4–5 Schlüsselbotschaften)
sagen Sie es	**B** ridge (roter Faden dazwischen)
Told	**E** xamples (Beispiele)
sagen Sie, was Sie gesagt haben	**R** ecap (Zusammenfassen)
	B ang! (Paukenschlag zum Ende)

Wichtig ist, dass Sie speziell für Ihren Anlass die passende Dramaturgie wählen oder individuell zusammenstellen. Eine mögliche Dramaturgie für Ihre Präsentation kann zum Beispiel so aussehen:

- Einleitung: Beginnen Sie mit einem Paukenschlag – wecken Sie Aufmerksamkeit.
- Beschreiben Sie den Problem- oder Ist-Zustand (Hölle) möglichst wirkungsvoll.
- Holen Sie die Zustimmung des Publikums ein (Konsens zum Problem).
- Beschreiben Sie den Soll- oder Idealzustand (Himmel) ebenso wirkungsvoll.
- Zeigen Sie den Weg zur Lösung auf.
- Holen Sie die Zustimmung zu Ihrem Vorschlag ein und schließen Sie die Präsentation mit einem Paukenschlag ab.

---

14 Quelle: Townsend, John: The Business Presenter's Pocketbook, page 6.

Planen Sie neben der Dramaturgie auch die Umgebung, das Ambiente und die Mittel. Dazu gehören neben der Lokation und den Räumlichkeiten auch Dinge wie Verköstigung, Getränke und eventuell Blumen auf dem Tisch. Planen Sie außerdem technische Back-up-Lösungen ein, damit Ihre Präsentation auch beim Ausfall von Geräten oder bei Stromausfall kein jähes Ende findet. Sehen Sie sich vor der Präsentation die Räumlichkeiten persönlich an, prüfen Sie, dass Ihre Präsentation auch wirklich wie geplant umgesetzt werden kann. Dabei sind auch Kleinigkeiten wichtig wie zum Beispiel: Sind Steckdosen für Laptop und Beamer vorhanden und existiert ein Sonnenschutz für die Projektionsfläche?

Die Praxis

2. Die Inszenierung der Präsentation: Wirkgefüge und Struktur
Stellen Sie sich vor, Sie sitzen im Theater mit einem klassischen Bühnenbild. Alle Schauspieler tragen ihre historischen Kostüme. Dann ist es so weit: Hamlet rollt mit seinem knatternden Motorrad in voller Easy-Rider-Ledermontur auf die Bühne, hält einen Motorradhelm in die Luft und ruft: „Hey Alter, sein oder nicht sein, das ist hier die Frage." Haben Sie es gemerkt? Etwas passt nicht. Der Schauspieler erzeugt nicht die erwartete Wirkung beim Publikum.

Genau so verhält es sich in der Präsentation. Wenn Sie vor einer Gruppe von Klempnern präsentieren, kann es wirkungsvoll sein, wenn Sie im Blaumann auftreten. Vor einer Gruppe von Technikern kann gepflegte Casual-Kleidung mit Jeans und Hemd überzeugend wirken. Vor dem Top-Management eines großen Finanzdienstleisters können Sie vielleicht mit einem dreiteiligen Anzug am ehesten die Erwartungshaltung Ihres Publikums treffen. Es gibt keine richtige oder falsche Kleidung. Überlegen Sie jedoch, welches **Erscheinungsbild** und welche Kleidung für den Anlass passend sind und wie Sie Ihre Gemeinsamkeiten mit Ihren Zuhörern betonen können. („Wer sich so kleidet wie wir, ist vermutlich einer von uns und somit keine Bedrohung.")

Üben Sie ein souveränes **Auftreten**, mit dem Sie Gelassenheit und Erfolg ausstrahlen, selbst wenn Sie kein Wort sagen. Dazu gehören Gestik (zum Beispiel einladende Gesten), Mimik (zum Beispiel Lächeln), ein fester

Stand, eine aufrechte Körperhaltung. Achten Sie dabei auf die Glaubwürdigkeit Ihres Auftretens – verstellen Sie sich nicht. Wie das geht? Nach der alten Weisheit: „Benimm dich zu Hause wie beim König, dann kannst du dich beim König benehmen wie zu Hause." Werden Sie zum König, entwickeln Sie sich schrittweise und authentisch zu dem Menschen, der sich in einer Präsentation ganz natürlich gibt.

Was hilft gegen Lampenfieber?

Lampenfieber ist das Phänomen, das viele Präsentatoren um den Schlaf bringt, ihnen den kalten Angstschweiß auf die Stirn treibt und die Knie zum Zittern bringt.

Folgende Tipps können Ihnen vielleicht gegen Lampenfieber helfen

Länger vor der Präsentation
- Üben Sie oft und studieren Sie Ihren Text anhand von Stichworten ein. Eine gute Vorbereitung hilft gegen Lampenfieber.
- Haben Sie immer Back-up-Lösungen parat (zum Beispiel bei Beamerausfall).

Direkt vor der Präsentation
- Lampenfieber gehört einfach dazu. Ohne Lampenfieber stimmt etwas nicht. Genießen Sie den Kick. Wenn das nicht geht, nehmen Sie die Symptome bewusst wahr, akzeptieren Sie sie, atmen Sie tief und langsam durch.
- Zum Entspannen können Sie übliche Entspannungsübungen durchführen, wie autogenes Training, Meditation, Thai Chi. Sie können aber auch singen oder laut schreien (wenn der Schallschutz in den Räumlichkeiten dies zulässt).
- Rufen Sie sich frühere Erfolge ins Gedächtnis zurück und genießen Sie das Gefühl von damals.
- Erzeugen Sie eine positive Vision der Präsentation für sich (Self fulfilling Prophecy). Erleben Sie im Vorfeld die Freude, wie Sie erfolgreich vor Ihrem Publikum stehen und bewundert werden.

Während der Präsentation
- Atmen Sie tief durch.
- Gehen Sie langsam mit einem sicheren Auftreten zum Pult. Lächeln Sie, nutzen Sie Ihre Körpersprache, um eine positive, überzeugende Ausstrahlung zu erzeugen. Suchen Sie den Augenkontakt nach dem Leuchtturm-Prinzip (es sei denn, in der kulturellen Umgebung, in der Sie präsentieren, ist dies unüblich – informieren Sie sich).

- Nehmen Sie einen Schluck Wasser (oder ein anderes Getränk) an Ihrem Pult (aber keinen Alkohol!).
- Bedienen Sie sich einer klaren, langsamen Aussprache, machen Sie Pausen. Sprechen Sie langsamer, als Sie es gewohnt sind, Sie werden durch die Aufregung sowieso schneller sprechen als normal.
- Wenn Sie abtreten, tun Sie dies ebenfalls ruhig und selbstsicher. Bedanken und verneigen Sie sich. Machen Sie eine Pause und lassen Sie Ihrem Publikum die Möglichkeit, zu applaudieren. Treten Sie dann langsam und sicher ab, statt zu fliehen.

Umgang mit Unterbrechungen und Einwandbehandlung

Überlegen Sie ebenfalls, wie Sie mit kritischen Einwänden umgehen wollen und was Sie bei unerwarteten Antworten tun. Denken Sie auch nach, was Sie tun, falls Sie die Zustimmung am Schluss nicht erhalten.

Da jede dieser Situationen individuell ist, gibt es kein Patentrezept. Doch einige generelle methodische Tipps können Ihnen vielleicht weiterhelfen.

Tipps

- Oft will der Fragende einfach ins Rampenlicht oder mal sehen, wie Sie mit einem unerwarteten Einwand umgehen (fällt er gleich um?).
- Bei einer wirklichen Frage: Antworten Sie, wenn Sie eine Antwort haben.
- Sonst: Reflektieren Sie: „Sie möchten wissen, ob ..." Dann je nach Reaktion: Antworten Sie oder versuchen Sie es mit Ausweichen – so können Sie Zeit zum Nachdenken gewinnen.

  Beispiele:

  (an das Publikum) „Wie denken die anderen darüber?" oder „Hat sonst jemand dieses Problem?"

  (an einen Teilnehmer): „Herr Meier, was denken Sie als Experte?"

  (an den Fragenden zurück): „Sie haben sich wohl mit dem Thema beschäftigt. Was denken Sie?"

  Oder: „Das kann ich im Moment nicht beantworten. Ich nehme die Frage mit und melde mich bei Ihnen, wenn Sie mir Ihre Karte geben." (Aber Vorsicht hierbei – Nutzen Sie diese Möglichkeit nicht zu oft, ansonsten könnten Zweifel an Ihrer Kompetenz auftreten.)

Stört der Unterbrecher zu penetrant, können Sie auch deutlich werden: „Ich kann nachvollziehen, dass Ihnen diese Fragen sehr wichtig sind. Daher schlage ich vor, dass wir uns nach der Präsentation dazu noch mal unter vier Augen zusammensetzen. Nun muss ich jedoch darauf bestehen, im Interesse der anderen Zuhörer fortzufahren."

3. Die Nachbereitung der Präsentation:

Die Präsentation ist vorbei und hoffentlich gelungen. Nun können Sie noch eine Menge Pluspunkte sammeln. Drei Tipps in Kürze für Sie:

- Seien Sie schnell, überraschen Sie durch Geschwindigkeit, wenn Sie den Teilnehmern die Unterlagen zur Verfügung stellen. Es beeindruckt durchaus, wenn Sie nach einer Präsentation am Nachmittag noch am gleichen Abend die Unterlagen verschicken oder ein Angebot fertigstellen und zusenden, das Sie in Zügen schon vorbereitet haben.
- Planen Sie Folgeaktionen und führen Sie diese konsequent durch. Sie verlängern dadurch die positive Wirkung Ihrer Präsentation.
- Bleiben Sie im Dialog mit den Teilnehmern an Ihrer Präsentation. So verstärken Sie die Bindung und bekommen mit, wie sich Stimmungen zu Ihrem Thema entwickeln, und können gegebenenfalls nachsteuern.

Übungen und Tipps

- Verfahren Sie nach dem KISS-Prinzip (Keep It Simple, Stupid) – halten Sie Ihre Präsentation so einfach wie möglich.

- Nehmen Sie während der Präsentation die Hände aus den Hosentaschen. Nutzen Sie stattdessen einen Anker für Ihre Hände, zum Beispiel einen Präsentations-Stick oder einen Kugelschreiber (aber klicken Sie nicht wild damit herum). Bleiben Sie in Bewegung, aber machen Sie sich nicht zum Hampelmann. Laufen Sie nicht durchs Bild.

- Planen Sie bei der Vorbereitung einer Präsentation einen Zeitaufwand von circa dem sieben- bis achtfachen der Präsentationszeit, wenn Sie ein Experte für das Thema sind.

- Wenn Sie eine Stunde Zeit haben, planen Sie maximal eine dreiviertel Stunde Präsentationszeit.

- Medieneinsatz: Überlegen Sie, welche Medien und Objekte Sie während Ihrer Präsentation verwenden wollen. Es müssen nicht nur PowerPoint-Folien sein. Sie können auch mit Moderationskarten, Klebepunkten, Flipchart und eventuell mit Produkten arbeiten. Denken Sie daran: Das beste Objekt, um ein Pferd zu erklären, ist ein Pferd.

- Demos sind sehr wirksam, wenn sie gut funktionieren. Gleichzeitig sind sie gefährlich, sollte die Demo nicht so laufen wie gewünscht (der berühmte Vorführeffekt). Sie sollten am besten eine Ersatzlösung auf vorbereiteten Folien parat haben.

- Um besser auf Einwände vorbereitet zu sein, schlüpfen Sie bei der Vorbereitung auch in die Rolle des „Advokaten des Teufels" und stellen Sie sich so viele kritische Fragen wie möglich und erarbeiten Sie Antworten dazu. Sehr hilfreich kann auch ein Kollege Ihres Vertrauens sein, der sich die Präsentation anhört und genau mit diesem Ziel kritische Fragen stellt.

- Bitten Sie vor der Präsentation Kollegen, dass sie Sie während der Präsentation beobachten und bewerten. Wenn Sie wirklich Verbesserungspotenzial erkennen wollen, fragen Sie nicht „Na, wie war ich?", sondern fragen Sie gezielt im Anschluss nach Verbesserungsmöglichkeiten.

Zusammenfassung

Zu den Basiselementen einer guten Präsentation gehören eine gute Vorbereitung, Inszenierung und Nachbereitung. Dabei ist wichtig, wer Ihr Publikum ist, welche Ziele es verfolgt und welches Ergebnis Sie selbst mit der Präsentation erreichen wollen. Wählen Sie die passende Struktur und Dramaturgie und die richtigen Medien. Bereiten Sie sich auf Einwände vor und trainieren Sie, wie Sie sich entspannen können, um mit dem Lampenfieber umzugehen. Präsentieren Sie selbstsicher und sammeln Sie auch noch nach der Präsentation Pluspunkte.

Zwei Geheimnisse gibt es bei einer guten Präsentation:
Erstens: Übung, Übung und nochmals Übung. Und zweitens: Spaß am Präsentieren zu entwickeln.

1.3.2 Kommunikation I/Empathie und soziale Kompetenz in der Kommunikation

Soft Skills oder auch soziale Kompetenz sind mittlerweile in aller Munde. Doch die Antwort auf die Frage „Was sind Soft Skills eigentlich?" fällt äußerst unterschiedlich aus, und Experten streiten über die korrekte Abgrenzung. Da Soft Skills jedoch, wie der Name schon sagt, ein weiches Thema sind, erscheint es logisch, dass dieses Thema auch weiche Grenzen hat.

Eine schöne Definition zum Begriff „soziale Kompetenz" findet sich im Internet bei Wikipedia:
„Soziale Kompetenz bezeichnet in der gehobenen Umgangssprache den Komplex all der persönlichen Fähigkeiten und Einstellungen, die dazu beitragen, das eigene Verhalten von einer individuellen auf eine gemeinschaftliche Handlungsorientierung hin auszurichten und in diesem Sinne auch das Verhalten und die Einstellungen von Mitarbeitern zu beeinflussen. ‚Sozial kompetentes' Verhalten verknüpft die individuellen Handlungsziele von Personen mit den Einstellungen und Werten einer Gruppe." [15]

Die nachfolgenden Bereiche der sozialen Kompetenz oder Soft Skills gehören zu den wesentlichen Aspekten exzellenter Beraterfähigkeiten. Wir betrachten in den folgenden Kapiteln in „Teil I – Wie arbeiten eigentlich gute Berater?" dieses Buches Basisthemen aus dem Bereich Soft Skills. In „Teil II – Vom guten Berater zur Beraterexzellenz" gehen wir im Kapitel „Kommunikation II/Exzellente Berater arbeiten beständig an ihren Soft Skills" auf weiterführende Soft Skill-Themen ein. Diese werden noch einmal ergänzt durch den Kapitelblock „Kommunikation III/Powertechniken der Kommunikation für mehr Beraterexzellenz" in „Teil III – Feintuning/Die Arbeit an der eigenen Beraterexzellenz".

---

15 Definition: Soziale Kompetenz auf: http://de.wikipedia.org/wiki/Soft_skills. Stand: 14.04.2006.

1.3.3 Verstanden werden ist schwer – Kommunikation nach Paul Watzlawick

Einführung

Der Kommunikationswissenschaftler Paul Watzlawick (geboren 25. Juli 1923, gestorben 31. März 2007) trug mit seinen populärwissenschaftlichen Veröffentlichungen enorm zur Kommunikationstheorie des 20. Jahrhunderts bei und prägte einen wichtigen Teil des Verständnisses von Kommunikationsabläufen. So hat Watzlawick gemeinsam mit einer Forschergruppe unter anderem fünf Axiome (Vorannahmen) der Kommunikation aufgestellt [16]. Auf einige von diesen gehen wir im Folgenden ein.

Die fünf Axiome der Kommunikation nach Paul Watzlawick

- In einer sozialen Situation kann man nicht nicht kommunizieren.
- Jede Kommunikation hat einen Inhalts- und einen Beziehungsaspekt, wobei Letzterer den Ersteren bestimmt.
- Die Natur einer Beziehung ist durch die Interpunktionen der Kommunikationsabläufe seitens der Partner bedingt.
- Menschliche Kommunikation ist digital (verbal) und analog (nonverbal).
- Zwischenmenschliche Kommunikationsabläufe sind entweder symmetrisch (gleich, gleichberechtigt, zum Beispiel bei Partnern) oder komplementär (ergänzend, zum Beispiel bei Arzt und Patient).

Laut Watzlawick kann jede Störung in der Kommunikation auf ein Handeln gegen diese Axiome zurückgeführt werden [17].

Probleme und Fallen

Wir kennen die deutschen Tugenden Präzision, Pünktlichkeit, Verlässlichkeit. Wenn wir etwas sagen, meinen wir es meistens auch so. Das hat Deutschland lange die Weltspitze bei Ingenieursleistungen, in Forschung, Chemie und Industrie gesichert. Präzision mag auch die Ursache für die umfangreichsten Gesetzestexte und Verordnungen auf der Welt sein. Wir haben ein Verlangen danach, alles so präzise wie möglich zu dokumen-

---

16 Quelle: Watzlawick, Paul; Beavin, Janet H.; Jackson, Don D.: Menschliche Kommunikation. Formen, Störungen, Paradoxien.
17 Quelle: http://de.wikipedia.org/wiki/Paul_Watzlawick

tieren. Unsere schriftliche Kommunikation ist meist geprägt von diesem Phänomen und häufig auch die mündliche. Wir denken, wenn wir nur eine ausreichende Anzahl an Informationen in eine Kommunikation einbringen, kann unser Gegenüber ja gar nicht anders als dem zuzustimmen. Wir sind, wie man so schön sagt, sehr Kopf-geprägt oder einfach sachlich. Das haben wir ja auch alle in der Schule gelernt: durch Sach-Argumente überzeugen. Was denken Sie, wie viel Prozent der Kommunikation sich wirklich auf der Sach-Ebene abspielt? Es sind gerade einmal sieben Prozent. Der Rest spielt sich auf der Beziehungs- und Gefühlsebene ab. Wenn wir nun wunderbar sachlich argumentieren, aber an der Beziehungs- und Gefühlsebene auflaufen, ist dies wie das elegante Umschiffen eines Eisberges über der Wasseroberfläche, den wir dann aber unter der Wasseroberfläche rammen, weil er sich in Wirklichkeit viel weiter ausdehnt, als wir dies vermutet haben. Daher nennt sich dieses Kommunikationsmodell von Paul Watzlawick auch das Eisbergmodell der Kommunikation.

Die Theorie
Wenn nach dem Eisbergmodell ein so großer Anteil der Kommunikation auf nicht-sachlicher Ebene stattfindet, erscheint es logisch, den anderen Anteilen wie Körpersprache (Gestik, Mimik) und dem Klang der eigenen Stimme eine ihren Bedeutungen entsprechenden Anteil der Aufmerksamkeit an der eigenen Kommunikation zu widmen.

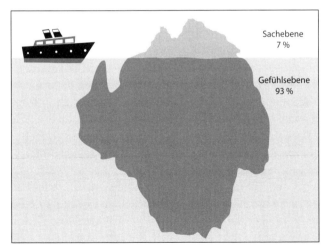

Sachebene
7 %

Gefühlsebene
93 %

Abbildung 8:
Das Eisbergmodell

7 % der Wirkung einer Botschaft auf den Empfänger hängen von der Sachebene ab (benutzte Wörter und Inhalte).

38 % hängen von paraverbaler Kommunikation ab (Sprechrhythmus, Lautstärke, Satzmelodie, Tonfall, Pausen etc.).

55 % hängen von nonverbaler Kommunikation ab (Körpersprache, Gestik und Mimik).

Das bedeutet nicht, dass wir den Inhalt vergessen oder vernachlässigen sollten. Wir sollten einen guten Inhalt aber unterstreichen durch eine passende, überzeugende Körpersprache und eine zuversichtliche Sprachmelodie, eine gute Stimmung – also eine Stimme, die gut gestimmt ist.

Wenn alle Komponenten unserer Kommunikation im Einklang sind, vervielfachen wir unsere Überzeugungskraft.

Die Praxis

Nach meiner Festanstellung, während ich mich auf die Selbstständigkeit vorbereitete, habe ich mich für eine kurze Zeit arbeitssuchend gemeldet. Nach dem persönlichen Erstgespräch bei der Bundesagentur für Arbeit lud man mich und eine Reihe anderer Menschen schriftlich zu einem Termin am Vormittag ein, bei dem verschiedene Themen und Spielregeln der Bundesagentur erläutert werden sollten. Ich ging zu dem Raum, der auf der Einladung angegeben war und schritt durch die Tür. Es waren schon circa acht bis zehn weitere Personen anwesend. Höflich, wie meine Frau mich erzogen hat, wünschte ich allen hörbar einen guten Morgen. Viele Anwesende erwiderten meinen Gruß. Ich ging zum Tisch, setzte mich, öffnete meine Aktenmappe und wartete. Als ich nichts weiter tat, erntete ich die ersten fragenden Blicke. Kurze Zeit später kam der einladende Mitarbeiter der Bundesagentur ins Zimmer, grüßte und begann mit seinem Vortrag. Nun konnte ich sehen, wie viele Personen im Raum völlig verblüfft und irritiert abwechselnd den Mitarbeiter und dann wieder mich anblickten. Bald darauf hatten alle verstanden, dass ich nicht der Versammlungsleiter war. Offenbar hatten es aber die meisten erwartet. Im Anschluss dachte ich darüber nach, wie dieser Effekt entstanden war. Wohl nur durch mein beschwingtes, sicheres Auftreten und durch mein deutliches Ansprechen der großen Runde war bei den meisten der Eindruck entstanden, ich würde die Sitzung leiten. Dabei hatte ich dies weder behauptet noch versucht, den Anschein zu erwecken. Hier haben die 93% der Kommunikation auf der Beziehungs- und Gefühlsebene gewirkt, ohne dass eine einzige Sach-Information geflossen ist.

Übungen und Tipps

Achten Sie in verschiedenen Situationen darauf, wo nonverbale oder paraverbale Kommunikation eingesetzt wird, und trainieren Sie ihren Einsatz für sich selbst. Beispiele:

Achten Sie auf paraverbale und nonverbale Signale Ihrer Gesprächspartner und tragen Sie diesen Signalen in Ihren Gesprächen Rechnung, passen Sie eventuell den Gesprächsverlauf dem Empfinden Ihres Gegenübers an. So werden Sie mehr erreichen.

Bevor ein Meeting beginnt, sitzen die Teilnehmer häufig schon zusammen. Sie können fast darauf wetten: Der Erste, der sich deutlich wahrnehmbar auf seinem Stuhl bewegt, durchatmet oder leise räuspert, wird die Sitzung eröffnen und bis zum Ende moderieren.

Nach dem Essen in der Kantine passiert häufig das gleiche. In den meisten Fällen sitzen alle noch eine Weile zusammen und der Anführer oder die Anführerin (wie das Alpha Tier) gibt durch seine Bewegungen Anzeichen für ein Aufstehen, dann erheben sich alle gleichzeitig. Wir alle erkennen diese Bewegungen intuitiv und richten uns danach. Achten Sie einmal darauf, wer dies in Ihrer Gruppe ist, und versuchen Sie selbst einmal, diese Rolle zu übernehmen. Es gibt auch Menschen, die dies zwar versuchen, denen die „Führung" an dieser Stelle aber misslingt. Sie strahlen die natürliche Autorität in ihrer nonverbalen und paraverbalen Kommunikation nicht aus und sind somit in der Gruppe nicht als Führender anerkannt

---

Zusammenfassung
Die Wirkung unserer Kommunikation beruht nur zu 7 Prozent auf Sachinformationen, den allergrößten Anteil der Wirkung erzielen wir durch paraverbale und nonverbale Kommunikation. Wir kommunizieren immer, auch wenn wir nichts sagen („Man kann nicht nicht kommunizieren").

Gemäß den Anteilen an der Bedeutung für die Wirkung ist es sinnvoll, der paraverbalen und nonverbalen Kommunikation einen entsprechenden Anteil der Aufmerksamkeit zusätzlich zu der für Berater wichtigen verbalen Kommunikation zu widmen.

1.3.4 Typische Klippen der Kommunikation – Das Sender-Empfänger-Modell

Einführung
1970 entwickelte Stuart Hall das Sender-Empfänger-Modell der Kommunikation basierend auf dem Kanalmodell der Informationstheorie. Danach ist Kommunikation das Übertragen einer Nachricht von einem Sender zu einem Empfänger, wobei die Nachricht codiert und dann über einen Übertragungskanal transportiert wird. Kommt es bei diesem Prozess zu Störungen, kann diese Nachricht verfälscht werden. [18]

Probleme und Fallen
Folgende Gedankenkette beim Äußern einer Bitte formuliert hervorragend die Gefahren, die auf eine Nachricht auf dem Weg vom Sendergehirn zum Empfängergehirn lauern:

Gefahren, die auf eine Nachricht lauern
Gedacht ist nicht formuliert.
Formuliert ist nicht gesagt.
Gesagt ist nicht gehört.
Gehört ist nicht verstanden.
Verstanden ist nicht akzeptiert.
Akzeptiert ist nicht die Antwort formuliert.
Die Antwort formuliert ist nicht geantwortet.
Geantwortet ist nicht gehört.
Gehört ist nicht verstanden ...

---

18 Quelle: http://de.wikipedia.org/wiki/Sender-Empf%C3%A4nger-Modell

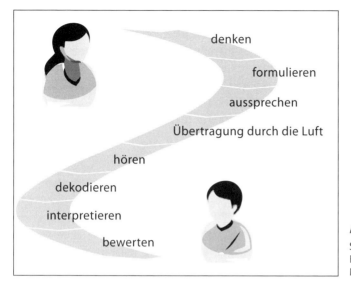

denken

formulieren

aussprechen

Übertragung durch die Luft

hören

dekodieren

interpretieren

bewerten

Abbildung 9:
Sender-
Empfänger-
Modell

Die Kette ist hier nicht zu Ende. Wie wir alle aus unzähligen Beispielen im Berufsleben und im Privatleben wissen, sind Missverständnisse etwas Alltägliches. So alltäglich, dass es dafür dieses Wort „Missverständnis" gibt.

Die Theorie
Wenn die „Übertragung" von Stadium zu Stadium fehlerfrei oder fehlerarm funktioniert (unser Gehirn ist ein Rekonstruktionsgenie für fehlerhafte Informationen), gelingt es, eine Nachricht erfolgreich vom Gedanken des Senders zum Gedanken des Empfängers zu transportieren.

Mannigfaltig sind dabei die Störungsmöglichkeiten, die auftreten können. Diese können unter anderem technischer Art (zum Beispiel schlechte Telefonverbindung), kultureller Art (ein Kölner versteht vielleicht nicht, wenn ein Hesse ein Geripptes bestellt [19]) oder psychologischer Art sein (will ich mein Gegenüber verstehen oder ihm zustimmen?). Im Beratungsgeschäft

---

19 In Hessen wird Apfelwein (hessisch: Ebbelwoi) traditionell im Bembel (Krug aus Steingut) serviert und dann in Gläser mit rautenförmigen Erhebungen geschüttet. Das Glas heißt „Geripptes". Dafür weiß der gemeine Hesse üblicherweise wenig mit einem Kölner Halven Hahn anzufangen (http://de.wikipedia.org/wiki/Halve_Hahn).

sind Missverständnisse noch einmal eine Spur kritischer. Denn bei zu vielen Missverständnissen werden Kunden berechtigterweise ungeduldig. Daher ist die Herausforderung im Beratungsgeschäft: Wie kommunizieren wir gut und reduzieren die Missverständnisse zugunsten eines ausreichenden Verständnisses auf beiden Seiten der Kommunikation – kurz: Wie erreichen wir Verständigung?

Die Praxis
Unter einem klassischen Beispiel für eine fehlerhafte Informationsübermittlung mussten viele von uns als Kind leiden: 1890 analysierte der Schweizer Physiologe Gustav von Bunde die Inhaltsstoffe von Spinat. Dabei verwendete er getrockneten Spinat und wies einen Eisengehalt von 35 Milligramm aus. Beim Übertragen der gewonnenen Erkenntnisse wurden die Zahlen irrtümlich frischem Spinat zugeschrieben, der zu circa 90 Prozent aus Wasser besteht. Somit enthält frischer Spinat also nur 3,5 Milligramm Eisen, das, wie wir heute wissen, noch nicht einmal biologisch verwertbar ist, da es chemisch gebunden als aktives Zentrum eines Enzyms vorkommt und nicht wie erforderlich in Form von Eisenionen. Das bedeutet im Klartext: Spinat hilft nicht gegen Eisenmangel. [20] Welche Tragik, welche Tragweite dieser kleine „Übertragungsfehler" für Millionen Kinder hatte – mich eingeschlossen! Am Ende führte eine gut durchgeführte Untersuchung zu vielen Tränen und vor allem zur Wirkungslosigkeit bei der Bekämpfung von Eisenmangel – durch eine Informationsungenauigkeit bei der Kommunikation.

Für den Berater bedeutet dies: In der Kommunikation mit dem Kunden und mit Kollegen sollte er dessen gewahr sein, dass es Störungen und Übertragungsfehler in den verschiedenen Stadien der Kommunikation geben kann. Da die Beratungstätigkeit meist darin besteht, ein Problem aufzunehmen (Kommunikation), eine Lösung zu erdenken und diese vorzuschlagen (Kommunikation) und die Zustimmung zum Lösungsansatz vom Kunden zu erhalten (Kommunikation), diese schriftlich und eindeutig interpretierbar zu dokumentieren (Kommunikation) und eventuell umzusetzen, sollte der Berater äußerst darauf erpicht sein, permanent zu prüfen, ob die Kommunikation erfolgreich war. Wie kann dies geschehen?

---

20 Quelle: http://de.wikipedia.org/wiki/Spinat

Aus dem Fundus der üblichen Kommunikationstechniken stehen zahlreiche Instrumente zur Verfügung. Als Beispiele sind zu nennen:

- Offen nachfragen: „Können Sie diesen Punkt bitte näher erläutern?"
- Sicherstellen durch Wiederholen: „Habe ich richtig verstanden, dass die Aufgabe folgende Punkte umfasst? ..."
- Geschlossen fragen: „Sollen wir diese Brücke so für Sie bauen?"
- Nachfragen, welche Absicht sich hinter einer unverständlichen Äußerung verbirgt: „Mich verblüfft Ihre Aussage ein wenig. Darf ich nach dem Hintergrund für diese Vorgehensweise fragen?"
- Dokumentieren Sie Gespräche nachträglich und schicken Sie Ihrem Gesprächspartner Ihre Ergebnis-Zusammenfassung (keinen Roman) per E-Mail zu. Ist alles richtig – perfekt. Hat Ihr Gesprächspartner doch etwas anders verstanden, ergibt sich dabei die Chance, den Fehler aufzudecken.
- Lassen Sie sich wichtige Spezifikationen und Aufträge vom Kunden unterzeichnen. Etwas, das unterschrieben wird, wird häufig besser gelesen als etwas, das man nur mal so zugeschickt bekommt.

Zusammenfassung

Das Sender-Empfänger-Modell der Kommunikation macht uns bewusst, dass einer Information auf ihrem Weg vom Sender zum Empfänger viele Gefahren drohen. Da für uns als Berater Kommunikation ein wesentlicher und zentraler Bestandteil unserer Arbeit ist, erscheint es sinnvoll, durch permanente Verifikation den Erfolg unserer Kommunikation sicherzustellen, ohne dabei die Geduld des Kunden überzustrapazieren. Dabei helfen verschiedene Methoden und Fragetechniken weiter.

1.3.5 Keineswegs trivial – Gekonnter Einsatz von E-Mail und Internet

Einführung

Elektronische Kommunikation ist ein elementarer Teil unseres Geschäftslebens geworden. Das Spektrum reicht vom klassischen Fax über E-Mail bis zu Videokonferenzen über das Internet, die für jedermann erschwinglich geworden sind. [21]

Für Telefon-, Audio-, Video- oder Webkonferenzen, bei denen man sich auch den Bildschirminhalt eines Rechners mit an mehreren Orten verteilten Personen teilt, gelten ähnliche Spielregeln wie für normale Meetings, denn sie sind synchrone Live-Zusammenkünfte im Gegensatz zu asynchroner Kommunikation per Mail und Fax. Da an vielen anderen Stellen über die Spielregeln von synchronen Kommunikationsereignissen berichtet wird, gehen wir auf diese hier nicht näher ein.

Wir widmen uns in diesem Kapitel den asynchronen elektronischen Medien, in erster Linie der E-Mail.

Probleme und Fallen

Ich war Angestellter in einem großen internationalen Technologieunternehmen. Die Firmenleitung entschied, das bis dahin verteilte Headquarter an einem Ort in Deutschland zusammenzufassen, nur der Vertrieb sollte am Ort bleiben. Daraufhin schrieb ein ungekündigter Mitarbeiter am Freitagabend eine Bewerbung per Mail an ein Konkurrenzunternehmen und wollte es wohl als Template (Vorlage) abspeichern. Wie, ist nicht ganz geklärt, jedenfalls beförderte ein Bedienfehler des Mailprogramms seine Bewerbung an alle Mitarbeiter der lokalen Geschäftsstelle. Am Montagmorgen konnte man aus allen Büros ein Raunen und Kichern hören. Denn alle konnten lesen, für welche Position er sich bewarb, ab welchem Datum und vor allem, wie seine Gehaltsvorstellungen waren – und die waren enorm. Das Mail wurde an Kollegen in anderen Geschäftsstellen weitergeleitet und auch in andere Firmen. Die weitere Situation entwickelte sich für ihn eher unerfreulich und

---

21 Beispielhaft zu nennen ist die für PC-zu-PC kostenlose Software von Skype mit integriertem Videoconferencing (siehe: http://www.skype.com/). Zusätzlich benötigen Sie eine günstige Webcam und einen PC oder Laptop sowie einen DSL-Anschluss.

er konnte nichts dagegen tun, da die Verbreitung sich völlig seiner Kontrolle entzog. Und das nur wegen eines kleinen Fehlers beim Bedienen seiner Mail-Software.

Das Beispiel zeigt, welch enorme Auswirkungen eine Sekunde Unachtsamkeit bei elektronischen Medien haben kann. Binnen Stunden, manchmal sogar binnen Minuten können sich Nachrichten per Internet so über die ganze Welt ausbreiten ohne Chance für den Absender, dies zu stoppen.

Die Theorie

Wenn wir die folgenden goldenen Grundregeln für elektronische Kommunikation beherzigen, von denen wir unsere einzelnen Handlungsweisen ableiten können, haben wir den allergrößten Teil der asynchronen elektronischen Kommunikation gemeistert:

Goldene Grundregeln für elektronische Kommunikation

- Denken Sie nach, bevor Sie handeln **(first think, then act)**. Sobald Sie auf den Sende-Knopf beim Fax oder Mail gedrückt haben, ist Ihre Nachricht außerhalb Ihrer Kontrolle und kann nicht zurückgeholt werden.
- Sehen Sie Fax und Mail **wie einen normalen Geschäftsbrief** an. Vom Niveau her sollten sich alle drei nicht unterscheiden.
- Überlegen Sie, ob Sie ein großes Problem damit hätten, **wenn Ihre Mail-Nachricht im Internet veröffentlicht würde**. Wenn Sie dies bejahen, sollten Sie Ihre Nachricht so lange umformulieren, bis Sie damit kein Problem hätten. Gelingt das nicht, wählen Sie ein anderes Medium.

Alles Weitere lässt sich aus diesen einfachen Regeln ableiten. Vielleicht bleibt noch zu erwähnen, dass Sie es dann richtig gemacht haben, wenn der Empfänger Ihres Mails oder Faxes den Eindruck hat, es handelt sich um einen professionellen und freundlichen Geschäftsbrief, egal, über welches Medium Sie mit ihm asynchron kommunizieren.

Da das Thema „Wie schreibe ich E-Mails richtig" seit langer Zeit im Internet diskutiert wird, hat sich die sogenannte **Netiquette** entwickelt, als Ableitung der Etikette für das Netz, die auf das Usenet (Kommunikation über News-Gruppen) zurückgeht. Wir finden im Internet viele verschiedene Ausprägungen der Netiquette. Zusätzlich zu den oben aufgezeigten Grundregeln wollen wir Ihnen diese allgemeinen Basis-Regeln nicht vorenthalten[22]:

Zwischenmenschliches. Tonfall und Inhalt sollten dem Zielpublikum gegenüber angemessen sein. Wird nur eine Person angesprochen oder eine Gruppe, wie gut kennt man sich bereits, usw. Insbesondere sollten Doppeldeutigkeiten oder gar Beleidigungen nicht die ohnehin komplizierte Kommunikation per Text erschweren.

Technik. Die Standards zur Übermittlung von Nachrichten sollten eingehalten werden, um sie möglichst vielen Lesern in der Form darzubieten, wie sie ursprünglich vorgesehen war. Dazu zählt etwa die korrekte Deklaration des Zeichensatzes.

Lesbarkeit. Damit sich Nachrichten möglichst einfach konsumieren lassen, sollten sie gewissen Gepflogenheiten genügen. Dazu gehören korrekter Satzbau und Rechtschreibung, Groß- und Kleinschreibung, richtiges Zitieren und das Weglassen überflüssiger Informationen wie auch das Einhalten einer maximalen Zeilenlänge von 78 Zeichen (siehe RFC 2822), um Quoting nicht unnötig zu erschweren beziehungsweise eine entsprechende Darstellung der Nachricht generell zu gewährleisten. Worauf man jedoch verzichten sollte, ist eine durchgehende Groß- oder Kleinschreibung, was den Text schlecht lesbar macht. Großschreibung wird im Netz zudem mit SCHREIEN gleichgesetzt und ist daher unhöflich[23].

Sicherheit. Je nach Medium können Personen, für die der Inhalt eigentlich nicht bestimmt ist, eine Nachricht einsehen. Entsprechend sollte man verschweigen, was nicht für Dritte bestimmt ist.

Rechtliches. Es existieren unterschiedliche Gesetze zum Recht an selbst verfassten Texten, die zu berücksichtigen sind. Ebenso gilt es, das Urheberrecht einzuhalten, wenn man Materialien Dritter verschickt.

---

22 Quelle: http://de.wikipedia.org/wiki/Netiquette – Zur Vertiefung der Netiquette empfehlen wir einen Blick in den englischsprachigen RFC 1855: http://tools.ietf.org/html/rfc1855.
23 Weiterführende Informationen zu RFCs siehe: http://de.wikipedia.org/wiki/Request_for_Comments.

Die Praxis

Über dieses Thema sind bereits Bände geschrieben worden, daher wiederholen wir dies hier nicht[24]. Vielmehr geben wir auszugsweise einige Tipps, worauf Sie achten sollten, welche Verhaltensweisen allgemein gut und nützlich sind und welche Verhaltensweisen eher als problematisch angesehen werden.

Übungen und Tipps

Worauf Sie achten sollten:

- Orientieren Sie sich an Internet-Standards beim Versenden von Dateianhängen, sogenannten Attachments. Nicht jeder Anwender benutzt Outlook®. Stellen Sie Ihre Mail-Software so ein, dass Dateianhänge entsprechend in den RFCs definierten Internet-Standards versendet werden. Ansonsten kann es vorkommen, dass Ihr Geschäftspartner zum Beispiel eine Mail mit einem Anhang namens winmail.dat erhält, mit der er nichts anfangen kann.

- Prüfen Sie regelmäßig Veränderungen der aktuellen Rechtsprechung und Gesetzeslage für E-Mail-Kommunikation oder lassen Sie sich von Ihrem Anwalt informieren. So ist im Jahr 2007 ein Gesetz in Kraft getreten, das für gewerbliche Mails bestimmte Pflichtangaben im Mail-Footer wie Firmenname, Geschäftsführung, so vorhanden Handelsregistereintrag und Amtsgericht vorschreibt. Findige Juristen haben nach Inkrafttreten denn auch prompt Abmahnungen bei Nicht-Einhaltung verschickt.

- Wenn Sie Dateianhänge verschicken, achten Sie auf die Größe dieser Attachments. Die erste Frage ist: Welche Maximalgröße akzeptiert der Mail-Server des Empfängers und die zweite Frage: Ab welcher Größe ärgert sich der Empfänger? Prüfen Sie regelmäßig die aktuell akzeptierten Dateigrößen.

- Schicken Sie selbst erstellte Dokumente grundsätzlich im Adobe® PDF-Format und nicht im Microsoft Word-Format. Das wirkt professioneller, es ist nicht so einfach, Ihr Dokument zu manipulieren, und verrät nicht so viele versteckte Informationen über Sie und die Änderungen an Ihrem Dokument wie das Microsoft Word-Format.

- E-Mails können anders als häufig vermutet durchaus rechtlich verbindlichen Charakter haben, zum Beispiel, wenn Sie ein Angebot verschicken. Fragen Sie im Zweifel den Juristen Ihres Vertrauens dazu.

- Überlegen Sie, wem Sie eine Kopie einer Mail zukommen lassen, wen Sie also auf cc (Carbon Copy) setzen. Es sollten die Personen sein, für die Ihre Mail auch in diesem Kontext relevant ist, und keine anderen.

---

24 Suchen Sie zum Beispiel auf der Internet-Plattform des Buchhändlers Ihres Vertrauens nach „Netiquette".

So machen Sie es richtig:

- Wenn Sie Mails wie Geschäftsbriefe behandeln, werden Sie häufig **die Anrede** „Sehr geehrter Herr/sehr geehrter Frau ..." verwenden. Die Form „Hallo Herr .../Hallo Frau ..." ist auch zulässig, wenn Ihr Geschäftspartner dies so empfindet. Im Zweifel spiegeln Sie die Anrede aus der letzten Mail Ihres Geschäftspartners.

- **One subject per Mail:** Schreiben Sie pro Betreff eine separate E-Mail. Haben Sie zwei Anliegen, verfassen Sie zwei Mails und geben Sie jeder eine aussagekräftige Betreffzeile, sodass der Addressat bereits an der Überschrift erkennen kann, worum es sich handelt.

- **Achten Sie auf Ihre Sprache** beim Verfassen von E-Mails. Lassen Sie sich ausreichend Zeit beim Formulieren und gestalten Sie den Text knapp, präzise, übersichtlich und positiv. Schreiben Sie keine Romane und sparen Sie so dem Addressaten Zeit.

- Per E-Mail geführte kritische Auseinandersetzungen mit Argumenten drohen häufig zu eskalieren. Tragen Sie keine Argumentationskriege per E-Mail aus und gehen Sie nicht zu persönlichen Angriffen über (Flame Wars). **Wechseln Sie daher bei kritischen Themen den Kommunikationskanal** hin zum persönlichen Telefonat oder zu einem direkten Vier-Augen-Gespräch und bemühen Sie sich um eine Klärung in entspannter Atmosphäre.

So lieber nicht:

- Ich erhalte zeitweise Mails, die mit SgHr. Osarek beginnen und die mit Mfgr. enden. Diesen **Abkürzungsfimmel (Aküfi)** empfinde ich als einen furchtbaren Stil.

- Ein absolutes Don't ist es, eine **Mail per BCC** (Blind Carbon Copy) an einen Empfänger weiterzuleiten, außer, wenn Sie selbst es zu Sicherungszwecken sind. Wenn Sie jemandem eine Mail zukommen lassen wollen, der nicht auf dem Verteiler erscheinen soll, leiten Sie anschließend die versendete Mail an ihn weiter mit dem Hinweis „FYI:" (For your Information). Vom Ergebnis her ist es identisch mit zwei Unterschieden: Erstens: Es macht mehr Arbeit und zweitens: Es handelt sich nicht um eine versteckte Aktion (Ich petze heimlich an den, was ich geschrieben habe). Das ist den Aufwand unter erstens jedoch wert.

- Überlegen Sie sehr gut, wem Sie Werbe-Mails schicken wollen. Fragen Sie bei den Adressaten zuvor persönlich nach, ob ihnen das recht ist, ansonsten handelt es sich eventuell um verbotene unerwünschte Werbung (SPAM). Fragen Sie im Zweifel Ihren Lieblingsjuristen zu den aktuellen gesetzlichen Regelungen.

> **Leiten Sie keine Kettenbriefe oder sogenannte Hoaxes (Scherze) weiter.**
> Auch Warnungen über angebliche Viren sind meist üble Scherze und werden
> nie „chaotisch" von User zu User weitergeleitet. Wenn Sie dies tun, werden
> Sie selbst zum Virus und erfüllen die Absicht des Autors. Informationen zu
> Hoaxes finden Sie zum Beispiel unter:
> http://www2.tu-berlin.de/www/software/hoax.shtml

Zusammenfassung

Elektronische Kommunikation ermöglicht uns heute viel schneller als früher, Dinge abzustimmen. Daher müssen wir darauf achten, uns eine ausreichende Qualität in unserer Kommunikation zu bewahren. Da Ihre Botschaft sich ab dem Drücken des Sendeknopfes außerhalb Ihres Kontrollbereichs befindet, ist es wichtig, die goldene Regel „first think, then act" zu befolgen.

Behandeln Sie Fax und E-Mail wie normale Geschäftsbriefe. Dann werden Sie in den meisten Fällen richtig liegen. Informieren Sie sich in diesem Bereich über aktuelle Entwicklungen, da die Technik, die Möglichkeiten und auch die Spielregeln sich zügig weiterentwickeln und Sie als Berater dadurch Pluspunkte sammeln können, wenn Sie „up to date" sind.

1.4 Die Todsünden des Beratens, wie man sie vermeidet und das Kundenproblem richtig versteht

Einführung

Als Berater stehen Sie meist vor komplexen Aufgaben, die Sie für einen Kunden lösen sollen. Damit nicht genug. Oft ist nicht nur die Aufgabe schwierig, sondern Sie müssen häufig erst einmal herausfinden, was die Aufgabe überhaupt ist. Das muss nicht deckungsgleich mit dem sein, was der Kunde zuerst glaubt oder Ihnen erzählt. Erhöht wird die Schwierigkeitsstufe dadurch, dass in der Regel nicht nur ein Kundenansprechpartner vorhanden ist, sondern dass verschiedene Mitarbeiter des Kunden und eventuell anderer Firmen unterschiedliche Informationen geben, da sie unterschiedliche Sichtweisen, Schwerpunkte und Interessen haben. Ein guter Berater beherrscht die Kunst, aus unvollständigen und manchmal falschen

Informationen die Essenz dessen herauszufinden, wo „das Problem" liegt und was für den Kunden eine sinnvolle Lösung sein kann.

Diesen Prozess des Herausfindens bezeichnen wir auch als den „Erwerb von Wissen", der eigentlich in jedem Projekteinsatz ansteht. Wie können Sie beim Erwerb von Wissen nun sinnvollerweise vorgehen und welche Fallen und Probleme können hierbei auftreten?

Probleme und Fallen

In Kundensituationen im Kundengespräch, wenn es eigentlich darum geht, das Wissen zu erwerben, welches Sie für Ihren Auftrag brauchen, gibt es eine ganze Reihe von Falltüren, Fußangeln, Fettnäpfchen und Wänden, gegen die Sie rennen können. Wir nennen diese Fallen die **Todsünden des Beratens.** Auch wenn einige nicht direkt zum Thema „Erwerb von Wissen" gehören, sind sie hier der Vollständigkeit halber aufgeführt, da es sich um Fehler handelt, die Berater häufiger während eines Projekts begehen.

Ungeprüfte Annahmen: Streit mit einem Kunden: „Ich habe doch alles richtig gemacht. Ich bin davon ausgegangen, dass …" – Stopp. Hier liegt ein häufiger Fehler. Wir treffen Annahmen und überprüfen diese nicht, weil sie oft zutreffen. Aber in der Erfahrungswelt des Kunden kann dies anders aussehen. Was bedeutet beispielsweise ABC? – Je nach Kontext und Erfahrungshintergrund erhalten wir Antworten wie: „Kurzform für Alphabet", „Atomar, Biologisch, Chemisch" (Waffen), American Broadcasting Company, Australian Broadcasting Company, ABC-Analyse – Kundensegmentierung usw. Auch, wenn wir davon ausgehen, dass ABC natürlich für den Advanced BASIC Computer steht, sollten wir unseren Kunden fragen, ob er etwas anderes im Sinn hatte. Überprüfen Sie Ihre Annahmen. Wenn Sie keine Antwort erhalten können, dokumentieren Sie die Annahmen beispielsweise in einem Angebot, damit der Kunde später die Chance hat, zu reagieren.

Das „stummer Fisch-Syndrom": Manch einer bekommt den Mund nicht auf und nimmt dem Kunden damit die Möglichkeit, etwas über den Berater zu erfahren, obwohl dieser viel zu bieten hat und genau der Richtige ist. Zu defensives Verhalten hilft dem Kunden nicht weiter, Ideen zu Lösung zu entwickeln und dem Berater durch das Zutrauen in dessen Fähigkeiten die richtigen Aufgaben zu übertragen.

Das „**Totschwätzer-Syndrom**": Manch anderer lässt einen Wortschwall oder sogar einen Niagara-Wortfall auf seinen Kunden einstürzen und wundert sich darüber, wenn der Kunde trotz der vielen Worte noch immer nicht überzeugt ist. Vielleicht probiert er es beim nächsten Kunden damit, noch schneller und noch mehr zu reden. Beides habe ich oft erlebt und selten war eine Strategie davon erfolgreich – nicht im Beratungsgeschäft. In Fällen, in denen ich bei einem solchen Gespräch dabei bin, frage ich den Berater anschließend: „Was hast du jetzt über den Kunden und seine Probleme gelernt?" Meist ist die Reaktion ein verblüfftes Gesicht.

Fachidiot schlägt Kunden tot: Unsere Tätigkeit wird zunehmend komplexer. Dementsprechend entwickelt sich daraus ein entsprechendes Fachvokabular, um effektiver mit Kollegen kommunizieren zu können. Geht man allerdings mit einem solchen Vokabular auf den Kunden los, kommt dieser sich vor, als würde man chinesisch sprechen, und versteht nichts. Oft bemerkt der Berater dies nicht einmal, und nach dem Gespräch (oder noch später) erklärt der Kunde, dass er nichts davon verstanden hat. Das kann ungewollt arrogant wirken.

Fingerpointing: Wenn etwas schiefläuft, suchen Menschen häufig einen Schuldigen, auf den sie zeigen können (sogenanntes Fingerpointing). Auch Berater sind vor dieser Verlockung nicht gefeit. Oder schlimmer, sie machen einen eigenen Kollegen oder Kundenmitarbeiter vor dem Kunden regelrecht nieder. Das wirkt fatal auf den Kunden, da er sich fragt: „Wie spricht er über mich, wenn ich nicht im Raum bin?" Meistens interessiert es einen Kunden auch nicht, wer schuld ist, sondern wie Sie nun gedenken, das Problem zu lösen.

Sich verstellen: Es kommt schon einmal vor, dass man einen Auftrag erhalten kann, wenn man seine eigenen Fähigkeiten etwas kreativ ausschmückt oder, besser gesagt, sich ein wenig verstellt. Wenn Sie dies täten, würde dies früher oder später auf Sie selbst zurückfallen. Und solche Nachrichten über Sie verbreiten sich deutlich schneller und weiter als gute Nachrichten über Ihre Fähigkeiten.

Lügen: In eine ähnliche Kategorie ist das bewusste Anlügen von Kunden und Kollegen einzustufen. Könnten Sie gut damit leben, wenn Ihre Kunden und Kollegen herausfinden, dass Sie gelogen haben, und somit Ihre Glaubwürdigkeit zerstört wird? Falls nicht, lügen Sie nicht.

Hämmer werfen: Manchmal reizt es ja schon, speziell bei etwas unbedarften Kunden, die in ihrer täglichen Arbeit Dinge tun, die man nach dem gesunden Menschenverstand als völlig unsinnig bezeichnen könnte, einfach mal eine spitze Bemerkung fallen zu lassen. Doch bedenken Sie eins: Jeder Hammer, den Sie werfen, kommt zurück, treu der alten Regel „Wie du rufest in den Wald, so es dir entgegen schallt", und der Kunde sitzt hier am längeren Hebel.

Die Theorie

Wie können Sie nun optimal vorgehen, um für eine Aufgabe das nötige Wissen vom Kunden zu erwerben? Die perfekte Lösung existiert wie üblich leider nicht. Doch als Leitfaden können Sie die Schritte folgender Methode anwenden, die sich in vielen Gesprächen bewährt hat:

Gesprächsleitfaden
▨ Setzen Sie den Fragentrichter ein.
▨ Prüfen Sie Ihre Annahmen, auch scheinbar offensichtliche richtige.
▨ Aktives Zuhören: Sie haben zwei Ohren und einen Mund, benutzen Sie sie in diesem Verhältnis.
▨ Sprechen Sie die Sprache Ihres Kunden. Berater sind Übersetzer/Mittler zwischen Kunden und Ihrem Fachgebiet.
▨ Vermeiden Sie die Todsünden des Beratens.

Die Praxis

Was bedeuten diese Punkte im Einzelnen in der Praxis?

Fragentrichter einsetzen: Wer fragt, der führt. Zu Beginn eines Gesprächs stellen Sie offene Fragen, die frei beantwortet werden können. Beispiel: „Welche Ziele verfolgen Sie mit dem Projekt?" oder „Wie stellen Sie sich unsere Zusammenarbeit vor?" Stellen Sie nur eine Frage auf einmal, sonst antwortet der Kunde oft auf die Frage, die ihm am besten gefällt, und Sie verpassen eine Antwort. Je weiter das Gespräch fortschreitet, desto mehr können Sie den Anteil der geschlossenen Fragen erhöhen – also der Fragen, die mit Ja oder Nein beantwortbar sind. Beispiel: „Sie möchten mich also für 20 Tage für den genannten Tagessatz ab übernächste Woche buchen?" So führen Sie den Kunden immer weiter durch den Fragentrichter zu einem klaren Gesprächsergebnis für beide Seiten. Trauen Sie sich, ein Ergebnis zu erzielen, statt diffus und unklar auseinanderzugehen. Sie und Ihr Kunde sparen dadurch Zeit und Sie kommen schneller an Ihr Ziel oder an Ihre nächste Chance.

Annahmen überprüfen: Annahmen helfen uns oft. Wir sollten sie dem Gesprächspartner mitteilen und so überprüfen und eventuell revidieren. Verifizieren Sie Ihre Annahmen. Erklären Sie, was Sie üblicherweise unter einem bestimmten Begriff verstehen, und fragen Sie, ob der Kunde dies auch tut. Oder fragen Sie, ob der Kunde das gleiche Verständnis von bestimmten Leistungsumfängen hat, selbst, wenn Sie fest davon ausgehen. Sollte es Ihnen nicht möglich sein, Ihre Annahmen zu verifizieren, dokumentieren Sie diese explizit schriftlich. Schreiben Sie zum Beispiel „Eine Dokumentation oder Schulung der Mitarbeiter ist nicht im Leistungsumfang des Auftrags enthalten". Sollte der Kunde anderer Ansicht sein, wird er es Ihnen spätestens hier mitteilen, und Sie beide werden froh sein, sich vor dem Projekt und nicht nach dem Projekt über den Punkt auseinanderzusetzen.

Aktives Zuhören statt totschwätzen oder stummer Fisch: Natürlich gibt es Momente, in denen wir den aktiven Part übernehmen müssen und von uns erzählen müssen. Das Zuhören, was den Kunden interessiert, und dann das Geben der richtigen Antwort ist aber viel wichtiger. Eine Faustregel hilft mir seit langer Zeit weiter: „Wir haben zwei Ohren und einen Mund. Sie in diesem Verhältnis zu benutzen, ist oft weise."

Sprechen Sie die Sprache Ihres Kunden: Berater sind Übersetzer/Mittler zwischen Kunden und dem Fachgebiet des Beraters. Achten Sie besonders darauf, möglichst deutlich zu erklären, wovon Sie sprechen, und gehen Sie nicht davon aus, dass der Kunde über Ihre Branche Bescheid weiß. Wäre er von Ihrer Branche so fasziniert wie Sie, dann wäre er in Ihrer Branche. Das ist er aber nicht. Er möchte von Ihnen ein Problem gelöst haben und dies in für ihn verständlichen Worten erklärt bekommen. Lernen Sie vielmehr die Fachsprache des Kunden kennen und sie zu nutzen, sodass er auch über Ihr Vokabular erkennt, dass Sie ihn verstanden haben.

Vermeiden der Todsünden des Beratens: Es geschieht schon einmal, dass Dinge schiefgehen. Viele Menschen verfallen dann darein, dass sie versuchen, einen anderen Schuldigen zu finden, um von sich selbst abzulenken. Unabhängig davon, wer für etwas verantwortlich ist: Es kommt beim Kunden in der Regel sehr schlecht an, wenn Sie mit dem Finger auf Ihre Kollegen zeigen (Fingerpointing), oder schlimmer: Ihre Kollegen vor dem Kunden niedermachen, wenn Sie sich verstellen, wenn Sie lügen oder verbale Hämmer werfen. Der einzige Praxistipp, den ich dazu habe: Tun Sie es nicht, und Sie werden besser fahren. Suchen Sie stattdessen nach einer Lösung für Ihren Kunden.

Übungen und Tipps

- Nobody is perfect. Werfen Sie sich die Todsünden Ihrer Vergangenheit nicht vor. Nehmen Sie sich jedoch vor, diese ab sofort möglichst zu vermeiden.
- Denken Sie bei zukünftigen Kundengesprächen an die Methode zum Erwerb von Wissen. Üben Sie die bewusste Benutzung des Fragentrichters und das gezielte Suchen nach möglicherweise unzutreffenden Annahmen auf Ihrer Seite und auf der Seite Ihres Kunden.
- Üben Sie aktives Zuhören, indem Sie sich interessiert an den Problemen und Bedarfen Ihrer Kunden zeigen. Das geht nur, wenn Sie ein echtes Interesse daran entwickeln.

Zusammenfassung

Häufig sind Kundenaufträge nicht optimal spezifiziert. Diese Kundenschwäche muss der Berater ausgleichen, indem er Profi für den Wissenserwerb wird und herausfindet, was der Kunde glaubt zu brauchen, und dann, was er wirklich braucht.

Dazu kann eine einfache Methode mit folgenden Komponenten dienen: Einsatz des Fragentrichters, aktives Zuhören, Prüfen von Annahmen, die Sprache des Kunden sprechen, Vermeiden der Berater-Todsünden.

Mit diesem Rüstzeug ausgestattet werden Sie, wenn Sie es konsequent ein-üben und einsetzen, deutlich erfolgreichere und für Sie und den Kunden zufriedenstellendere Gespräche führen als ohne das Befolgen dieser Leitlinien. Sie werden Ihren Kunden besser verstehen, er wird Sie mehr schätzen und Ihre Projekte werden erfolgreicher sein, da Sie mehr Informationen über seine wirklichen Bedarfe haben.

1.5 Selbstbewusstsein

Einführung

Welches Auftreten beim Kunden ist angemessen? Sollten Sie zurückhaltend und schüchtern sein? Schließlich kosten Sie viel Geld. Oder sollten Sie mit Stolz geschwellter Brust jeden sehen lassen, wie wertvoll Sie sind? Schließlich kosten Sie viel Geld. Welches Auftreten ist sinnvoll und bringt Sie und den Kunden weiter?

In meinem bisherigen Leben als Berater bin ich vielen Kollegen über den Weg gelaufen. Dabei habe ich drei Gruppen getroffen: **die Mutlosen, die Übermütigen** und **die Selbstbewussten (oder die Mutigen).**

Abbildung 10: Mutlos, übermütig, mutig

Was glauben Sie, welche Gruppe langfristig am besten beim Kunden fährt?

Probleme und Fallen

Die Mutlosen trifft man häufig. Es gibt zwei Kategorien, die zum selben Ergebnis führen. Kategorie A stellt höchste Anforderungen an sich selbst und will sich erst noch einige Wochen und Monate in ein Thema einarbeiten, bevor sie mit einem ausreichenden Fachwissen ausgestattet ist, um ihre Leistungen dem Kunden anzudienen. Im Vertrieb passiert es häufig, dass Projektmöglichkeiten sich zerschlagen, sodass diese Berater dann viel Zeit in ein Thema investieren, das dann doch nicht zum Tragen kommt, und beim nächsten Kunden ist der Schwerpunkt wieder anders gesetzt. Auch wenn es schön wäre, sich immer optimal vorbereiten zu können, hat der Kunde häufig einen kurzfristigen Bedarf, der keine monatelange Vorbereitung ermöglicht. Kategorie B hört sich die vom Kunden geschilderte Aufgabe an und sagt dann: „Ich weiß nicht, so in der Form habe ich das noch nicht gemacht. Und da habe ich noch nicht so viel Erfahrung. Da bin ich eher unsicher." Eine solche Äußerung ist der Todesstoß für das Vertrauen des Kunden in den Berater. Wie soll der Kunde überzeugt sein, wenn der Berater es nicht ist? Solche Personen warten immer auf das perfekt passende Projekt und wundern sich dann, wenn es nicht vorbeikommt und sich Probleme mit ihrer Selbstvermarktung auftun. Bei beiden Kategorien ist mehr vertrieblicher Mut angesagt.

Die Übermütigen trifft man auch ab und zu. Das sind die Menschen, die alles können, alles schon gemacht haben und selbst neueste Technologien und Methoden schon seit Jahrzehnten erfolgreich einsetzen und sowieso alles besser wissen als der Kunde oder sonst jemand. Entweder der Kunde bemerkt den Schwindel, dann ist das Vertrauen sofort dahin und das Gespräch beendet, oder er wird es später im Projekt feststellen, nachdem er Zeit und Geld investiert hat. Das ist noch schlimmer. Durch vertrieblichen Übermut zerstört sich der Berater seinen Ruf und somit seine Existenzgrundlage. Negativreferenzen sprechen sich herum! Ein solcher Übermut kann natürlich auch aus einer Verzweiflung heraus entstehen. In einem Bewerbungsgespräch mit einem IT-Berater hat dieser mir die Unwahrheit zu seinen Kenntnissen im Datenbank-Bereich erzählt. Ich habe ihn darauf hingewiesen, dass für uns das Vertrauen in die Ehrlichkeit sehr wichtig ist. Im weiteren Verlauf des Gesprächs habe ich seine Kenntnisse in bestimmten Bereichen abgefragt und bewusst Testfragen zu technischen Details gestellt. Er hat wieder behauptet, Dinge gemacht zu haben, die technisch unmöglich waren – mich also bewusst angelogen. Daraufhin brach ich das Gespräch ab und er war sichtlich verzweifelt. Aber eine Lüge oder schwere Übertreibung kann keine Grundlage für eine vertrauensvolle Zusammenarbeit sein. Auch wenn es mir schwer fiel, ihn wegzuschicken, wäre es deutlich fataler gewesen, einer unserer Kunden hätte den Schwindel bemerkt.

Die Theorie

Da sowohl mutloses als auch übermütiges Verhalten problematisch sind, schauen wir uns die dritte Gruppe an, die Selbstbewussten.

Die Selbstbewussten sind die erfolgreiche Gruppe in Vertrieb und Projekt. Wenn ein Berater in mehreren Situationen hintereinander gegen Profis konkurriert, die übertreiben, und er stets exakt dabei bleibt, was er gemacht hat, oder sich mutlos präsentiert, wird er jeden dieser Aufträge verlieren, weil ihn ein unseriöser Konkurrent aussticht. Wenn er maßlos übertreibt, sammelt er schlechte Referenzen und beschädigt langfristig seinen Ruf. Was also ist richtig? Ist das eine Aufforderung zur Lüge? Nein. Im Film *A Knights Tale* sagt der Schriftsteller: *„I give the truth scope"* – *„ich gebe der Wahrheit Spielraum"*. Der Berater muss genug Selbstbewusstsein und vertriebliche Mut aufbringen, um den Kunden zu überzeugen, aber nur so viel, dass er den Job am Ende zur Zufriedenheit des Kunden erledigen kann. Er kann auch einmal etwas überzeugter zu einem Thema auftreten, in dem er nur mittelmäßige Kenntnisse hat, wenn er in der Projektdurchführung dafür sorgt, dass er sich das zusätzlich erforderliche Wissen nebenher aneignet und seine Arbeit im Projekt zu einem erfolgreichen Ergebnis bringt. Alternativ kann er sich in schwierigen Situationen durch Kollegen unterstützen lassen, die das Thema tiefer beherrschen. Das ist angebrachter vertrieblicher Mut. Hat er Zweifel, dass er es schaffen wird, sollte er nicht übertreiben.

Die Selbstbewussten bringen den nötigen vertrieblichen Mut mit, auch mal etwas zu riskieren, in dem sie noch nicht perfekt sind, und sind so viel Berater, dass sie dabei den Kunden und sich selbst ausreichend vor „Sell and forget" schützen.

Die Praxis

Der Maßstab ist die eigene Überzeugung, das Projekt für den Kunden erfolgreich zu stemmen. Ich selbst habe in einem Vorstellungsgespräch sehr viel Zuversicht ausgestrahlt, dass ich ein System realisieren kann, das aus einer Datenbank Grafiken im SVG-Format erzeugt (Scalable Vector Graphics). Ich hatte einiges über SVG gelesen und schon mal ein wenig mit einem SVG-Editor experimentiert. Ich erhielt das Projekt, kaufte mir ein Buch und arbeitete es neben dem Projekt in der S-Bahn durch und erbrachte meine Leistung erfolgreich. Das Maß war hier meine Überzeugung, dass ich es schaffen würde und dass ich bereit war, alles für den Projekterfolg zu tun. Dieses von sich überzeugte Auftreten bewirkt eine selbstbewusste Ausstrahlung. Seien Sie stolz auf sich selbst und Ihre Leistungen – schließlich kosten Sie wirklich viel Geld. Allerdings ist es auch Ihr Auftrag, dem Kunden dafür einen Gegenwert zu liefern, der höher ist als das Geld, welches er Ihnen als Honorar zugesteht – seinen Mehrwert. Denn andernfalls würde er dieses Geld auf die Bank legen, Zinsen dafür kassieren und hätte mehr davon.

Daraus lässt sich auch ableiten, wo das Selbstbewusstsein enden sollte. Nämlich vor dem Punkt, an dem die Einschätzung über den Mehrwert, den Sie dem Kunden bieten, ins Unrealistische abgleitet. Eine Reihe von Beratern laufen mit dieser Fehleinschätzung herum. Auf ihr Umfeld wirken sie schlicht arrogant. Somit können wir festhalten:

Tipp

Der Berater wirkt überzeugend und sympathisch, wenn er selbstbewusst auftritt und dieses Selbstbewusstsein vor der Arroganz endet.

Sie werden auch im Projekt feststellen: Ein gesundes Selbstbewusstsein öffnet Ihnen Türen und macht Sie als Berater in einem Umfeld von (meist) angestellten Kundenmitarbeitern interessant. Es umgibt Sie mit einer besonderen, geheimnisvollen und faszinierenden Aura. Genießen Sie dies und nutzen Sie Ihr Selbstbewusstsein für sich und für Ihren Kunden – und stoppen Sie vor der Arroganz.

- Hören Sie den Mitarbeitern Ihrer Kunden zu, wenn sie über andere Berater sprechen. Ab und zu werden Sie hören, wie über mutlose Berater gesprochen wird. Viel häufiger aber werden Sie hören, wie sich Kundenmitarbeiter über arrogante Berater beschweren. Überlegen Sie, wie Sie die goldene Mitte – das gesunde Selbstbewusstsein – treffen können.

- Üben Sie Ihr Auftreten, Ihre Vorstellung und Präsentationen vor dem Spiegel und verbessern Sie diese entsprechend Ihren Wahrnehmungen.

- Üben Sie selbstbewusstes Auftreten mit einer Videokamera. Zeichnen Sie Ihren Auftritt, Ihre Vorstellung oder Ihre Präsentation auf und sehen Sie sich den Film anschließend an. Überlegen Sie: Wenn Sie als Kunde diese Vorstellung oder Präsentation erleben, was würden Sie über sich denken? Justieren Sie mit dieser Methode Ihr Auftreten. Die Selbstreflektion mit Videoaufzeichung ist ein sehr mächtiges Instrument, welches Sie Dinge sehen lässt, die Sie auch vor dem Spiegel nicht bemerken.

- Bitten Sie einen oder einige gute Vertraute, Ihnen eine ehrliche Rückmeldung zu Ihrem Auftreten zu geben, wie er Ihr Wirken auf der Skala von – 10 (mutlos) über 0 (selbstbewusst) bis + 10 (übermütig, arrogant) bewertet, fragen Sie, woran sie ihre Einschätzung festmachen, und justieren Sie Ihr Auftreten falls erforderlich.

Zusammenfassung

Zur erfolgreichen Eigenvermarktung von Beratern gehört heute ihre technologische/fachliche Kernkompetenz, kombiniert mit ihrer Selbstpräsentation.

In einer äußerst komplexen Welt hilft eine selbstbewusste, seriöse Eigenpräsentation dem Kunden bei seiner Entscheidung. Selbstbewusstsein und vertrieblicher Mut sind angebracht, wenn sie erst zum erfolgreichen Vertragsabschluss und dann zum erfolgreichen Projektabschluss führen.

Ein selbstbewusstes Auftreten gehört zur Arbeit eines erfolgreichen Beraters dazu – oder wie der Volksmund sagt: „Klappern gehört zum Handwerk."

1.6 Unbeliebt, aber wichtig – Grundwissen Vertragsgestaltung

Einführung

Dieses Buch wurde von Beratern geschrieben und nicht von Juristen. Daher können wir in diesem Buch keine juristisch verbindlichen Aussagen treffen. Bei allen in diesem Buch gemachten Aussagen handelt es sich ausdrücklich nicht um eine Rechtsberatung. Diese ist unseren juristischen Beraterkollegen vorbehalten. Die Autoren geben hier lediglich ihre Auffassung oder ihr Verständnis der beschriebenen Materie wieder. Da unser Leben durch eine Vielzahl von Gesetzen und Verordnungen hochkomplex geworden ist, empfehlen wir, im Zweifel einen Juristen zu konsultieren. Wir tun dies ebenfalls ab und an. Im Übrigen ist zu beachten, dass sich die gesetzlichen Grundlagen unserer Arbeit regelmäßig ändern. Daher sollten Sie sich regelmäßig selbst auf den neuesten Stand bringen oder durch Ihren Rechtsberater bringen lassen. Nach diesem ungewollt erhobenen Zeigefinger, für den wir Sie um Verzeihung bitten, steigen wir inhaltlich in unsere Sichtweise zum Thema ein.

Alle Geschäfte in Deutschland werden auf Basis von Verträgen abgewickelt. Selbst, wenn wir von einer Privatperson etwas kaufen, kommt ein Vertrag zustande. Hier – oder auch bei Kaufleuten per Handschlag – finden rechtsgültige Geschäfte statt, die bei Privatpersonen durch das BGB (Bürgerliches Gesetzbuch) und bei Kaufleuten ebenfalls durch das BGB ergänzt durch das HGB (Handelsgesetzbuch) geregelt sind. (Es kommen weitere Gesetze hinzu, auf die wir hier nicht näher eingehen wollen).

Im Geschäftsleben werden Verträge üblicherweise schriftlich fixiert, um nachvollziehen zu können, was vereinbart wurde. Ein Vertrag ist die Grundlage für die Leistungserbringung eines Beraters. Daher ist es sinnvoll, sich zumindest ein wenig mit der Materie zu beschäftigen, da der durchschnittliche Consultant in seinem Beraterleben eine Vielzahl von Verträgen schließt.

Üblicherweise handelt es sich bei Beraterverträgen um Dienstleistungen, das muss aber nicht so sein oder so bleiben, auch wenn beide Vertragspartner davon ausgehen.

Probleme und Fallen

Einigen Phänomenen bin ich in meinem Beraterleben häufiger begegnet, wenn es um Verträge geht. Als Beispiel kann ich nennen:

Schleichender Werkvertrag: Es kommt vor, dass über einem Vertrag „Dienstleistungsvertrag" steht, dieser jedoch keiner ist. Im Zweifel zieht ein Richter seine eigenen Schlüsse aus dem Vertrag und der Art, wie dieser „mit Leben gefüllt" wird und definiert den Vertrag dann eventuell als Werkvertrag. Anhaltspunkte können sein: geschuldetes Ergebnis oder Abnahmen. Wichtig dabei ist, dass man nicht schleichend von einem Dienstvertrag in einen Werkvertrag hineinrutscht. Dann ist es besser, wenn beide Parteien bewusst einen Werkvertrag schließen und ihn entsprechend für diesen Zweck gestalten.

Unklarheit über die vertraglich geschuldeten Dienstleistungen oder Werke: Es kann vorkommen, dass den Beteiligten gar nicht klar ist, welche vertraglichen Verpflichtungen beide Seiten zu erfüllen haben. Wenn ich als Projektleiter nachträglich in ein Projekt hineingekommen bin, habe ich mir als Erstes die Verträge gezogen und mit den Konzepten und Pflichtenheften verglichen und auch mit dem Projektteam gesprochen. Es war schon erstaunlich, wie häufig alle drei Quellen etwas Unterschiedliches aussagten.

Kundenschutz-Sperrklauseln: Speziell für Berater, die alleine am Markt unterwegs sind und Verträge über Vermittler abschließen, ist es wichtig zu prüfen, welche Einschränkungen bezüglich einer unabhängigen Weiterbeauftragung bei einem Endkunden gelten. In der Regel gelten für den Kunden Sperrklauseln von 12 oder 24 Monaten. Hier sollte man darauf achten, ob der gesamte Kunde oder lediglich das Projekt oder eine bestimmte Abteilung diesem sogenannten Kundenschutz unterliegt.

Die Theorie

Sehen wir uns die beiden wichtigsten Vertragsformen für Beratungsverträge an: den Dienstvertrag und den Werkvertrag. Es käme unter gewissen Umständen auch der Kaufvertrag in Betracht, zum Beispiel wenn Sie eine „Standard-Software" erstellen und diese verkaufen. Aber erstens ist dies eher unüblich und zweitens ist in einem solchen Fall sehr viel Aufmerksamkeit geboten, weil dann Dinge wie Nutzungsrechte und Produkthaftung zum Tragen kommen, was dann nur mit juristischer Unterstützung empfehlenswert ist.

Zuerst ein Blick auf die juristische Definition von Werk- und Dienstvertrag aus dem BGB:

Vertragsform für Beraterverträge

§ 631 BGB Werkvertrag: Vertragstypische Pflichten beim Werkvertrag

(1) Durch den Werkvertrag wird der Unternehmer zur Herstellung des versprochenen Werkes, der Besteller zur Entrichtung der vereinbarten Vergütung verpflichtet.

(2) Gegenstand des Werkvertrags kann sowohl die Herstellung oder Veränderung einer Sache als auch ein anderer durch Arbeit oder Dienstleistung herbeizuführender Erfolg sein.

§ 611 BGB Dienstvertrag: Vertragstypische Pflichten beim Dienstvertrag

(1) Durch den Dienstvertrag wird derjenige, welcher Dienste zusagt, zur Leistung der versprochenen Dienste, der andere Teil zur Gewährung der vereinbarten Vergütung verpflichtet.

(2) Gegenstand des Dienstvertrags können Dienste jeder Art sein.

In der Regel werden mit Beratern Dienstverträge geschlossen, es kann aber auch vorkommen, dass der Kunde einen Werkvertrag verlangt.

Schließt man einen Werkvertrag, sind zusätzliche Dinge zu bedenken. Die Kostenkalkulation ist eine ganz andere als bei einem Dienstvertrag, da ein Werk geschuldet wird, keine Dienstleistung. Wie dieses Werk erstellt wird, liegt alleine in der Verantwortung des Auftragnehmers. Dafür muss er Zusatzkosten einkalkulieren, zum Beispiel für die Behebung von Mängeln während der Gewährleistungszeit, die bei einem Dienstvertrag nicht existiert oder einen Risikoaufschlag für Unwägbarkeiten bei der Definition oder Projektmanagement- und Qualitätssicherungs-Aufwände. Bei einem Werkvertrag sollte auf jeden Fall vor Vertragsabschluss ein professionelles Risikomanagement initiiert werden, welches das Projekt bis nach seinem Abschluss begleitet.

Aber auch, wer einen Dienstvertrag schließt, kann geschätzte Aufwände nicht beliebig in die Höhe treiben. Auch bei einem Dienstvertrag sollte der Aufwand für die Leistung nicht signifikant von einer vorherigen Schätzung abweichen (mehr als 15 Prozent werden in der Regel als signifikant angesehen). Nicht die Überschrift Dienst- oder Werkvertrag, sondern der „Parteiwille" ist maßgebend dafür, wie ein Vertrag im Zweifel richterlich eingeschätzt wird. Hier eine Liste mit Kriterien, die für einen Werk- beziehungsweise für einen Dienstvertrag sprechen:

Kriterien für einen Werkvertrag	Kriterien für einen Dienstvertrag
▪ Geschuldet wird ein Erfolg ▪ Der Auftragnehmer trägt das Erfolgsrisiko ▪ Der Auftragnehmer hat daher die Freiheit, selbst zu bestimmen, wie und durch wen er sein Werk herstellt. (Auftraggeber versuchen oft und gerne, hier Einfluss zu nehmen.) ▪ Der Preis wird für das Werk festgelegt. ▪ Gewährleistungsansprüche sind in die Kalkulation einzurechnen. ▪ Für die Realisierungsrisiken sind Rückstellungen im Preis zu bilden. ▪ Ein Geschäftsführer hat hier als vorsichtiger Kaufmann zu handeln.	▪ Geschuldet wird eine Leistung, also ein Bemühen. ▪ Der Auftraggeber trägt das Erfolgsrisiko. ▪ Forschungs- und Entwicklungsleistungen sind zu erbringen nach „Regeln von Wissenschaft und Technik". ▪ Zeitaufwandsabhängige Vergütung kann ein Indiz für eine Dienstleistung sein. ▪ Es gibt keine „Gewährleistung" und somit keine Rückstellungen dafür (außer die Leistung selbst ist mangelhaft – zum Beispiel Empfehlung veralteter Software). ▪ Typische Dienstverträge werden mit Ärzten, Rechtsanwälten, Musiklehrern geschlossen.

Die Praxis

Als ich noch recht neu im Beratungsgeschäft war, realisierte ich als Angestellter eines Softwareunternehmens bei einer großen Fluggesellschaft eine Software-Komponente zur korrekten internationalen Adressierung. Das war ein recht komplexes Thema und ich arbeitete in einem Projektteam mit circa sechs Personen. Ich begann im Oktober mit meiner Aufgabe und war im April des darauf folgenden Jahres fertig. Obwohl keine richtigen Vorgaben existierten, dokumentierte ich einiges und übergab einen Ordner mit der Dokumentation. Dann war ich bis zum Herbst für ein anderes Projekt tätig, als an mich herangetragen wurde, dass unser Kunde einige Mängel im System festgestellt hätte und ich mit ihm dazu ein Gespräch führen sollte. Die meisten sogenannten Mängel stellten sich dank meiner Dokumentation als Vorgaben des Kunden heraus, sodass er sie – wenn auch unglücklich – akzeptierte. Als dann aber immer mehr nachträgliche Wünsche auf den Tisch kamen, fragte ich ihn: „Sagen Sie mal, Sie haben die Komponente seit einem halben Jahr. Warum kommen Sie denn erst jetzt mit Ihren Meldungen?" Er grinste mich an und fragte mich: „Haben Sie eine Abnahme für das System?" In dem Moment wurde mir klar, dass der Projektleiter meines Arbeitgebers seine Arbeit schlicht nicht gut gemacht hat. Es war bis dato nicht klar vorgegeben und dokumentiert, was zu leisten war, scheinbar waren keine Meilensteine (wie die Übergabe meiner Softwarekomponente) definiert, und Teilabnahmen wurden ebenfalls nicht durchgeführt. Durch die dennoch erstellte Dokumentation ging die Sache für uns gut zu Ende. Seither achte ich aber viel genauer darauf, was wirklich die vertraglich vereinbarten Leistungen sind. Wo es möglich ist, nehme ich entsprechend im Vorfeld eines Vertrags Einfluss auf dessen Gestaltung.

Übungen und Tipps

- Prüfen Sie die vertraglichen Grundlagen, auf deren Basis Sie arbeiten, damit Sie zweifelsfrei wissen, wozu Sie verpflichtet sind und wozu nicht. Solange ein Projekt gut läuft, brauchen Sie die Verträge nicht, und hoffentlich bleiben Sie in der Schublade. Aber das umfangreiche Wissen darüber hilft Ihnen auch, das Projekt während Ihres Einsatzes besser in die richtige Richtung zu steuern.

- Fragen Sie im Zweifel einen Juristen!

- Prüfen Sie auch das „Kleingedruckte" – die AGBs, die Verträgen zugrunde liegen.

- Achten Sie bei komplexen Vertragswerken mit mehreren Dokumenten als Bestandteile auf die definierte Rangfolge der Verträge, falls sich einzelne Passagen widersprechen, damit Sie wissen, was gilt.

Vertragsmuster für Werk- und Dienstverträge kann man zum Beispiel bei der IHK erhalten:

http://www.frankfurt-main.ihk.de/recht/mustervertrag/
beratung_werkvertrag/index.html und

http://www.frankfurt-main.ihk.de/recht/mustervertrag/
beratung_dienstvertrag/index.html

Zusammenfassung

Dienst- und Werkvertrag sind die häufigsten Vertragsformen im Beratungs-Umfeld. Wichtig ist, sich ein Bild zu verschaffen, was gilt und was nicht. Bei den mannigfaltigen juristischen Möglichkeiten, sein Projekt formaljuristisch korrekt abzuwickeln, sollten wir eine Frage allerdings nicht vergessen: Wozu schließt ein Kunde all diese Verträge ab und was will der Kunde wirklich, damit er zufrieden ist und ein Stammkunde wird?

Die Antwort ist einfach und Sie kennen Sie schon aus einem vorherigen Kapitel.

Er will das Erbringen einer **definierten Leistung** in der **vereinbarten Zeit** zu den **angegebenen Kosten.**

Oder anders gesagt, er will, dass für seinen Auftrag das magische Dreieck des Projektmanagements eingehalten wird. Und genau dazu dienen Verträge, um dieses Dreieck, den Kundenwillen sowie Leistung und Gegenleistung zu beschreiben.

Teil II – Vom guten Berater zur Beraterexzellenz

2.1 Beraterexzellenz – Warum es heute ein wenig mehr sein sollte

Wir haben in Teil I des Buchs die Grundlagen für professionelles Beraten kennengelernt. Nun fragen Sie sich vielleicht: „Reicht das nicht aus?" Doch, das tut es. Das ist genau so, als gingen Sie in ein Lokal, erhalten ein gutes Essen und sagen: „Das war OK. Man kann nichts dagegen sagen."

Aber es gibt mehr. Es gibt kulinarische Feuerwerke, bei denen die Bedienung außerordentlich, der Wein fantastisch ist und bei denen man eine Gabel mit einem Happen in den Mund nimmt und am liebsten laut „Wow" schreien würde. Wenn man aus dem Restaurant geht und zu sich sagt: „Hier müssen wir unbedingt wieder hin!", dann sprechen von Begeisterung, von dem Unterschied zwischen gut und exzellent. Wir sprechen wir davon, wie wir es schaffen, dass der Kunde sagt: „Ja. Das war toll. Genau die will ich wieder haben, weil sie mir auf außergewöhnliche Weise geholfen haben und ich im tiefsten Innern von ihrem Engagement überzeugt bin und gelernt habe, dass ich diesen Menschen vertrauen kann."

Wie erreicht man diese Kundenbegeisterung? Durch eine Basis solider Grundlagen ergänzt um Exzellenz in der Beratung – kurz Beraterexzellenz. Das hört sich einfach an. Leider ist es das jedoch nicht. Sondern Exzellenz ist etwas, das wächst, das sich über Jahre hinweg entwickelt. Exzellenz braucht zum Wachsen auch Fehler, die man macht, Fallen, in die man hineinläuft, um später im Rückblick zu erkennen, was man heute besser macht als früher und warum man heute komplexe Situationen meistert, in denen man früher keinen Lösungsweg sah.

Glauben Sie niemandem, der Ihnen in der Werbung oder im Leben verspricht, mit einem kleinen einfachen Schritt Ihr Leben grundlegend und dauerhaft zu verbessern oder Sie im Nu reich und erfolgreich zu machen. Exzellenz braucht Zeit. Hierbei handelt es sich um eine Art Naturgesetz. Wie ein guter Whiskey, der Jahre und Jahrzehnte reift. Der Kunde wird es spüren, ob es billiger Fusel oder ein außergewöhnlich edler Tropfen ist – beim Whiskey und beim Berater.

Was ist nun Exzellenz? Laut dem Herkunftswörterbuch des Duden kommt das Wort exzellent ursprünglich vom lateinischen ex-cellere und bedeutet „hervor ragen". Exzellenz ist also etwas, das aus dem Gewöhnlichen herausragt wie ein Berg auf einer Ebene oder ein Leuchtturm auf einem Fels aus dem Meer. Wir erkennen also Exzellenz, wenn wir sie sehen, weil sie anders ist als das Normale.

Heißt das nun, wir müssen zehn Jahre gegen jede Wand laufen, bevor sich Exzellenz entwickelt? Nun, wir müssen sicher einige Fehlschläge selbst erfahren. Jedoch können wir uns wie in der Fahrschule oder beim Tanzen anleiten lassen. Mein Fahrlehrer sagte einmal: *„Mit dem Führerschein haben Sie die Erlaubnis, auf der Straße weiterzuüben."* Dennoch hat mir die Fahrschule die wesentlichen Grundlagen gelegt und war wichtig, um später ein guter Fahrer zu werden. Zugegebenermaßen ist der Vergleich mit dem Autofahren sicher nicht bezogen auf alle deutschen Autofahrer passend.

Genau wie beim Tanzkurs oder der Fahrschule gibt es also eine Methode, die Grundlagen zu erlernen. Rückblickend auf das Gelernte und auch auf die Mauern, gegen die wir enthusiastisch gerannt sind, haben wir unsere Erfahrungen strukturiert und ausformuliert, sodass sie sich für Menschen, die neu im Beratungsgeschäft sind, als Anleitung eignen mögen und für alte Hasen zur Reflexion dienen können. Wir haben festgestellt: Auch, wenn man die Konzepte schon kennt, prägen sie sich durch ständige Wiederholung als Gedankenmuster ein und man denkt automatisch in Alltagssituationen an die einzelnen wichtigen Punkte – nicht immer, aber immer öfter. Dieser Automatismus an einer riesigen Bandbreite von Gedankenströmen, die uns eine außergewöhnlich flexible Agitation im Alltag ermöglichen, nennt sich Repertoire. Wir haben uns vier Aspekte des Repertoires herausgesucht, um die Exzellenz Skills zu untergliedern.

In den nächsten Kapiteln beschäftigen wir uns mit:
- der Exzellenz-Formel
- dem Thema „überzeugendes Vorbild sein"
- Beziehungen und Langfristigkeit
- Erfolgsstrategien

Den Anfang macht dabei die Exzellenz-Formel, die die Bestandteile exzellenten Beraterhandelns enthält.

2.2 Der Weg zum Ziel – Die Exzellenzformel

Wie sieht nun diese Struktur aus, mit der sich Beraterexzellenz beschreiben lässt? Wir haben die verschiedenen Zutaten zum Rezept der Exzellenz des Beratens in eine einprägsame Formel gepackt. Dazu müssen wir anmerken, dass diese Formel sicherlich wichtige Aspekte beinhaltet, vielleicht aber andere außen vor lässt. Sie stellt eine mögliche Struktur und Betrachtungsweise dar. Dadurch werden andere Betrachtungsweisen nicht falsch. Es ist wie ein Foto von einem Objekt. Jemand, der aus einer anderen Perspektive fotografiert, wird ein anderes, genauso richtiges Bild erhalten.

Und schließlich gibt es noch den Fluch oder Segen der Zeit. Durch die Zeit werden wir klüger und hoffentlich weiser und unsere Umgebung verändert sich auch mit ihr. Somit ist zu vermuten, dass sich die Formel, die wir in fünf bis zehn Jahren an die Tafel malen, sich von der heutigen Formel unterscheiden wird.

Dennoch haben wir uns entschlossen, unperfekt zu handeln und unsere aktuelle Formel vorzustellen, anstatt perfekt zu zögern und dadurch niemals ein Ergebnis zu präsentieren, weil hinter der nächsten Biegung des Wegs eine neue Erkenntnis lauern könnte. Unsere bisherigen Erkenntnisse haben zu folgender Formel geführt:

Formel für Beraterexzellenz
Beraterexzellenz = (Business Skills + Anteilnahme + Soft Skills + Tools + Erfahrung + Leidenschaft + Neutralität) × 110 % oder kurz: **BX = (B.A.S.T.E.L.N.) × 110 %**

(Mathematiker mögen uns bitte verzeihen. Uns ist bewusst, dass es $(B+A+S+T+E+L+N) \times 1{,}1$ heißen müsste. Zur besseren Einprägsamkeit wählten wir die leichter lesbare Variante).

Übrigens gilt die Formel additiv zu den Grundlagen aus Teil I. Diese sind das Fundament, auf dem Beraterexzellenz aufgebaut werden kann, und somit sind sie wesentlich. Ohne diese Grundlagen kann keine nachhaltige Exzellenz aufgebaut werden.

Da das Thema (fortgeschrittene) Soft Skills ein derart umfangreiches ist, haben wir die einzelnen Unterpunkte herausgelöst und eine Ebene höher im Anschluss an die Exzellenz-Formel platziert, um die Lesbarkeit der einzelnen Komponenten der Exzellenz-Formel zu erleichtern.

Schauen wir uns nun die einzelnen Bestandteile der Exzellenz-Formel in den folgenden Kapiteln an.

2.2.1 Faktor B – Business Skills

Einführung

Bei Business Skills oder Hard Skills handelt es sich um die fachlichen Kompetenzen, die wir benötigen, um einen Job zu erledigen. Von unserem Reifenhändler erwarten wir, dass er weiß, wie man Reifen wechselt, Reifen einlagert und nach dem Winter wiederfindet und welche Reifen für unsere Bedürfnisse die besten sind. Ein Bäcker muss Brötchen und Brot backen können, ein IT-Berater muss sich in den relevanten Technologien auskennen, ein fachlicher Berater (Business Consultant) muss das Branchenwissen und Wissen über Arbeitsabläufe seines Kunden mitbringen.

Also geht es hier um das fachliche Handwerkszeug, das einen Dienstleister zum Profi in seinem Fach macht. Das sieht für einen Bäcker anders aus als für einen Reifenhändler oder einen IT-Berater.

Ebenso sieht es für die vielen verschiedenen Typen von Beratern unterschiedlich aus. Die Palette reicht von tiefem technischen Wissen in verschiedensten Ausprägungen im Ingenieursbereich (Anlagenbau, Motoren, Architekturen) hin zu tiefem fachlichen Branchenwissen im Finanzsektor (von Fonds-Management bis hin zu Risikocontrolling für Banken und Versicherungen). Im IT-Bereich geht das inzwischen von tiefsten inneren Kenntnissen einzelner Softwareprodukte und Betriebssysteme bis hin zu

IT-Architekten mit Überblickswissen über komplexe Applikationssysteme auf der Basis serviceorientierter Multi-Tier-Architekturen.

Lediglich eines lässt sich feststellen: Die Komplexität in unserer Welt steigt mit immer größerer Geschwindigkeit an. Dadurch werden Spezialisten in verschiedenen Themengebieten benötigt, die in sinnvoller Weise zusammenarbeiten müssen, um am Ende wirtschaftlich sinnvolle Ergebnisse für ihre Kunden zu erzielen. Wissen und Erfahrungen Einzelner sind mehr und mehr Ausschnitte aus einem immer komplexer werdenden Puzzle geworden. Die Herausforderung für den Einzelnen besteht darin, sich heute die „richtigen" Themen herauszusuchen, die Entwicklungspotenzial haben und trotz Weiterentwicklung längerfristig am Markt benötigt werden.

Probleme und Fallen

Früher brauchten wir in großem Umfang Huf- und Waffenschmiede sowie Menschen, die Kutschen bauen konnten. Heute werden Autos von Robotern gebaut. Wer vor einigen Jahrzehnten mit Lochkarten programmieren konnte, erntete anerkennende Ehrfurcht. Die Zeit der Lochkarten ist vorbei. Ebenso werden die meisten neuen IT-Systeme nicht mehr in Assembler oder COBOL, sondern in Java und auf .Net Architekturen entwickelt. Wenn Sie dieses Buch im Jahr 2020 lesen, werden Sie über den vorangegangenen Satz schmunzeln.

Neben technologischen Fortschritten, die ältere Technologien und Tätigkeiten einfach ablösen, spielen hier auch Themen wie strategische Marktdominanz und politische Entscheidungen eine Rolle. *Beispielsweise war das Video 2000-System von Grundig dem VHS-System technisch und qualitativ hoch überlegen. Dennoch hat sich VHS durchgesetzt, weil die Anbieter es geschafft haben, einen Großteil des internationalen Marktes zu erobern, während Grundig sich auf den deutschen Markt konzentriert hat. Eine Schlacht, die aufgrund der internationalen Übermacht nicht mehr zu gewinnen war. Die Qualität spielte dabei keine Rolle mehr.*

Ebenso verändern strategische Akquisitionen von Unternehmen die fachliche und technologische Landschaft. Der Käufer akquiriert ein Unternehmen mit seinem Portfolio, um seinen Marktanteil zu erhöhen, um sein Portfolio zu ergänzen, oder einfach nur, um einen Konkurrenten loszuwerden.

Bei den Einkaufstouren großer Konzerne spielen Einzelpersonen und deren Situation oder fachliche Einzelthemen keine Rolle, da sie im strategischen Kontext nicht ins Gewicht fallen. Es wird hingenommen oder sogar angestrebt, dass ein Technologiezweig entfällt. Im IT-Bereich werden den Kunden in der Regel Migrationsangebote auf die neue, ablösende Technologie unterbreitet. Das ändert jedoch nichts daran, dass die alte Technologie obsolet wird und auch der Fach-Experte in diesem Thema nach den Migrationsprojekten ein neues fachliches Betätigungsfeld braucht.

Die Theorie

Das bedeutet jedenfalls für uns Berater und für uns Menschen im Berufsleben, dass wir unsere Nase in den Wind stecken und regelmäßig prüfen müssen, wie es mit unserem Fachgebiet weitergeht, wie es sich verändert, ob es sich progressiv entwickelt oder ob es verschwinden wird. Und im letzteren Fall müssen wir uns rechtzeitig in die richtige Richtung weiterentwickeln. Denn eines ist sicher, und das ist ein stetiger Wandel und eine immer schnellere Veränderung unserer Umgebung. Damit verändern sich auch die Bedarfe unserer Kunden.

Im Angesicht des Wandels ist es wichtig, den Kunden mit einer optimalen Fachkompetenz zu unterstützen, also unsere Energie richtig einzusetzen. Wollen wir einen Stein spalten, können wir Millionen Jahre lang Wasser darauf tropfen lassen, bis der Stein letztendlich ausgewaschen und getrennt ist. Wir können aber ebenso ein Loch bohren, das Wasser hineingeben und gefrieren lassen, und es wird den Stein sprengen. Also ist das passende Fachwissen sehr wohl wichtig. Wenn ich als Profi bei einem Kunden bin und sehe, dass ich ihn durch mein fehlendes Fachwissen nicht optimal unterstützen kann, hole ich mir einen Kollegen hinzu, der dieses Fachthema besser beherrscht als ich. So erhält der Kunde die optimale Unterstützung. Auch wenn mich das vielleicht einige Tage verrechenbare Arbeit kostet. Von einem Profi kann der Kunde erwarten, dass dieser auch offen seine Grenzen kommuniziert. Und der Kunde wird sich daran erinnern, dass ich die beste Lösung für ihn herbeigeführt habe und nicht die lukrativste Lösung für meinen Geldbeutel.

Die Praxis

Aufgrund der wachsenden Komplexität und wechselnden Themen in den fachlichen Aufgabengebieten unternehmen wir hier nicht den Versuch, einen Überblick über alle Hard Skills zu geben. Das wäre aussichtslos. Wichtig bleibt die Aussage: Von einem Spezialisten wird zu Recht erwartet, dass er sein Handwerkszeug beherrscht. Das ist Voraussetzung für einen Profi in seinem Job und das wird so bleiben. Lediglich die Inhalte der relevanten Hard Skills ändern sich. Bei dem einen Berufszweig langsamer, bei dem anderen schneller.

Von einem unserer Kunden haben wir folgendes schöne Statement erhalten:
"... Partnership: many talk about it, only few really mean it ...
@ this consulting company, they mean it!
In today's business reality, professional IT service companies need to differentiate to guarantee existence. Differentiate; not on professional quality of service – which is a given and expected – but on the soft elements ... the consulting company understands exactly that, and goes the extra mile ..."
Mr. X. X.
Director Information Technology
YYYYY YYYYYY GmbH

Wir erleben immer wieder bei unseren Kunden, dass sie zusätzliche Skills (soziale Kompetenz, Engagement usw.) bei uns schätzen. Aber zu Recht erwarten sie als Basis, dass wir unser Handwerkszeug beherrschen. „Which is a given and expected" – unsere Kunden sehen Hard Skills als „gegeben und erwartet" an – sprich, sie erwarten, dass wir unsere Hausaufgaben gemacht haben, wenn wir zum Kunden kommen.

Was können Sie nun tun, um Ihre Business Skills, Ihre Hard Skills zu verbessern und aktuell zu halten? Aufgrund der vielen Möglichkeiten, was „Ihre" Hard Skills sind, können wir natürlich nichts für Ihre Fachrichtung empfehlen, aber folgende Tipps könnten sich als nützlich erweisen:

- Lesen Sie Fachzeitschriften aus Ihrem Bereich, finden Sie heraus, was heute aktuelle Themen sind und was morgen die aktuellen Themen sein werden.
- Prüfen Sie regelmäßig, welche Fortbildungsangebote in Ihrem Fachbereich existieren – zu den von Ihnen ermittelten Themen von heute und von morgen.
- Suchen Sie den Austausch mit Gleichgesinnten – mit Experten in diesem Umfeld. Das Internet bietet eine Vielzahl von Portalen und Foren. Als Beispiel sei genannt: http://www.xing.com/. Dort können Sie in vielen Foren an Fachdiskussionen teilnehmen und werden so selbst ein sichtbarer Teil einer Diskussion.
- Publizieren Sie! Schreiben Sie Fachartikel – in Ihrem Unternehmen, in Fachzeitschriften – halten Sie Vorträge – werden Sie zum geschätzten Experten in einem Thema.

Zusammenfassung

Der ständige schneller werdende Wandel führt zu höheren Flexibilitätsanforderungen unsere Business/Hard Skills betreffend. Eine Verlangsamung ist nicht absehbar, eher eine Beschleunigung. Wir sind gefordert, unsere Business Skills aufrechtzuerhalten, zu aktualisieren und zu verbreiten, um auch morgen einen Auftraggeber/Kunden zu finden, der unsere Dienste benötigt. Stecken Sie Ihre Nase in den Wind, um die nächste Feuerstelle zu finden, bei der es einen Braten gibt.

Wir erleben also eine permanente Beschleunigung, die uns immer mehr Achtsamkeit und mehr Bewegung abverlangt. Ständige schnellere Wechsel sind aber nichts, mit dem die meisten Menschen gut umgehen können. Sie brauchen Fixpunkte, sie lieben Gewohnheiten und Rituale.

An welchen Fixpunkten können wir uns in dieser beschleunigenden Welt nun orientieren? Wo sind die Konstanten?
Es sind Menschen, die heute in einer Rolle für ein Unternehmen arbeiten und morgen in einer veränderten Rolle für ein anderes Unternehmen. In all der Vergänglichkeit zeigen sich hier Konstanz und Nachhaltigkeit über die Hard Skills hinaus, und zwar in den Menschen und ihren Fähigkeiten zusätzlich zu ihren Business Skills. Um diese zusätzlichen Werte und Fähigkeiten geht es in den folgenden Abschnitten der Exzellenz-Formel.

2.2.2 Faktor A – Anteilnahme

Einführung

Bei Anteilnahme geht es nicht um Mitleid. Es geht darum, sich einen Anteil am Problem, am Wunsch oder Ziel des Kunden zu nehmen und sich darum zu kümmern.

Im Englischen gibt es den schönen Ausspruch: „Professionals care. They take ownership of the problem". Das drückt es aus. Wir machen das Problem zu unserem Problem und kümmern uns um die Lösung.

Verdeutlichen lässt sich das gut an einem Negativbeispiel. Vielleicht haben Sie das ja in ähnlicher Weise auch schon mal erlebt.

Probleme und Fallen

Ein Kollege fand in unseren Geschäftsräumen ein Mobiltelefon, das ein Gast vergessen hatte. Da es eine größere Veranstaltung war, konnte er nicht zuordnen, wem das Telefon gehörte. Das Telefon war allerdings eingeschaltet und zeigte das Netz des Mobilfunkanbieters an. Ich saß daneben und hörte mit, als der Kollege die Hotline des Unternehmens anrief und erklärte: „Ich habe hier ein Handy eines Ihrer Kunden gefunden mit folgender Telefonnummer: 017... usw. Können Sie diese Person bitte auf seiner Festnetz-Nummer oder per Brief benachrichtigen, dass sein Telefon unter folgender Adresse abgeholt werden kann, oder ihm dies mitteilen, wenn er sich bei Ihnen meldet? ... (Pause) ... Ja, ich warte, während Sie mich weiterverbinden ... Guten Tag, ich habe hier ein Handy eines Ihrer Kunden gefunden ..."

Insgesamt hat mein Kollege neun Mal dieses Unternehmen angerufen und wurde etliche Male weiterverbunden, verbrachte eine lange Zeit in verschiedensten Warteschleifen, ihm wurde gesagt, dass man nicht zuständig sei oder man gab ihm die Nummer irgendeiner anderen Hotline, die dafür vielleicht zuständig sein könnte. Das Ganze dauerte über eine halbe Stunde. Am Schluss war mein Kollege, der sonst äußerst gelassen ist, extrem genervt und sagte: „Ich erkläre Ihnen das jetzt das allerletzte Mal. Ich habe schon neun Mal bei Ihnen angerufen. Entweder Sie schaffen es, das aufzunehmen, oder ..." (Hier wollen wir die Schilderung unterbrechen.)

Was dem Kollegen widerfahren ist, ist kein Einzelfall. Untersuchungen für größere Unternehmen ergeben, dass Kunden bis zu zwanzig Mal anrufen müssen, um die Person zu sprechen, die ihnen wirklich weiterhelfen kann.

Eine beliebte Killerphrase dabei lautet: „Dafür bin ich nicht zuständig." Wenn dann das Gespräch einfach beendet wird, statt dem Kunden zumindest zu helfen, den richtigen Ansprechpartner zu finden, kann das der Todesstoß für eine gute Kundenbeziehung sein.

Erstaunlich finde ich, dass gerade viele große Unternehmen an diesem Makel des schlechten Service leiden. Sicherlich ist ein Aspekt die wachsende Komplexität, ein anderer der Druck, Kosten zu sparen, wenn die Kunden immer zum billigsten Produkt greifen. Welche implizite Aussage schwingt denn bei diesem mangelhaften Service-Angebot solcher Unternehmen mit? Die Aussage: „Du bist uns nicht mehr wert, lieber Kunde". Den Zusammenhang „… denn du hast uns ja auch nicht mehr gezahlt, also haben wir kein Geld mehr für einen besseren Service" vollziehen die meisten Kunden nicht nach. Für sie bleibt nur der bittere Geschmack, einen miserablen Service zu erhalten. An der Wand eines Reifenhändlers las ich auf einem Blatt den Spruch: „Der Ärger über schlechte Qualität währt länger als die Freude über den günstigsten Preis". Service hat seinen Preis. Langfristig glaube ich aber gerade hier in Deutschland an den Erfolg von Unternehmen, die ihre Kunden zufriedenstellen. Denn wir werden niemals die Billigsten sein, aber wir können uns bemühen, die Besten zu sein.

Aber Achtung. Zu viel Anteilnahme ist auch nicht immer angebracht. Kürzlich war ich mit meiner Frau dabei, einen Rucksack für ihre Wanderungen in den Taunus einzukaufen. Aus einer Vielzahl von Modellen suchte meine Frau einen Rucksack heraus und wollte ihn gerade aufsetzen. Da entdeckte uns die zuständige Verkäuferin, sprang mit einem wilden Redeschwall heran und nahm uns den Rucksack ab, um auf die Vorzüge des Modells einzugehen. Man muss der Dame zugutehalten, dass Sie im Verlauf des langen Verkaufsgesprächs die Kurve bekommen hat, was für uns wichtig ist und wo sie uns unsere Freiräume lassen musste. Schließlich haben wir das optimale Modell dort gekauft.

Also kommt es darauf an, Anteil mit dem richtigen Augenmaß zu nehmen. Wie kann das aussehen? Was kann mein persönlicher Anteil daran sein?

Die Theorie

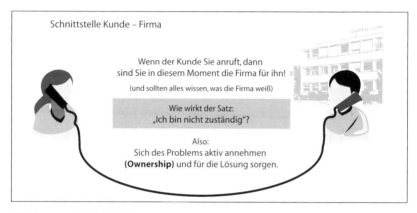

Abbildung 11: Sie sind die Firma

In dem Moment, in dem ein Kunde anruft, und mich an der Leitung hat, bin ich das Unternehmen für ihn. Ich repräsentiere die ganze Firma – egal ob ich Geschäftsführer, Sachbearbeiter, externer Berater, Reinigungskraft oder der Hausmeister bin.

Der Kunde erwartet, dass ich alles über mein Unternehmen weiß – denn er hat ja das Unternehmen angerufen.

Was nun? Natürlich weiß ich nicht alles über mein Unternehmen (es sei denn, ich bin Einzelunternehmer). Aber der Kunde hat ein Anliegen, das ich für ihn lösen soll. Wie läuft ein solcher Prozess optimal ab?

Ich nehme das Anliegen des Kunden schriftlich mit Datum und Uhrzeit des Anrufs, dem Namen und der Telefonnummer des Kunden und einer kurzen Beschreibung seines Anliegens auf. Im Idealfall kann ich ihm selbst helfen. Eventuell biete ich meinen Rückruf an, um eine Lösung später zu präsentieren. Falls eine andere Abteilung oder ein anderer Kollege für das Thema die Verantwortung trägt, ermittle ich diesen und stelle den Kunden entweder durch oder organisiere den Rückruf des entsprechenden Kollegen.

In jedem Fall sorge ich dafür, dass das Anliegen des Kunden aufgenommen wird und zu einer Lösung kommt. Ich muss die Lösung nicht immer selbst herbeiführen – vor allem, wenn das nicht mein Job ist –, aber ich nehme die Verantwortung für das Anliegen auf, dass eine Lösung herbeigeführt wird (Taking ownership of the problem). Eventuell hake ich bei dem verantwortlichen Kollegen nach, ob das Anliegen des Kunden gelöst wurde, und kümmere mich weiter darum, falls dem nicht so ist.

Was glauben Sie, wie wird ein Kunde den Unterschied wahrnehmen, wenn er in einem Unternehmen anruft, in dem alle Mitarbeiter das Taking-Ownership-Prinzip beherzigen? Das ist ein handfester Wettbewerbsvorteil und mit Sicherheit wird er seinen Bekannten davon erzählen, wie positiv die Bearbeitung seiner Anliegen dort läuft.

Die Praxis
Am deutlichsten wird die Praxis im Vergleich von zwei Fällen.
In einem großen Elektronikmarkt haben wir einen Verkäufer erlebt, der offensichtlich für Laptops zuständig war. Oft kamen Kunden zu ihm und fragten ihn nach Dingen, die nichts mit seinen Laptops zu tun hatten. Seine Standardantwort lautete: „Fragen Sie doch mal den Kollegen dort drüben." *Folgte man seinem Rat, durfte man sich in der Regel eine viertel bis eine halbe Stunde in einer Schlange bei einem dieser Kollegen anstellen, bis man an der Reihe war. Am gleichen Tag gingen wir einige Geschäfte weiter in eine Drogerie. Ich fragte eine Verkäuferin nach etwas Exotischem. Ihre Antwort war: „Oh, ich bin noch neu hier. Das weiß ich nicht genau. Würden Sie bitte einen Moment warten, während ich bei einer Kollegin für Sie nachfrage?"*

Gerade der Vergleich am selben Tag machte den Unterschied so deutlich: Im ersten Fall fühlten wir uns abgeschoben. Im zweiten Fall haben wir uns über die sehr zuvorkommende Behandlung gefreut und waren froh, dass unser Problem einen Owner gefunden hat, der sich darum kümmerte und mit der Lösung auf uns zukam. Wir wurden nicht fortgeschickt, sondern abgeholt, wo wir gerade waren.

- Lächeln Sie in Kundengesprächen und seien Sie charmant und offen.
- Hören Sie aufmerksam zu, fragen Sie nach, ob Sie richtig verstanden haben, und machen Sie dann einen Vorschlag, der auf das Anliegen des Kunden eingeht.
- Entwickeln Sie ein Gespür für die Stimmung, mit der der Kunde auf Sie zukommt. Beobachten Sie seine Reaktionen, wenn Sie ihm eine Antwort geben. Auch ohne Blickkontakt am Telefon kann man teilweise hören, wie der Gesprächspartner Begeisterung oder Enttäuschung durchlebt.

Zusammenfassung

Wenn der Kunde mit einem Anliegen zu Ihnen kommt, möchte er, dass Sie daran Anteil nehmen. Er möchte es loswerden. Sie sind derjenige, der für den Kunden die Verantwortung für sein Anliegen übernimmt und dafür sorgt, dass sein Anliegen bearbeitet wird.

Sie repräsentieren im Kundenkontakt das Unternehmen, für das Sie arbeiten – Sie sind in diesem Moment das Unternehmen.

Durch Offenheit, Freundlichkeit und Zuhören fördern Sie beim Kunden das Gefühl, dass er sein Problem, seine Sorge losgeworden ist. Sie erleichtern ihn. Das wird er Ihnen danken.

2.2.3 Faktor S – Soft Skills

Einführung

In Teil I dieses Buches im Kapitel „Kommunikation I/Empathie und soziale Kompetenz in der Kommunikation" haben wir bereits die Definition von Soft Skills gelesen und einige Soft Skills näher unter die Lupe genommen.

Zusätzlich zu den dort behandelten Basis-Soft Skills betrachten wir im Rahmen der Exzellenz-Formel eine Reihe weiterer Soft Skills, die wir der besseren Lesbarkeit halber im Kapitel „Kommunikation II/Exzellente Berater arbeiten beständig an ihren Soft Skills" zusammenfassen, um an dieser Stelle keine vierte Gliederungsebene zu eröffnen. Dort gehen wir ein auf:

- Assertiveness – freundlich, aber bestimmt
- Die Kraft des Positiven
- Darüber schlafen
- Überzeugen, statt den anderen zu ändern
- Niemanden zu seinem Glück zwingen
- Story Telling
- Humor ist gut – und gefährlich
- Sicherheit schaffen
- Der Berater als scharfsinniger Spurenleser

2.2.4 Faktor T – Tools und Methodenwissen

Einführung

Wir haben bereits in Teil I des Buchs über methodische Kompetenz als Teil der Skill Flower™ gesprochen. Dazu gehören Projektmanagement-Techniken oder Vorgehensmodelle sowie andere methodische Konstrukte.

Im Rahmen der Exzellenz-Formel kommt Tools oder zu deutsch Werkzeugen eine wichtige Bedeutung zu. Denn durch diese Tools und die Fähigkeit, sie anzuwenden, unterscheidet sich der Profi vom Laien und erreicht dadurch völlig andere Wirkungsgrade. Der exzellente Berater baut sich nach und nach ein Repertoire an geeigneten Methoden für verschiedene Situationen und Aufgabenstellungen auf. Wir nennen dies seinen Methodenbaukasten. Damit ist er in der Lage, in einer Situation sehr schnell eine Methode anzuwenden, mit der er Ergebnisse für den Kunden deutlich schneller erreicht als wenn er jedes Mal das Rad neu erfindet.

Probleme und Fallen

Kein methodisches Vorgehen und kein Einsatz von effizienzsteigernden Werkzeugen: Von einem Klempner erwarten wir, dass er in seiner Werkzeugkiste professionelles Werkzeug dabei hat, um unser Problem zu lösen. Was würden Sie von einem Klempner halten, der mit bloßen Händen kommt und versucht, eine Wasserleitung aufzuschrauben oder dann wieder zuzuschrauben? Jeder handwerkliche Beruf hat seine optimalen Werkzeuge entwickelt, um bei der Arbeit effektiver zu sein. Bei Beratern sollte das nicht anders sein.

Wahl der falschen Instrumente: Wenn Sie in Ihrem Garten ein paar Ästchen abschneiden wollen, um einen kleinen Baum schön in Form zu bringen, werden Sie vermutlich eine Rosenschere oder eine kleine Astschere verwenden – ein Instrument, das Sie in einer Hand halten. In dieser Situation eine Axt oder eine Kettensäge einzusetzen, würde vermutlich nicht zum optimalen Ergebnis führen. Als Berater kann es Ihnen ebenfalls passieren, dass Sie aus Ihrem Methodenbaukasten das falsche Instrument für eine Aufgabe wählen.

A fool with a tool is still a fool: Szene aus einem Film[25]: Der blinde Held sitzt auf einem Campingplatz, in seinen Armen ein schlafender Junge. Eine große schwarze Wespe schwirrt vor seinem Gesicht herum. Mit einem eleganten Hieb seines Samurai-Schwerts zerteilt er die Wespe zielsicher in der Mitte. Ein älteres Ehepaar hat die Szene beobachtet, die Frau sagt zu ihrem Mann: *„Hast Du das gesehen? So ein Ding müssen wir auch haben."* Ende der Szene. Die Dame hat nicht begriffen: Nicht das Werkzeug hat die Arbeit verrichtet, sondern der Held, der in der Lage ist, es zu nutzen und zu führen. Ein tolles Werkzeug in den Händen einer unfähigen Person führt nicht zu besseren Ergebnissen.

A fool with a tool is a faster fool: Gerade im IT-Bereich lässt sich die Geschwindigkeit mit Methoden und Werkzeugen erstaunlich steigern. Ein beschleunigendes Werkzeug beschleunigt positive wie negative Ergebnisse. Die Geschwindigkeit von Fehlern lässt sich durch den Einsatz eines solchen Werkzeugs also ebenfalls deutlich erhöhen.

Die Theorie

Technologie ist ein wesentlicher Erfolgsfaktor. Wir finden mannigfache Beispiele, wie Technologie Schlachten gegen eine zahlenmäßig dramatisch überlegene Übermacht entschieden hat. Zum Beispiel der Legende nach das In-Brand-Stecken der Segel einer gegnerischen Flotte durch von Archime-

---

25 Quelle: Der Film „Blinde Wut" mit Rutger Hauer.

des entwickelte Hohlspiegel, die Sonnenstrahlen bündeln. Oder die entlang der Holzfaser gespaltenen Stämme für den Bau der Wikingerschiffe, die den Holzschiffen ihrer Feinde mit gesägten Brettern in puncto Stabilität haushoch überlegen waren und diese somit erfolgreich rammen und versenken konnten. Oder die bei der Eroberung Amerikas eingesetzten Schusswaffen, denen die Einheimischen nichts entgegensetzen konnten. All das sind Beispiele für technologische Überlegenheit, durch die mit ähnlichem Energieeinsatz viel weiterführende Ergebnisse erzielt werden konnten.

Wir finden dieses Prinzip der technologischen Überlegenheit nicht nur im militärischen Bereich. Auch in der Wirtschaft finden wir zahlreiche Beispiele. Nehmen wir den Siegeszug der digitalen Fotografie. Filme, wie sie früher als Standard verwendet wurden, spielen heute keine große Rolle mehr. Flachbildfernseher verdrängen die Röhrenfernseher. Unternehmen, die zu lange auf veraltete Technologien gesetzt haben, sind in Existenznöte geraten und mussten sich umstellen oder verschwanden von der Bildfläche.

Dabei entwickeln sich auch die Werkzeuge von Spezialisten ständig weiter. In der Regel geschieht dies, weil die neuen Werkzeuge effektiver oder kostengünstiger sind oder zu besseren, moderneren Ergebnissen führen. Gleichwohl wird nicht alles ersetzt oder verändert. Ein Hammer ist nach wie vor ein wichtiges Werkzeug für einen Handwerker. Und auch unser Pizzabäcker hat den Teigausrollautomaten wieder abgeschafft, weil er mit seinen eigenen Händen den Pizzateig schneller und besser ausbreitet als das Gerät.

Wie im Werkzeugkasten des Handwerkers finden wir im Methodenbaukasten des exzellenten Beraters auch alte, bewährte Instrumente und neue Methoden und Tools, die ihn bei seiner Tätigkeit unterstützen.

Solche Tools können Checklisten sein, Formblätter, um bestimmte Dinge abzufragen, Vorlagen für elektronische Dokumente oder Listen in Tabellenkalkulationen. Es können aber auch immaterielle Werkzeuge sein, zum Beispiel bestimmte Fragetechniken und Vorgehensweisen in bestimmten Situationen, die nicht dokumentiert sind (aber dokumentiert werden könnten) und schlicht zum Repertoire des Beraters gehören.

Als kleines Beispiel zeige ich hier eine Methode auf, wie man einen Gesprächspartner dazu bringen kann, einen Lösungsvorschlag zu akzeptieren. Das Ganze ist dargestellt in einem sogenannten Programmablaufplan.

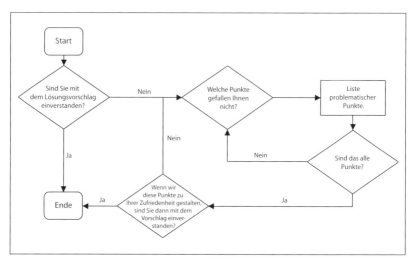

Abbildung 12: Methode zur Akzeptanz eines Lösungsvorschlags

Dieses kleine Tool – diese Methode eignet sich hervorragend, um Bedenken zu erfragen und sämtliche Kriterien für die Akzeptanz eines Vorschlags zweifelsfrei zu erfahren. Sollte das Ganze dennoch nicht zum Erfolg kommen, existieren mit höchster Wahrscheinlichkeit andere Gründe, warum der andere den Vorschlag nicht akzeptieren will, welche er anscheinend nicht zu nennen bereit ist.

Die Praxis

Anhand folgender Geschichte verdeutlichen wir den Einsatz einer Methode aus dem eigenen Baukasten bei einem Kunden.

Franz Freundlich ist in einem Kundenprojekt tätig. Das Projekt entwickelt sich dynamisch. Der Kunde hat ein anderes Unternehmen hinzugekauft und nun sollen weitere Geschäftsprozesse durch die Erweiterung des Software-Systems abgebildet werden, das Franz gerade definiert.

Franz Freundlich macht einen Termin mit den zuständigen neuen Mitarbeitern aus. Er beginnt: „Herzlich willkommen. Dadurch, dass Sie zu uns gestoßen sind, haben wir ein paar Zusatzaufgaben, die ich gerne gemeinsam mit Ihnen herausarbeiten möchte. Ich schlage vor, wir bedienen uns eines Instruments, das ich vor Jahren kennengelernt habe, der sogenannten MoS-CoW-Liste[26]. Mit dieser können wir alle Ihre Bedarfe aufnehmen, und Sie selbst entscheiden, welche Punkte Ihnen am wichtigsten sind. Dabei bleiben wir flexibel und können uns an dem vorhandenen erweiterten Budgetrahmen orientieren."

---

26 Die MoSCoW-Methode wurde 1994 von Dai Clegg, Oracle UK, entwickelt. Siehe: „Case Method Fast-Track: A RAD Approach" von Dai Clegg und Richard Barker, erschienen bei Addison-Wesley Professional, ISBN: 978-0201624328. Weitere Quelle: http://en.wikipedia.org/wiki/MoSCoW_Method

Eine MoSCoW-Listen ist ein sehr einfaches und gleichzeitig mächtiges Instrument zur Priorisierung und zum Arbeiten „in time and budget" bei gleichzeitiger Flexibilisierung des Leistungsumfangs. MoSCoW steht für Must or Should, Could or Won't. In diese Kategorien ordnet man den gesamten Leistungsumfang eines Projekts ein. Sämtliche Musts sind für den erfolgreichen Abschluss eines Projekts erforderlich, die Shoulds sollten erreicht werden. Der Projektumfang wird über die Musts und Shoulds geplant. Ist man schneller, können auch noch einige Coulds realisiert werden, ist man langsamer, fallen Shoulds weg. Die Won'ts schließen explizit Dinge aus, um später Diskussionen wie „aber ich bin davon ausgegangen, dass das enthalten ist" zu vermeiden.

Bei dem Meeting stellt sich heraus, dass bei der Anforderungsaufnahme eine Return on Investment Betrachtung (ROI) der einzelnen Zusatzmodule erfolgen soll. Also nimmt Franz in seiner Vorlage in der Tabellenkalkulation einige zusätzliche Felder in die MoSCoW-Liste auf. Er setzt beim Ausfüllen der Liste einen Fragentrichter ein, indem er zuerst offene Fragen (wie geht das, was benötigen Sie?) und zum Ende immer mehr geschlossene Fragen (sollen wir das so bis nächste Woche umsetzen?) verwendet. Diese Methode hat er in einem Training kennengelernt und oft eingeübt, sodass sie nicht mehr wie zu Beginn hakelig wirkt, sondern natürlich in sein Repertoire übergegangen ist. So erarbeitet man gemeinsam in kreativer Atmosphäre, welche Wünsche wie viel kosten, welchen ROI diese wann erbringen und wie schnell sie umgesetzt werden sollen. Die neuen Mitarbeiter sind begeistert und bedanken sich beim Auftraggeber von Frank für diese kreative und konstruktive Aufnahme in das neue Unternehmen, die heutzutage ja nicht selbstverständlich ist.

Franz hat die zusätzlichen Felder der ROI-Betrachtung in seiner MoSCoW-Liste mit Kommentaren versehen und speichert die leere Liste mit einigen neutralisierten Beispieleinträgen als neue Vorlage ab. Das kann er sicher in einem weiteren Projekt gut verwenden. Inzwischen hat er schon eine ganze Reihe an Vorlagen zusammen. Und in jedem Projekt kommen einige Dinge hinzu, sodass er inzwischen über einen ansehnlichen Methodenbaukasten verfügt. Zum Teil sind seine Kunden schwer beeindruckt, wenn Sie ihm eine Aufgabe schildern und er kurzerhand das passende Formblatt mit der zugehörigen Methode auf den Bildschirm seines Rechners holt. Er ist auf immer

*mehr Dinge vorbereitet – das wirkt fast magisch auf manche Personen. Das
Vertrauen des Kunden in Franz wächst. Er ragt deutlich aus der Menge der
„normalen" Berater heraus.*

Übungen und Tipps

- Legen Sie einen Methodenbaukasten an – das ist ein wichtiger Teil Ihres Kapitals, da Sie dadurch schneller werden und Ihre Kunden durch Geschwindigkeit positiv überraschen können.
- Sammeln, verwenden und verändern Sie Tools und erweitern Sie so Ihren Methodenbaukasten.
- Eine umfangreiche Sammlung von Tools für Berater enthält das Buch: „Tools für Projektmanagement, Workshops und Consulting. Ein Kompendium der wichtigsten Techniken und Methoden" von Nicolai Andler, ISBN: 9783895782640

Zusammenfassung

Sie machen bestimmte Erfahrungen immer wieder in Kundenprojekten und
verwenden immer wieder die gleichen Lösungsansätze – sogenannte Tools.
Solche Tools können Sie sehr gut in Ihren persönlichen Methodenbaukasten aufnehmen und diesen immer erweitern.

Diese Tools sind ein wichtiger Bestandteil der Beraterexzellenz-Formel.
Durch den Einsatz bewährter Tools aus Ihrem eigenen Baukasten gewinnen Sie bei gleichem Einsatz an Energie enorm an Geschwindigkeit und
erreichen mehr Ergebnisse. Durch die Standardisierung wird eine erhöhte
Qualität möglich, da keine Dinge vergessen werden. Dennoch sind die Tools
individuell anpassbar und bringen damit die erforderliche Flexibilität mit.
Denn kaum ein Kunde will heute „von der Stange" beraten werden, sondern wünscht die optimale Lösung für sich.

Sammeln Sie solche Tools in Ihrem Methodenbaukasten, steigern Sie dadurch Ihre Qualität und Leistungsfähigkeit und verblüffen Sie Ihre Kunden
auf positive Weise durch den gezielten Einsatz passender Tools.

2.2.5 Faktor E – Erfahrung und Intuition

Einführung

Im Kapitel „Flower Power – Die Kompetenzblume" haben wir das Thema Erfahrung bereits kurz behandelt. Die dortigen Abschnitte lassen sich wie folgt zusammenfassen:

- Erfahrung als zweite Energiequelle neben dem Projekt speist alle anderen Kompetenzbereiche.
- Kunden vertrauen erfahrenen Beratern.
- Sammeln Sie Ihre eigenen Erfahrungen, genießen Sie das Spiel und werden Sie souveräner.
- Über je mehr Erfahrung Sie verfügen, desto weiter wird Ihr Blick für Lösungsmöglichkeiten, um mit mehr Instrumenten bessere Ergebnisse zu erzielen.

Vertiefen wir das Thema Erfahrung nun als wichtigen Teil der Exzellenz-Formel. Dabei schauen wir erstens auf die Wege, die zu mehr Erfahrung führen, und zweitens auf die Ergebnisse, die aus dem Gewinn von Erfahrung resultieren.

Probleme und Fallen

Zu wenig Erfahrung: Manche Aufgaben erfordern ein hohes Maß an Erfahrung. In diesem Fall wird es für den Berater schwer, die Aufgabe zu lösen, wenn er über diese Erfahrung nicht verfügt.

Vertrauen nur auf Erfahrung: Erfahrung ist wichtig, jedoch nur ein Teil der Exzellenz-Formel. Manche Aufgabenstellungen, speziell im technologischen Bereich oder im IT-Bereich, gleichen einander nur auf den ersten Blick.

Die Theorie

Nun der Blick auf die Wege zu mehr Erfahrungen und anschließend auf die Ergebnisse aus gewachsener Erfahrung. Leider wissen wir nicht, ob Sie sehr erfahren oder noch recht neu im Beratungsgeschäft sind, um individuell darauf einzugehen. Allerdings gelten die aufgeführten Punkte für alle Stadien der Erfahrung, die wir bisher durchlaufen haben.

Die Wege zu mehr Erfahrung:

Weg 1: Sammeln Sie Ihre eigenen Erfahrungen. Rennen Sie ein paar Wände ein und machen Sie eigene Fehler. Das gehört dazu und ist ein so lehrreiches und intensives Erlebnis wie kaum ein anderes. Solche selbst gemachten Erfahrungen prägen tief. Natürlich ist es angenehm, irgendwann die Wand zu erkennen und die Geschwindigkeit zu reduzieren, bevor Sie aufschlagen. Wie geht das? Fragen Sie sich permanent: „Was passiert, wenn ich so handle? Welche Seiteneffekte könnten entstehen? Was könnte noch passieren? Wie reagieren die Menschen um mich herum auf meine Aktivitäten? Was bedeuten meine Handlungen in Bezug auf ihre Ziele?" Achten Sie ständig darauf, was Sie aus jeder Situation lernen können und überlegen Sie sich, wie Sie in Zukunft handeln könnten, um das erreichte Ergebnis zu verändern.

Weg 2: Lernen Sie aus Geschichten – aus den Erfahrungen anderer Menschen. Das können fiktive oder reale Geschichten aus Büchern sein, aus dem Fernsehen oder Ereignisse, die Kollegen passiert sind. Sie können solche Geschichten im Kopf durchspielen und überlegen: „Wie sind die Ergebnisse zustande gekommen? Was geschieht, wenn Sie in dieser Situation sind und identisch handeln oder an bestimmten Stellen leicht oder stark anders handeln? Wie würde die Geschichte dann ausgehen und welche Ergebnisse würden Sie erreichen?"

Weg 3: Lernen Sie von erfahrenen Menschen. Suchen Sie sich einen Mentor oder Coach, der in seinen Erfahrungen weiter ist als Sie. Fragen Sie Ihren Mentor in schwierigen Situationen, wie er oder sie in einer bestimmten Situation handeln würde. Mentorship ist keine Einbahnstraße. Einerseits kann Ihr Mentor sicherlich eine entsprechende Anerkennung und Dankbarkeit erwarten. Andererseits sollten Sie Ihren gewachsenen Erfahrungsschatz wertvoller werden lassen, indem Sie ihn teilen. Werden Sie selbst zum Mentor oder Coach und geben Sie Ihre Erfahrungen an jüngere Menschen weiter, die noch näher am Beginn des Weges stehen als Sie.

Die Ergebnisse des Erfahrungsgewinns:

Ergebnis 1: Durch Erfahrung sammeln Sie Problemlösungskompetenzen. Sie entdecken neue Lösungswege, außerhalb der offensichtlichen. Der Junior-Berater sieht einen kleinen Teil der Lösungsmöglichkeiten. Der erfahrene Berater sieht viele weitere Möglichkeiten jenseits des Tellerrands und kann aus seinem Erfahrungsschatz die optimale Maßnahme einleiten.

Ergebnis 2: Mit der Erfahrung werden Sie ruhiger, souveräner und überzeugender auch in kritischen Situationen. Wenn Hektik und Aktionismus ausbrechen, bleiben Sie ruhig und finden Sie die besten Maßnahmen.

Ergebnis 3: Erfahrung schafft Vertrauen beim Kunden! Nachgewiesene Erfahrung, die zu Erfolgen geführt hat, ist eines der stärksten Vertriebsargumente für Sie als Berater.

Die Praxis
Im Kapitel „Flower Power – Die Kompetenzblume" berichtete ich bereits über eine erfahrene Projektmanagerin, die mich in meiner ersten größeren Projektleitung coachte. Es handelte sich um die Erstellung eines komplexen Software-Systems zur Datenreplikation für das Einwohnermeldewesen eines Bundeslandes. Ich lieferte mit meinem Team die Aufwandsschätzung für das Projekt und sie formte daraus einen Festpreis – also ein Budget – für das Gewerk, das wir abzuliefern hatten. Die entsprechenden Angebotsdokumente erstellten wir gemeinsam. Wir hatten das Projekt toll durchgeplant. Alles war klar – dachte ich zu Beginn. Wir legten los und erzielten unsere ersten Teilerfolge an den festgelegten Meilensteinen. Doch nach und nach tauchten unvorhergesehene Dinge auf. Da stellte sich eine Aufgabe als komplexer heraus, als sie auf den ersten Blick ausgesehen hatte und der Kunde wollte keinen Change Request (Änderungsverlangen) akzeptieren. Dort brauchten die Entwickler einfach länger als gedacht. Hier trat ein Fehler in der Standardsoftware auf, für die wir einen Workaround finden mussten. Außerdem geriet das Projekt in die Mühlen unterschiedlicher politischer Interessen. Und zu guter Letzt wurde das dreißig Jahre alte Wasserzuleitungsrohr in der Decke über den Tischen unseres Projektraums undicht und das gesamte Projektteam konnte aufgrund von Reparaturarbeiten mehrere Tage nicht arbeiten. Einiges (wie das Wasserrohr)

ließ sich über Leistungsstörungen des Kunden oder als Change Request abwickeln. Viele Dinge lagen jedoch in einer Grauzone und jedes Mal ergab sich eine intensive Diskussion mit der Projektleitung des Kunden darüber. Nicht immer konnten wir unseren Standpunkt durchbringen, sodass letztlich das Projektbudget belastet wurde. Das hatte natürlich Auswirkungen auf die Budgetplanung und die von meinem Arbeitgeber geforderte Marge. Und jedes Mal, wenn ich mit meiner coachenden Projektmanagerin vor der Kalkulation saß, verblüffte sie mich aufs Neue. Ich wollte gerade den Aufwand an Personentagen bei einer Leistung erhöhen, da sagte sie: „Ich habe hier noch ein wenig Risikorückstellungen eingeplant. Lass es uns darauf buchen." Sie offenbarte mir nach und nach verschiedene Töpfe, die sie im Projektbudget von vornherein vorgesehen hatte, und zwar genau für solche Zwecke. Sie wusste einfach aus ihrer Erfahrung, dass das Projekt nicht glatt laufen würde, sondern dass Unvorhergesehenes passieren würde. Selbst für eine Projektparty hatten wir ein Budget eingestellt, um dem Projektteam in wirklich dunklen Tagen des Projekts unsere Wertschätzung auszudrücken, weil die meisten das Projekt mit außergewöhnlichem Engagement voranbrachten. Am Projektende hatten wir eine Reihe kleinerer und größerer Change Requests, deutlich mehr geleistete Arbeit aus verschiedenen Gründen. Außerdem erhielten wir vom Kunden die Abnahme des Projekts, und in der Nachkalkulation konnte ich feststellen, dass wir die Margenziele eingehalten hatten, weil wir nach und nach sämtliche Puffer im Projektbudget abgetaut hatten. Wurde da ein Kunde mit einem überhöhten Preis über den Tisch gezogen? Nein. Aufgrund ihrer Erfahrung hatte die Projektmanagerin all diese Puffer eingebaut, da sie wusste, dass Projekte nicht ideal ablaufen und immer Schwierigkeiten hinter der nächsten Ecke lauern. Es ist die einzige Möglichkeit, den Kunden Festpreisprojekte für Gewerke anzubieten und dennoch einen Gewinn aus dem Projekt zu ziehen – denn als Gewerbebetrieb sind Unternehmen in Deutschland dazu verpflichtet, Gewinn erzielen zu wollen. Das war nur möglich aufgrund des großen Erfahrungsschatzes meiner coachenden Projektmanagerin, der ich für diese Zeit und die Lehren sehr dankbar bin.

Gehen Sie die drei Wege, um Ihren Erfahrungsschatz zu erweitern:

- Lernen Sie aus Ihren eigenen Erfahrungen und seien Sie aufmerksam für die Welt um Sie herum: Welche Lehren können Sie aus dem Erlebten ziehen?
- Lernen Sie aus Geschichten anderer Menschen – so können Sie Erfahrungen sammeln, ohne sich selbst eine blutige Nase zu holen.
- Suchen Sie sich einen Coach, einen Mentor, und profitieren Sie von dessen Erfahrungen – und bieten Sie weniger erfahrenen Menschen Ihre Unterstützung als Coach und Mentor an.

Zusammenfassung

Erfahrung lässt Sie als Berater bessere Entscheidungen treffen. Sie gilt es auf- und auszubauen. Lebenslang. Durch nachgewiesene Erfahrung schaffen Sie mehr Vertrauen bei Ihren Kunden. Erfahrung ist eines ihrer stärksten Vertriebsargumente.

2.2.6 Faktor L – Leidenschaft

Einführung

Leidenschaft ist ein weiterer Baustein der Exzellenz-Formel für Berater. Leidenschaft kann man definieren als die Fähigkeit, mitgerissen zu sein und andere mitzureißen.[27] Leidenschaft macht den Unterschied aus zwischen einer akzeptablen oder guten Leistung und einem mitreißenden Beratungserlebnis.

Probleme und Fallen

Leidenschaft beherbergt die **zwei Pole Schöpfung und Zerstörung.** Sie kann sich positiv als auch negativ auswirken. Sie kann begeistern, Freude und Lust verbreiten, oder sie kann krankhaft sein und zerstören.

---

27 Quelle: In diesem Zusammenhang sehr zu empfehlen: Leidenschaft als eine Säule der Macht aus dem Buch „Die 7 Säulen der Macht®" von Suzanne Grieger-Langer.

Sie empfinden **ohne Leidenschaft keine Lebensfreude**, sondern tun etwas Normales bei Ihrer Arbeit. Sie haben wie alle anderen einen normalen Job, erhalten wie alle anderen Ihr normales Geld dafür, leben Ihr normales Leben und sterben einen normalen Tod. Erst Leidenschaft für ein Thema gibt Ihnen Kraft, Motivation und Energie.

Manche Menschen entwickeln Leidenschaft im Privatbereich bei Ihren Hobbies, aber nicht im Beruf. Andere blühen im Beruf auf, haben aber keine Leidenschaft im Privatleben. **Leidenschaft in nur einem Bereich lässt den anderen Bereich verkümmern,** da sie sich ausdehnt und den anderen Bereichen den Platz zum Atmen nimmt.

Die Theorie

Der Ausdruck Leidenschaft wurde als „Verdeutschung" in die deutsche Sprache von Philipp von Zesen (1619 – 1689) für das lateinische Wort passio eingeführt [28]. Aus dieser klug gewählten Kombination ersehen wir den Ursprung der Leidenschaft, nämlich das Leiden Schaffende. Ursprünglich also für unangenehm zu Durchleidendes stehend, beschreibt es heute sowohl positive Begeisterung für ein Thema als auch ins krankhafte gehende, negative Besessenheit von einem Thema.

Wie die meisten Dinge auf dieser Welt ist Leidenschaft somit nicht gut oder schlecht. Sie dient lediglich als Energiespender für außergewöhnliche Leistungen. Wir verwenden den Begriff Leidenschaft im eher positiven Sinn des motivierenden Antriebs für hervorragende, exzellente Beratungsleistungen. Denn auch wenn Leidenschaft nicht nur positiv und nicht nur negativ ist: **ohne Leidenschaft gibt es keine Beraterexzellenz.**

Wer wird den Kunden überzeugen? Derjenige, der seine Arbeit nur gut macht, oder derjenige, welcher seine Arbeit leidenschaftlich gerne tut, der geradezu dafür in Flammen steht, dessen Traumjob das Beraterleben ist?

Leidenschaft bringt die Würze, den guten Geschmack, das Besondere in den Bereich, wo sie vorherrscht. Echte Leidenschaft für Beratung macht den Unterschied zwischen einem Berater und einem exzellenten Berater.

---

28 Quellen: Dudenredaktion: Das Herkunftswörterbuch: Leidenschaft, http://de.wikipedia.org/wiki/Philipp_von_Zesen

Der leidenschaftliche Berater agiert stets auf einem höheren Energieniveau. Er entdeckt Neues und überlegt, wie er es in seine Beratung integrieren kann, er entwickelt sich weiter, er hat das Funkeln in den Augen und steckt andere Menschen in seiner Umgebung mit seiner eigenen Begeisterung an. Kunden möchten in seiner Nähe sein und genießen seine Anwesenheit, denn der leidenschaftliche Berater macht die Zeit, die man mit ihm verbringt, zu einem erlebenswerten Ereignis.

Zur Leidenschaft gehört auch, sich Ungewöhnliches zu erlauben, seinen Spaß an der Arbeit offen zu zeigen, andere damit anzustecken. Sie müssen sich den Spaß und die Freude der Leidenschaft selbst erlauben. Lassen Sie sich nicht von manchen inneren Stimmen die Freude daran verderben oder sich hindern, Ihre Leidenschaft für die Beratung auszuleben. Es ist viel fataler, wenn Sie auf Leidenschaft verzichten und Ihnen dadurch die enorme Freude und Energie entgeht, als das Risiko zu tragen, dass manch einer vielleicht mal pikiert schaut.

Die Praxis

Die Leidenschaft, die man in einen Beratungsauftrag einbringt, ist nicht nur von einem selbst abhängig, sondern auch das Projektumfeld kann eine wichtige Rolle spielen. Dazu habe ich bei einem guten Bembel Stöffsche (Krug mit Apfelwein) in einer empfehlenswerten Ebbelwoi Kneipe in Frankfurt Sachsenhausen [29] ein Interview mit einem Berater geführt. Nennen wir ihn einmal Mr. B.

Ich: *„Sag mal, was ist anders in einem Projekt, in dem es leidenschaftlich zugeht, im Vergleich zu einem Projekt, in dem es eher etwas dröge ist?"*

Mr. B.: *„Hm. Da muss ich mal nachdenken. Es sind eine Menge Dinge, die anders sind. Zum Beispiel die Bereitschaft, sich ohne nachzudenken die Nächte um die Ohren zu schlagen, damit wir Projektergebnisse erreichen konnten – das hat das ganze Team sehr gerne getan."*

Ich: *„Aha. Das Team spielt also eine wichtige Rolle?"*

---

29 Wer sich selbst überzeugen will: http://www.kanonesteppel.de/

Mr. B.: *„Ja, auf jeden Fall. Wir waren derart eingespielt, dass wir uns blind verstanden haben. Es hat einen Riesenspaß gemacht. Allerdings war es auch für neue Mitglieder im Team etwas schwierig, hineinzukommen, wenn man nicht ganz auf der gleichen Wellenlänge lag."*

Ich: *„Ist die Stimmung in deinem aktuellen Projekt auch so von Leidenschaft erfüllt?"*

Mr. B.: *„Hm …"* (Pause) *„Nein."*

Ich: *„Woran liegt das?"*

Mr. B.: *„Es ist dort recht bierernst. Es gibt drei Personen, die das komplexe Thema seit Jahren wirklich kennen, und die sind ständig überlastet – es herrscht ein großer Druck."*

Ich: *„Aha. Also ist es schwierig, dort Leidenschaft hineinzubringen – oder Spaß … Wenn Du an diese leidenschaftlichen Projekte denkst, was waren da noch für Punkte oder Anzeichen, die anders waren?"*

Mr. B.: *„Es war eine tolle Atmosphäre. Ich habe zu den anderen externen Beratern im Projekt und zu den Kundenmitarbeitern zum Teil außerprojektliche oder sogar private Beziehungen aufgebaut. Man hat sich auch mal getroffen, um abends wegzugehen zum Essen oder ins Kino."*

Ich: *„Und was noch?"*

Mr. B.: *„Es war so spannend, dass ich eine Festanstellung dort in Erwägung gezogen habe. Und das, obwohl die Rahmenbedingungen anfangs etwas außergewöhnlich waren."*

Ich: *„Das bedeutet?"*

Mr. B.: *„Zu Beginn saßen wir in einem Projektraum, der eigentlich für einen, maximal zwei Mitarbeiter gedacht war. Wir saßen aber mit sechs Personen auf allerengstem Raum dort. Und dennoch war die Stimmung sehr gut – wir verstanden uns wie gesagt blind und pflegten eine enge, intensive Kommunikation. Man kann sagen, die Toleranzschwelle ist deutlich angestiegen, weil wir alle mit Leidenschaft für das Projekt erfüllt waren."*

Ich: *„Hat sich das noch anders geäußert, wenn du mal dein aktuelles mit diesem Projekt vergleichst?"*

Mr. B.: *„Ja. Wir haben Scherze erlaubt. Am Geburtstag unseres Kunden haben wir beispielsweise über seinem Schreibtischstuhl an der Decke Luftschlangen und Lufballons angebracht, die für alle im Großraumbüro deutlich sichtbar herunterhingen. Wir haben viele Situationen* genossen und aus unserem Alltag etwas Besonderes gemacht. Es war eine sehr schöne Zeit."

Ich: *„Das bedeutet, ein Projekt, das man als Berater mit Leidenschaft durchführt, ist für alle ein ganz anderes Erlebnis als eines, das einfach sachlich vor sich hinläuft?"*

Mr. B.: *„Oh ja, durchaus. Ein ganz anderes Erlebnis."*

Ich: *„Vielen Dank für den Einblick. – Prost."*

Übungen und Tipps

Forschen Sie in sich nach: Für welche Dinge bei Ihrer Beratungstätigkeit empfinden Sie Leidenschaft? Finden Sie Ihre Berufung, die Ihnen durch Leidenschaft Erfüllung und Lebensfreude verheißt.

Wir haben gelesen: Leidenschaft in nur einem Bereich (privat oder beruflich) lässt den anderen Bereich verkümmern. Leidenschaft hat das Potenzial, über den eigentlichen Kernbereich hinauszustrahlen und andere Bereiche zu erfassen sowie andere Menschen mit Ihrer Leidenschaft und Begeisterung anzustecken. Stecken Sie Ihre Kunden durch Leidenschaft im Privaten und im Beruf an, dann wird es unwiderstehlich, Sie wieder und wieder zu buchen.

Zusammenfassung

Leidenschaft bringt die Würze in Ihren Alltag – beruflich und privat. Leidenschaft verwandelt Routine in Abenteuer und schenkt Energie. Als Berater mit Leidenschaft strahlen Sie diese positive Energie aus und werden unwiderstehlich für Ihre Kunden, sodass diese weitere Projekte mit Ihnen buchen oder Sie an Geschäftspartner weiterempfehlen wollen. Leidenschaft hat aber auch eine dunkle Seite, die in Richtung Besessenheit geht. Positive Leidenschaft stärkt, während Besessenheit lähmen und zerstören kann. Nutzen Sie die positive Kraft der Leidenschaft für Ihre Beratungsprojekte und für Ihr Leben.

2.2.7 Faktor N – Neutralität

Einführung

Neutralität ist eine sehr wichtige Beratertugend und in der Exzellenz-Formel eine wichtige Zutat zum Gelingen einer exzellenten Beratungsleistung. Neutrale Berater sind eine wirksame Medizin gegen Betriebsblindheit, welche sich in einem Unternehmen durch die permanente Fixierung auf das Tagesgeschäft und die eingespielten Abläufe beinahe zwangsläufig einstellt. Somit leistet der Berater einen wichtigen Mehrwert, den nur ein Außenstehender zu liefern in der Lage ist. Dabei lauern folgende Gefahren.

Probleme und Fallen

Zu eingenommen von einer bestimmten Vorgabe (nicht mehr neutral): Es kommt vor, dass der Berater nur auf seinen Auftrag fixiert ist und dabei vergisst, seine Scheuklappen abzunehmen.

Zu neutral: Denkt der Berater nicht mehr im Interesse des Kunden, sondern konzentriert sich im Wesentlichen auf die Wahrung seiner Neutralität, wird er ebenfalls zu wenig für den Kunden verändern, da er Dinge zwar eventuell sieht, jedoch nicht auf die Idee kommt, dass er an dieser Stelle für den Kunden eine Verbesserung herbeiführen kann.

Die Theorie

Die Mitarbeiter eines Kunden machen häufig einen guten Job. Sie engagieren sich, kennen ihre Betriebsabläufe und wissen, was geht und was nicht. Sie bewegen sich in ihren Systemen sicher auf eingefahrenen Bahnen.

Um Systeme zu ändern und zu optimieren, muss man vom System einen Schritt zurücktreten, es verlassen. Man kann es sich dann von außerhalb aus verschiedenen Blickwinkeln ansehen und so ein umfassenderes Bild erhalten als jemand, der an einer bestimmten Stelle des Systems seine tägliche Arbeit tut. Diese Menschen innerhalb des Systems leiden unter Betriebsblindheit – und das ist nicht böse gemeint. Sie kommen einfach nicht auf die Idee, Dinge anders zu tun, weil die Dinge, so wie sie sie tun, ja funktionieren. Sie tun ihre Arbeit und gehen nicht drei Schritte zurück und zwei zur Seite, um eine neue Perspektive zu gewinnen.

Und genau das ist der Job des Beraters: als neutrale Instanz in ein Unternehmen zu kommen, zu sehen, was andere nicht sehen und Ideen zu entwickeln, die andere noch nicht hatten. Durch diese Neutralität – diese Distanz – entsteht der Mehrwert, einen in der Regel hoch dotierten Berater in sein Unternehmen zu holen, um neue Lösungen und Ideen zu finden.

Tipp

Berater sind eine wichtige Medizin gegen Betriebsblindheit – das ist neben der Expertise in Ihrem Beratungsumfeld der eigentliche Mehrwert gegenüber den Angestellten eines Unternehmens.

Das ist der Grund, warum der Kunde Sie einkauft: Weil Sie eine externe Sicht in das Unternehmen bringen können. Sie kennen auch die Volksweisheit „neue Besen kehren gut"? Das tun sie aufgrund ihrer Neutralität, ihrer Unvoreingenommenheit, auch einmal unorthodoxe Dinge zu sehen, zu sagen und zu tun. Auch, wenn es zu Reibung führen kann, bietet sich nur so dem Kunden die Chance, die Form seines Unternehmens effektiv zu prüfen und zu optimieren.

Beim Thema Neutralität treffen wir auf ein interessantes Paradoxon. Einerseits muss der Berater neutral sein, um durch andere Perspektiven einen Mehrwert gegenüber den Angestellten eines Kunden generieren zu können. Andererseits darf er nicht zu neutral sein und Dinge „übersehen", sondern muss sich dann mit den gewonnenen neuen Bildern leidenschaftlich dafür einsetzen, diesen Mehrwert auch beim Kunden zur praktischen Umsetzung zu bringen. Also muss der Berater gleichzeitig neutral und „Pro-Kunde" agieren.

Die Praxis

In meinen jungen wilden Jahren als Juniorberater war ich verantwortlich für ein Projekt zur Erstellung einer neuen Adressverwaltung für einen Kunden. Dort existierte eine alte Host-Anwendung, die einen schier unglaublichen Funktionsumfang über eine einzige zentrale Maske (und ein paar weitere Masken) abwickelte. Unsere Aufgabe: diese Anwendung neu zu bauen. Dazu hatte der Kunde ein sogenanntes „Drehbuch" geschrieben, eine Sammlung von Entwürfen der neuen Bildschirmmasken. Außerdem lautete die Aufgabenstellung, die Redundanz aus den Daten zu entfernen – also für hundert Mitarbeiter einer großen Firma die Postanschrift nur einmal vorzuhalten. Somit definierten wir ein feines redundanzfreies Datenmodell und überlegten uns, wie die Masken umzusetzen wären. Aus dem „Drehbuch" konnte man allerdings gut erkennen, dass der Kunde noch immer in den flachen redundanten Strukturen seiner alten Anwendung dachte und er wollte das Layout wieder genau so haben, damit die Nutzer sich in der neuen Anwendung schneller zurechtfinden.

Als der IT-Leiter des Kunden einige Wochen im Urlaub war, machte ich mir die Mühe, im Groben eine Anwendung zu entwerfen und als Prototyp zu realisieren, die optimal auf dem neuen Datenmodell mit sogenannten Master-Detail-Beziehungen arbeitete (zum Beispiel eine Firma, eine Liste vieler Abteilungen und eine Liste vieler Mitarbeiter in den Abteilungen). Diese Lösung stellte ich dem IT-Leiter nach seinem Urlaub vor und versuchte zu erklären, weshalb es sinnvoll ist, die Anwendung derart zu gestalten (Form follows function). Ich nahm also einen neutralen Standpunkt ein, um eine Lösung aufzuzeigen, die vom Kunden selbst nicht angedacht wurde, weil man am Bewährten festhalten wollte. „Das könnte den Benutzer verwirren" war das Hauptargument gegen meine Änderungsvorschläge. Und aufgrund meiner seinerzeit noch nicht so ausgereiften kommunikativen Fähigkeiten sowie meiner fehlenden unternehmerischen Entscheidungsfreiheit gelang es mir nicht, den Kunden zu überzeugen oder als Konsequenz das Projekt zu stoppen, da seine Vorgaben (Gleichheit zur alten Applikation sowie Redundanzfreiheit) sich gegenseitig ausschlossen.

Also realisierten wir das Projekt strikt nach den Vorgaben des Kunden. Dann kam die Testphase. Der Kunde bediente eine „flache Maske" auf einem stark normalisierten komplexen Datenbankmodell. Die Sekretärin der Geschäftsleitung änderte die Adresse bei einem Mitarbeiter eines großen Kunden mit dreihundert Mitarbeitern. Unglücklicherweise änderte sie damit die Anschriften aller dreihundert Mitarbeiter, ohne es zu merken. Erst als man ein größeres Mailing verschickte, wurde das Problem ersichtlich. Es folgte eine ausgiebige Eskalation und dann setzten wir uns zusammen, um Lösungen mit dem Kunden zu finden. Da schon zu viel Zeit und Geld in die Realisierung der Anwendung geflossen waren, entschloss man sich, den Anwender durch sogenannte „Wizards" oder Assistenten durch Änderungsprozesse zu führen. Änderte er eine Adresse, wurde er durch mehrere Masken gefragt: „Wollen Sie die Adresse für eine Person oder eine Firma ändern?" und so weiter. Am Ende stand ein funktionierendes, sehr kompliziertes Adressverwaltungssystem mit vielen Assistenten, die den Anwender durch viele Prozesse führten. Durch ein konsequentes Change Request Management endete das Projekt nicht in der finanziellen Katastrophe. Dennoch war das Budget auf beiden Seiten deutlich überzogen worden und sowohl der Kunde als auch wir waren mit dem Ergebnis unzufrieden.

Rückblickend bewerte ich dieses Projekt wie folgt: Mit dem neutralen Standpunkt als Berater – als Betriebsfremde – haben wir dem Kunden gut die Problematik und Lösungsansätze aufgezeigt. Wir hätten jedoch entweder intensiver darum kämpfen können, die passende Lösung umzusetzen, oder wir hätten eine andere unternehmerische Entscheidung bezüglich der Fortsetzung des Auftrages treffen sollen.

Übungen und Tipps

▪ Wenn Sie eine Situation analysieren, stellen Sie sich – und vielleicht anschließend dem Kunden – folgende Fragen:

▪ Was passiert da gerade? Wozu macht der Kunde das? Welchen Nutzen hat er davon?

▪ Was geschähe, täte er das nicht mehr? Wie kann man den Nutzen auf andere Art und Weise erreichen?

▪ Wenn dieser Prozessschritt mit anderen Prozessschritten zusammenhängt, wie könnte man das gesamte Prozessgebilde verändern, um den Aufwand zu reduzieren und den Nutzen zu erhöhen?

▪ Wie haben andere Unternehmen solche Aufgabenstellungen gelöst? Welche Lösungen folgen einem aktuellen, aber nachhaltig wirkenden Trend?

Decken Sie auf, schlagen Sie vor, aber lassen Sie die Entscheidung beim Kunden. Unterbreiten Sie ihm zum Beispiel drei Vorschläge und teilen Sie eventuell eine Präferenz mit. Aber der Kunde bleibt in der Verantwortung, denn Sie beraten ihn und liefern ihm kein Gewerk (Sie können natürlich auch Gewerke anbieten, jedoch bedeutet dies für beide Seiten völlig andere Spielregeln). Nur, wenn der Kunde hinter der Idee steht und sie als seine ansieht, wird er sich in vollem Umfang für deren Realisierung einsetzen.

Wenn Sie der Überzeugung sind, der Kunde trifft trotz Ihrer Empfehlungen die falschen Entscheidungen, die ihm Schaden zufügen könnten, versuchen Sie, in intensiven Gesprächen sein Einlenken zu erreichen. Gelingt dies nicht, denken Sie ernsthaft darüber nach, ob Sie den Auftrag weiterführen sollten oder nicht. Als angestellter Berater oder Subunternehmer müssen Sie dies natürlich mit Ihrem Arbeit- oder Auftraggeber abstimmen. Wenn Sie hier keine für Sie akzeptable Lösung erzielen, stellen Sie unbedingt (zum Beispiel durch Dokumentation sowie schriftliche Risikohinweise) sicher, dass Sie aus der Verantwortung für den weiteren Verlauf entlassen werden. Bieten Sie dem Kunden den Zusatznutzen Ihrer Neutralität – lassen Sie sich jedoch nicht zum Opfer machen, wenn er diesen Nutzen ausschlägt und Ihre Empfehlungen ignoriert.

Zusammenfassung
Berater nehmen Standpunkte außerhalb der Strukturen des Kunden ein. Sie sind neutral und erschließen sich so mehr Perspektiven – in der Beobachtung wie im Auffinden von Lösungswegen.

Nutzen Sie diese Neutralität, setzen Sie sich dann aber auch leidenschaftlich für Ihren Kunden ein. Überlassen Sie ihm dabei die Wahl, damit eine Ideenumsetzung immer kraftvoll stattfindet. So ziehen Sie für sich persönlich wie auch für Ihren Kunden den größtmöglichen Mehrwert aus einem Beratungsauftrag.

2.2.8 Der Multiplikator –
Echte Kundenbegeisterung durch 110 Prozent

Einführung
Wann ist ein Kunde so zufrieden wie nur möglich mit seinem Berater? Wenn dieser ihn zu 90 Prozent zufriedenstellt? Oder zu 100 Prozent? Sicherlich ist das Grund für Zufriedenheit – jedoch gibt es noch eine Steigerung, die den Unterschied zur Masse ausmacht. Beherzigen Sie alle Bestandteile der Ex-

zellenz-Formel: „Business Skills, Anteilnahme, Soft Skills, Tools, Erfahrung, Leidenschaft, Neutralität". Nun multiplizieren Sie all die Punkte, alles, was Sie tun, mit 110 Prozent! Geben Sie dem Kunden mehr, als er erwartet, überraschen Sie ihn dadurch, dass die Arbeit nicht nur ausgezeichnet ist, sondern dass er auch noch einen Bonus obendrauf erhält – einfach so.

Probleme und Fallen

Seine 100 Prozent-Marke am Tagessatz festsetzen: Nicht immer bekommt man in einem Projekt seinen Wunsch-Tagessatz. Selbst wenn der Kunde Ihnen weniger zahlt, kann er Sie doch weiterempfehlen mit den Worten: „Das ist ein 110 Prozent-Berater" oder mit den Worten „Das ist ein 80 Prozent-Berater."

Geben Sie immer 110 Prozent oder immer weniger, aber nicht mal so, mal so. Eine Direktversicherung schickt mir häufig Werbung und legt einen Rückumschlag bei, den ich nicht frankieren muss (Porto zahlt Empfänger) – wie nett – wieder mal 110 Prozent – im Vertrieb. Bei Post, die meine laufenden Fälle bei der Versicherung betreffen, sind jedoch Umschläge dabei mit dem Aufdruck: „Bitte freimachen" – Hier also nur 100 Prozent. Nun habe ich von den schönen vorfrankierten Umschlägen einen aufgehoben und wollte das aktuelle Schreiben eben dort hineinstecken und stelle fest: die frankierten Umschläge sind bewusst kleiner, damit clevere Kunden, die schon Kunden sind, eben nicht ihre normale Korrespondenz kostenlos versenden. Wirtschaftlich nachvollziehbar – aber es hinterlässt ein Geschmäckle bei mir: „Solange wir dich als Kunden werben wollen (Vertrieb), bieten wir dir einen Vorteil. Sobald wir dich haben, entziehen wir dir diesen Vorteil wieder, denn wir haben dich ja schon als Kunden gefangen." Das Verkleinern der Umschläge setzt dem Ganzen die Krone auf. Übrigens, der im Briefe Falten Geübte bekommt auch das größere Formular in den kostenfreien Umschlag.

Gib 110 Prozent – nicht 200 Prozent! Geben Sie mehr als der Kunde erwartet! Aber circa 110 Prozent ist eine gute Richtgröße. Wenn Sie permanent 150 Prozent oder 200 Prozent geben, ist dies in zweierlei Hinsicht gefährlich. Erstens besteht Gefahr für Sie: Sie können ausbrennen. 110 Prozent trainiert Sie ausreichend, sodass Sie sich von der Masse abheben.

Zweitens: Kunden gewöhnen sich an Luxus. Wenn Sie oft 200 Prozent geben, ist das schon bald die neue 100 Prozent-Marke.

Die Theorie

(B.A.S.T.E.L.N.) × 110% lautet die Exzellenz-Formel. Das bedeutet, jede einzelne der Exzellenz Skills wird mit 110 Prozent Engagement ausgeführt und bringt somit 110 Prozent Ergebnis für den Kunden. Die Folge sollte in Kundenbegeisterung münden. Natürlich müssen Sie Ihrem Kunden auch die Chance geben, wahrzunehmen, dass Sie sich so hervorragend engagieren. Das ist nicht immer ganz einfach, schließlich soll es ja nicht nach Eigenlob duften. Doch ist es sehr wichtig, dass der Kunde erkennen kann, dass er einen 110 Prozent-Berater vor sich hat. Er soll sich beim nächsten Auftrag doch wieder richtig – für Sie – entscheiden.

Überlegen Sie also bei Ihrer täglichen Arbeit:

- Wie löse ich die Aufgabe effizient?
- Was ist ein 100 Prozent-Ergebnis?
- Wie erreiche ich dieses 110 Prozent-Ergebnis?
- Wie gelingt es mir, diese höhere Leistung unaufdringlich zum Leistungsempfänger zu kommunizieren, oder wie schaffe ich es, dass er die 110 Prozent selbst wahrnimmt?

Doch woher wissen Sie, was 100 Prozent sind? Wie können Sie das herausfinden? Wenn Sie glauben, 100 Prozent gegeben zu haben, woher wissen Sie, dass es nicht nur 80 Prozent Ihrer Leistungsfähigkeit waren oder 60 Prozent? Der ungarische Weltmeister im Gewichtheben wurde von einem Reporter gefragt: *„Wenn Sie trainieren und zehnmal ein Gewicht stemmen, welche der zehn Wiederholungen ist die wichtigste?"* Der Weltmeister antwortete: *„Die elfte"*[30]. Dann, wenn es gar nicht mehr geht, wenn Sie nicht mehr können und dann weitermachen, überschreiten Sie Ihre Grenzen und geben mehr als 100 Prozent. Trainieren Sie das Überschreiten Ihrer Grenze. So stellen Sie erstens fest, wo Ihre 100 Prozent wirklich sind – und das ist vielleicht mehr, als Sie heute glauben. Zweitens führt dieses Trainieren im Grenzbereich dazu, dass Sie viel leistungsfähiger werden als wenn Sie

---

30 Quelle: Schäfer, Bodo: Die Gesetze der Gewinner, Kapitel 14.

immer bei 80 Prozent aufhören, und dann fallen Ihnen die 100 Prozent viel leichter – und auch die 110 Prozent.

Die Praxis

In einem Beratungsprojekt hat ein Software-Lieferant für Datenbanken seine Lizenzpreise erhöht, was die Gesamtkostenkalkulation durcheinanderbringt. Der Berater überprüft daraufhin alle eingesetzten Lizenzen des Kunden und stellt fest, dass an zwei Stellen – in der Produktivumgebung und in der Entwicklungsumgebung – kleinere Lizenzpakete möglich sind, da der Kunde an diesen Stellen gar nicht die Funktionalitäten der Software nutzt. Er erstellt einen Plan, wie die Lizenzen migriert werden können – all das im Hintergrund. Dann macht er den Kunden auf das Problem der Preiserhöhung aufmerksam und präsentiert ihm eine Lösung, wie der Kunde trotz der gestiegenen Lizenzgebühren seine Kosten sogar noch senken kann. Der IT-Leiter und der Controlling-Leiter sind begeistert über das Engagement (110 Prozent) und stellen dem Berater sogar eine Referenz aus.

Übungen und Tipps

- Überlegen Sie bei all Ihren Aufträgen, in welchen Standard-Situationen Sie mehr liefern können, als Ihr Kunde erwartet. Überlegen Sie dabei auch, welche Veränderung der Erwartungshaltung Ihres Kunden dies zur Folge hat. Geben Sie dort gezielt 110 Prozent, wo Sie diese auch permanent liefern können.

- Denken Sie für Ihre Kunden wie beim Schach ein bis zwei Züge voraus. Planen Sie weiter für kritische Situationen. Wenn eine solche dann eintritt, können Sie bereits eine Lösung präsentieren, während alle anderen noch erschreckt versuchen, die Situation zu erfassen. Somit spannen Sie für Ihren Kunden ein doppeltes Netz.

- Nun eine kleine mathematische Spielerei. Angenommen, Sie liefern 110 Prozent an zehn Arbeitstagen (= zwei Arbeitswochen). Dann haben Sie danach die Ergebnisse eines ganzen zusätzlichen Arbeitstags. In einem Monat leisten Sie also circa zwei Arbeitstage mehr. Gehen wir einmal davon aus, Sie nutzen diese zusätzlichen 10 Prozent nicht vollständig für Einmal-Ergebnisse sondern investieren zum Beispiel ein Drittel dieser zusätzlichen Zeit in die Verbesserung Ihres Wirkungsgrads um ebenfalls ein Drittel von 10 Prozent – also 3,3 Prozent – zum Beispiel indem Sie ein neues Tool entwickeln. Auf diese Zeit können wir somit das Prinzip des Zinseszinses übertragen.

Damit haben Sie nach zehn Arbeitstagen einen Wirkungsgrad von 1,44 erreicht und nach einem Monat (zwanzig Arbeitstagen) einen Wirkungsgrad von zwei! Das bedeutet, Sie können dadurch Ihren Wirkungsgrad jeden Monat verdoppeln, dass Sie jeden Tag 110 Prozent geben, wovon Sie ein Drittel der zusätzlichen 10 Prozent in Ihren Wirkungsgrad investieren. Natürlich wird das Ganze nicht linear verlaufen. Mal arbeiten Sie zehn Tage an Einmal-Ergebnissen, dann können Sie sich einen halben Tag für solche „Investitionen" nehmen. Die Idee dahinter folgt dem Kaizen Management-Konzept, deren Anwender versuchen, jeden Tag ein bisschen besser zu werden. Konsequent angewendet führt das Prinzip der Re-Investition eines Teils Ihrer 110-Prozent-Zeit in die Erhöhung Ihres Wirkungsgrads dazu, dass Sie immer effizienter werden – in Ausmaßen, die auf den ersten Blick unerreichbar erscheinen.

Zusammenfassung

Kundenerwartungen sind heute zu Recht hoch. Geben Sie mehr, als Ihr Kunde von Ihnen erwartet. Überraschen und begeistern Sie ihn. Heben Sie sich von Ihren Kollegen ab, indem Sie regelmäßig 110 Prozent liefern. Trainieren Sie in Ihrem Grenzbereich, um Ihre wirkliche 100 Prozent-Grenze zu finden und zum Nutzen Ihrer Kunden einzusetzen – Ihr Erfolg, Empfehlungen und die Entwicklung Ihres Honorars sind der Lohn dafür. Üben Sie dieses Prinzip der 110 Prozent für alle Bestandteile der Exzellenz-Formel: „Business Skills, Anteilnahme, Soft Skills, Tools, Erfahrung, Leidenschaft, Neutralität". Beherzigen Sie dies in Ihrer täglichen Arbeit, haben Sie einen wichtigen Schritt vom kompetenten zum exzellenten Berater vollzogen. Ihre Kollegen werden den Unterschied bemerken und Ihre Kunden werden es Ihnen danken.

2.3 Kommunikation II/Exzellente Berater arbeiten beständig an ihren Soft Skills

Einführung

In Teil I dieses Buches im Kapitel „Kommunikation I/Empathie und soziale Kompetenz in der Kommunikation" haben wir bereits die Definition von Soft Skills gelesen und einige Soft Skills näher unter die Lupe genommen.

Zusätzlich zu den in Teil I dieses Buches im Kapitel „Kommunikation I/ Basiskompetenz Soft Skills" behandelten Basis-Soft Skills betrachten wir nun eine Reihe weitere Soft Skills, die wir der besseren Lesbarkeit halber hier zusammenfassen, um an dieser Stelle keine vierte Gliederungsebene zu eröffnen. Die hier aufgeführten Soft Skills sind als fortgeschrittene Soft Skills im Rahmen der Exzellenz-Fomel zu verstehen.

Die Liste eignet sich sicherlich gut für Grundsatzdiskussionen und mag unvollständig sein. Wir haben die hier aufgeführten Punkte jedenfalls in unserer täglichen Arbeit als Berater als diejenigen erlebt, die im Gegensatz zu den Basis-Soft Skills aus Kapitel I für einen deutlichen Exzellenz-Schub in Beratungseinsätzen sorgen.

Im Einzelnen gehen wir in den folgenden Kapiteln ein auf:

Assertiveness – freundlich aber bestimmt: der goldene Mittelweg in der Kommunikation, um nicht immer die Brechstange für das eigene Durchsetzungsvermögen zu bemühen und dennoch häufig seine Ziele zu erreichen. Die Kraft des Positiven – Welche erstaunlichen Ergebnisse lassen sich erzielen, wenn wir negatives Feedback vollständig entfallen lassen und uns dafür nur auf die positiven Aspekte der vor uns oder vor dem Kunden liegenden Herausforderung konzentrieren?

Darüber schlafen – Im Zorn fallen schnell Worte, die einem später leidtun. Eine E-Mail ist das perfekte Medium, um schnell mal zurückzuschießen – und dann ist es außerhalb des eigenen Kontrollbereichs. Die Sicherheitsschranke gegen solche trügerischen Verlockungen heißt: Schlafen Sie darüber und seien Sie gespannt, was Ihr Unterbewusstsein in der Nacht aus dem Problem gemacht hat. Am nächsten Morgen treffen Sie die bessere Entscheidung!

Überzeugen statt den anderen ändern – Imperatoren können befehlen. Berater sind darauf angewiesen, dass ihre Kunden einen Rat befolgen. Das geht nur mit Überzeugung.

Niemanden zu seinem Glück zwingen – Selbst, wenn Sie mit Sicherheit die bessere Lösung für Ihren Kunden haben: Er muss sie selbst wollen, Sie können ihn nicht zwingen, Ihre Lösung zu mögen.

Story Telling – die hohe Kunst des Geschichtenerzählens. Neuere Forschungen bestätigen, dass wir ein explizites epochales Gedächtnis haben und Anekdoten einen direkten Zugang zu unserem Gehirn schaffen. Nutzen Sie diese Kraft, um Ihre Kunden und Kollegen zu überzeugen.

Humor ist gut – und gefährlich – Humor richtig eingesetzt kann die Prise Gewürz in unserer täglichen Kommunikation sein. Passen Sie nur auf, dass Sie nicht zu wenig, zu viel oder das falsche Gewürz verwenden.

Sicherheit schaffen – Häufig werden Beratern Steine in den Weg gelegt, weil Kundenmitarbeiter unsicher in Bezug auf das sind, was der Berater eigentlich treibt. Nehmen Sie ihm diese Unsicherheit, indem Sie Sicherheit schaffen.

Der Berater als scharfsinniger Spurenleser – Zum Jagen braucht man nicht nur jemanden, der den Pfeil abschießt, sondern auch denjenigen, der das Tier findet – den Fährtensucher oder Spurenleser. Exzellente Berater sind solche Spurenleser.

2.3.1 Assertiveness – Freundlich, aber bestimmt

Einführung

Das Wort Assertiveness aus dem Englischen hat keine direkte deutsche Übersetzung. Gängige Wörterbücher sind hier in der Regel ungenau, da es kein genau passendes einzelnes deutsches Wort gibt. Am ehesten trifft es der Ausspruch: „freundlich, aber bestimmt". Es beschreibt einerseits das höfliche und freundliche Kommunizieren mit seinem Gegenüber, andererseits aber auch das Klarmachen von Grenzen. Eventuell könnte man auch das Wort diplomatisch heranziehen.

Auf einer Skala finden wir Assertiveness genau in der Mitte zwischen den Extremen Unterwürfigkeit und Arroganz oder Aggression.

Probleme und Fallen

Unterwürfigkeit: Dem Kunden alle Wünsche von den Lippen abzulesen, ihm immer nachzugeben, auf jede Forderung einzugehen ist vielleicht eine Weile schön für den Kunden. Längerfristig wirtschaftlich tragfähig ist es nicht. Hier wird die Integrität des magischen Dreiecks des Projektmanagements einseitig verletzt. Das Dreieck wird so lange auseinandergezogen, bis es reißt.

Einige Vor- und Nachteile von Unterwürfigkeit sind:

Unterwürfigkeit	
Nachteile	**Vorteile**
geringes Selbstbewusstsein	Sie müssen nicht immer gewinnen.
Sie vertreten Ihren Standpunkt nicht.	Sie passen sich leicht an.
Angstgefühle	Sie sind nicht schuld.
Man nutzt Sie aus.	Niemand regt sich über Sie auf.

Arroganz und Aggression: *Ein junger Mediationsschüler hat gerade seinen Abschluss bestanden und zieht nun in die Welt, um diese mit seinem verbrieften Wissen zu beglücken. Er fährt mit einem Boot einen Fluss hinab. Dort trifft er auf einen Meister, der ein Mantra wiederholt, und spricht diesen an: „Meister, ich habe gerade meinen Abschluss gemacht und muss dir sagen, dass du dieses Mantra falsch aussprichst." Der Schüler übt mit dem Meister drei Tage lang, bis dieser das Mantra korrekt wiederholt. Dann setzt sich der Schüler in sein Boot und fährt beglückt weiter. Plötzlich sieht er den alten Meister neben seinem Boot auf dem Wasser laufen, der ihn fragt: „Sag, junger Schüler: Wie muss ich die Worte noch einmal exakt aussprechen?"* [31]

Natürlich bin ich als Berater in einem Unternehmen, weil ich irgendetwas besser kann als der Kunde – oder weil dieser derzeit nicht die Kapazitäten hat. Das weiß der Kunde auch. Selbstverständlich kann ein Klempner besser ein Wasserrohr abdichten als ich. Aber was würden Sie von einem

---

31 frei nach einer Geschichte aus dem Buch *Die Gesetze der Gewinner* von Bodo Schäfer.

arroganten Klempner halten? Wie viele Folgeaufträge würden Sie diesem erteilen? Und wie viele Folgeaufträge wird ein Kunde einem arroganten Berater erteilen? Dennoch bietet Arroganz auch Vorteile.

Einige Vor- und Nachteile von Arroganz und Aggression sind:

Arroganz und Aggression	
Vorteile	Nachteile
Hohes Selbstbewusstsein	Sie werden isoliert.
Sie erreichen Ihre Ziele.	Sie sind unbeliebt.
Sie sagen, was Sie wollen.	Sie verletzen andere.
Sie werden nicht ausgenutzt.	Sie nutzen andere aus.

Die Theorie

Assertiveness: In lebensbedrohlichen Situationen sorgt unser Gehirn automatisch dafür, dass wir nur noch mit dem limbischen System denken, unserem uralten Steinzeit-Gehirn. Andere Teile werden durch Abzug von Blut quasi lahmgelegt. Es kennt nur die Zustände Flucht (oder Totstellen) und Angriff. Diese Extreme stellen die soeben behandelten Endskalenpunkte unterwürfig (Flucht) und arrogant/aggressiv (Angriff) dar. Das ist auch sinnvoll, um in solchen Ausnahmesituationen äußerst schnell zu handeln.

Üblicherweise ist eine Situation beim Kunden heute nicht lebensbedrohend. Der goldene Mittelweg zwischen Flucht oder Angriff heißt Assertiveness – oder freundlich, aber bestimmt. Mit Assertiveness lernen wir Schritt für Schritt, gar nicht in diesen Ausnahmezustand in unserem Gehirn zu gelangen. Assertiveness hilft uns, mit schwierigen Situationen souveräner umzugehen und dadurch immer gelassener zu werden.

Hier einige Beispiele schwieriger Kundenforderungen und Reaktionen in den drei möglichen Reaktionsschemata:

Beispiel 1: „Sie werden diese Aufgabe für genau den angebotenen Preis fertigstellen!"

- **arrogant/aggressiv:** *„Sie haben wohl unseren Vertrag nicht richtig gelesen. Sie müssen mir den Zusatzaufwand bezahlen. Sonst verklage ich Sie."*
- **assertive:** *„Natürlich stehe ich zu meinem Wort. Das wissen Sie. Es haben sich allerdings von Ihrer Seite die Anforderungen geändert, sodass der Aufwand für Ihre Zusatzwünsche hinzukommt. Allerdings werde ich Ihnen für den Zusatzwunsch 20 Prozent nachlassen. Ist das für Sie akzeptabel?"*
- **unterwürfig:** *„Selbstverständlich werde ich das tun."*

Beispiel 2: „Ich will, dass Sie heute Abend Überstunden machen."

- **arrogant/aggressiv:** *„Nein, das werde ich nicht. Ich habe einen Termin. Da geht nichts dran vorbei."*
- **assertive:** *„Ich verstehe das. Die ganze Woche sind viele Kollegen ausgefallen und es ist viel liegen geblieben. Aber ich muss Ihnen etwas erklären. Ich habe die ganze Woche meine Kinder nicht gesehen und ihnen versprochen, mit ihnen heute Abend in den Park zu gehen. Daher kann ich heute nicht bleiben. Würde es Ihnen helfen, wenn ich morgen länger bleibe?"*
- **unterwürfig:** *„Ja, ich bleibe heute Abend länger da."*

Beispiel 3: „Ich werde Ihren Tagessatz nicht erhöhen"

- **arrogant/aggressiv:** *„Ich bin viel mehr wert, als Sie mir hier bezahlen. Warten Sie nur, das wird Ihnen noch leidtun."*
- **assertive:** *„Ich kann nachvollziehen, dass Ihr Projektbudget unter Druck ist. Wir sind seinerzeit von acht Stunden pro Tag ausgegangen. In den letzten Wochen hat sich herausgestellt, dass regelmäßig elf Stunden am Tag anfallen, um die Termine halten zu können. Dadurch kommen wir ja auch schneller voran. Daher ist es mir sehr wichtig, dass wir die Honorierung adäquat anpassen, sodass ich diese Zusatzleistungen weiterhin*

erbringen kann. Alternativ könnten wir genauer auf das Einhalten von acht Stunden pro Tag achten. Welche der beiden Varianten ist für Sie vorteilhafter?"

▨ **unterwürfig:** *„Das habe ich auch nicht erwartet."*

Durch Assertiveness halten Sie sich Optionen offen. Sie gewinnen also mehr Macht – mehr Möglichkeiten, in einer Situation zu reagieren. Wo Unterwürfigkeit oder Arroganz/Aggression polarisieren, finden Sie mit Assertiveness den goldenen Mittelweg.

Die Praxis

Ein Praxisbeispiel, das schon etwas älter ist – um genau zu sein über zweitausend Jahre – stammt aus der Bibel – und es ist ein Meisterstück an Assertiveness:

Pharisäer bringen eine Ehebrecherin zu Jesus. Nach dem Gesetz muss sie gesteinigt werden. Die Pharisäer ersuchen Jesus, das Urteil zu bestätigen. Ihr eigentliches Ziel ist, ihn, den Querdenker, in Bedrängnis zu bringen. Folgt er dem Gesetz, wäre dies gegen die Vergebung, die Jesus predigt. Folgt er dem Gesetz nicht, wäre es ein großer Frevel. Eine wirkliche Zwickmühle. Ruhig und gelassen sagt er einfach: „Wer unter Euch ohne Sünde ist, werfe den ersten Stein auf sie." Genial hebelt Jesus die Zwickmühle aus, indem er weder sich selbst noch dem Gesetz widerspricht. Er dreht den Spieß um und gibt die Verantwortung für die Vollstreckung des Gesetzes zurück. Niemand verurteilt die Frau und Jesus fordert sie auf, von nun an gerecht zu leben.

Es fällt mir schwer, mir mächtigere Worte in dieser Situation vorzustellen.

Übungen und Tipps

▨ Überlegen Sie sich im Vorfeld von Situationen, die möglicherweise schwierig für Sie werden, welche assertiven Antworten möglich für Sie sind.

▨ Für Fortgeschrittene: Überlegen Sie nicht nur eine, sondern drei assertive Antworten und bedenken Sie, welche Antwort vermutlich die beste ist. (Scheitert Ihre erste Antwort an etwas Unvorhergesehenem – zum Beispiel einem unerwarteten Argument Ihres Gesprächspartners – haben Sie zwei weitere in der Hinterhand.)

Sie werden sehen, mit der Übung kommt der Spaß – und Ihre Antworten werden immer besser.

Zusammenfassung

Assertiveness bündelt die Vorteile der Unterwürfigkeit und die Vorteile von aggressivem Verhalten, ohne deren Nachteile in Kauf zu nehmen:

Unterwürfigkeit			Arroganz und Aggression
	Assertiveness		
Nachteile	**Vorteile**	**Vorteile**	Nachteile
geringes Selbstbewusstsein	**Sie müssen nicht immer gewinnen.**	**Hohes Selbstbewusstsein.**	Sie werden isoliert.
Sie vertreten Ihren Standpunkt nicht.	**Sie passen sich leicht an.**	**Sie erreichen Ihre Ziele.**	Sie sind unbeliebt.
Angstgefühle	**Sie sind nicht schuld.**	**Sie sagen, was Sie wollen.**	Sie verletzen andere.
Man nutzt Sie aus.	**Niemand regt sich über Sie auf.**	**Sie werden nicht ausgenutzt.**	Sie nutzen andere aus.

Weitere Vorteile von Assertiveness sind:
- Sie sind flexibel und können klug auf individuelle Situationen reagieren.
- Sie halten sich viele Optionen offen.
- Ihr Gegenüber nimmt sie als wertschätzend wahr und schätzt sie ebenfalls wert. Sie agieren beide respektvoll als gleichwertige Partner.

2.3.2 Die Kraft des Positiven

Einführung

Um Pferde zu bewegen, etwas zu tun, das ich will, gibt es zwei Arten von Motivation. Positive – ihnen ein Stück Zucker vor die Nase halten – und Negative – ihnen die Peitsche geben. Das Pferd tut etwas, damit es den Zucker – das Positive – erhält und es tut etwas, um die Peitsche – das Negative – zu vermeiden. Unsere Kunden reagieren nicht viel anders. Nun haben wir in der Regel keine Peitsche, und ein Berater verfügt üblicherweise nicht über die gleiche Machtfülle bei einem Kunden wie ein Reiter über ein Pferd. Somit ist speziell für Berater eine Methode interessant, die sich rein auf die positiven Seiten konzentriert und die negativen Seiten schlicht weglässt. Sowohl im Umgang mit Situationen als auch in der Beeinflussung von Personen lässt sich dieses Prinzip anwenden.

Probleme und Fallen

Eine Situation wird nicht dadurch besser, dass wir alle darüber wehklagen. Dadurch werden wir nur heiser. Wenn mich die Dunkelheit stört, kann ich herumbrüllen, wie ich will. Dadurch wird es nicht hell. Hell wird es, wenn ich ein Licht anzünde. Es gibt eine einfache, klare, aber auch harte Regel, mit einer Situation umzugehen: **Love it, change it or leave it:** Liebe es, ändere es oder verlasse die Situation. Dinge, die mich stören, sollte ich ändern, wenn ich es kann (change it), oder die positiven Aspekte hervorheben (love it – oder feature it – dazu gleich mehr). Alternativ kann ich einfach gehen und mir eine Situation suchen oder erschaffen, die mir liegt. Wie es in einem weisen Gebet heißt: *„Gott gebe mir die Kraft, die Dinge hinzunehmen, die ich nicht ändern kann, den Mut, die Dinge zu ändern, die ich ändern kann, und die Weisheit, zwischen dem einen und dem anderen zu unterscheiden."*

Die Theorie

If you can't fix it, feature it. [32] Auf eine einfache Weise kann man versuchen, Situationen positiv darzustellen. Das Fehlen von Funktionalitäten an einem IT-System kann ich als Mangel darstellen. Oder ich kann betonen,

---

32 Quelle: Weinberg, Gerald M.: Secrets of Consulting.

dass wir uns hier bewusst auf die wesentlichen Punkte der Arbeit konzentrieren. Ich kann mich entweder mit einem Käufer auf eine Diskussion einlassen, dass er eine Vase mit Henkeln wollte, wir aber nur eine ohne Henkel haben, oder ihm aufzeigen, dass diese Vase schon zu 90 Prozent seinen Wünschen entspricht – und das zu einem günstigeren Preis.

Allgemein läuft es auf die Betrachtung des Glases mit halber Füllmenge hinaus. Ist das Glas halb leer? Oder ist es bereits halb gefüllt und bietet Potenzial durch zusätzliche freie Kapazitäten?

Auch hier gilt es, zu entscheiden: Entweder ich stelle die Mängel in den Vordergrund, mache Dinge schlecht und verhalte mich destruktiv, oder ich konzentriere mich auf das Positive, die Übereinstimmung und die gemeinsame Basis, um konstruktiv Fortschritte zu erzielen.

Wenn wir in einer Situation alleine das Positive betonen und eventuell darauf hinweisen, wo wir Möglichkeiten für eine weitere Verbesserung sehen, statt im negativen Sinne des Wortes zu kritisieren, heben wir das Positive heraus. Ihr Gegenüber wird sich freuen, wenn Sie so mit ihm sprechen. Sie werden ihn mit Energie aufladen, statt ihn durch Kritik traurig zu stimmen oder zu verbittern. Das Positive alleine reicht. Dadurch ist der Empfänger der Botschaft motiviert, noch mehr Positives zu erreichen, und wird ein Gespräch mit Ihnen gestärkt und fröhlich verlassen.

Die Praxis

Das Navigationssystem-Prinzip: In den neunziger Jahren des zwanzigsten Jahrhunderts war ich das erste Mal mit einem Navigationssystem unterwegs. Wir haben uns dann irgendwie verfahren und die freundliche Frauenstimme hat uns durch einfache, klare Anweisungen wieder auf die richtige Route und dann zum Ziel gebracht. Das war für mich ein Schlüsselerlebnis. Als wir uns verfuhren, sagte die Stimme nicht: „Sie sind falsch abgebogen. Sie hätten hier rechts fahren müssen. Das war schon wieder falsch." Sie gab einfach mit ruhiger Stimme die Anweisungen, was wir jetzt und hier in dieser Situation als nächstes tun sollten. Und damit hat sie uns erfolgreich zum Ziel geführt, ohne einen einzigen Fehler zu benennen. Faszinierend. Das war eine ganz andere Art, mit Fehlern umzugehen, als wir

sie von der Schule gewohnt sind. Fehler werden hier in rot angestrichen, damit sie schön erkennbar sind. Ich war völlig verblüfft, als mir aufgegangen ist, dass es gar nicht nötig ist, die Fehler zu betonen, um zum Ziel zu kommen.

Seither nenne ich dies das Navigationssystem-Prinzip und versuche, es auf Kunden- und Beratungssituationen zu übertragen. Dort, wo es wichtig ist, muss man auch einmal auf einen Fehler hinweisen, der zu einem Problem geführt hat. Aber viel öfter, als ich es früher glaubte, ist es möglich, einfach das Positive zu betonen und das Negative wegzulassen.

Bei einem meiner Mentoren ist es mir sehr erfreulich aufgefallen, dass dieser in aller Regel die positiven Dinge in meinem Handeln betont und Empfehlungen gibt, an welchen Themen er weitere Anstrengungen für sinnvoll hält. Da ich aufmerksam zuhöre, verstehe ich meist gut, wo ich Nachholbedarf habe. Nur ab und zu ist ein deutlicher Hinweis erforderlich. Dieses Kommunikationsverhalten meines Mentors ist in hohem Maße motivierend und spornt mich an, besser zu werden. Ebenso, wie es mich anspornt, möglichst positiv mit Kunden und Kollegen zu kommunizieren, um diese zu motivieren.

Übrigens gibt es noch einen anderen Aspekt: Wenn Sie positiv handeln, sind Sie keine Bedrohung oder Gefahr für andere, sondern bieten sich als „Freund" an. Es besteht also kein Anlass, Sie zu attackieren oder sich gegen Sie zu wehren. Sollte es doch einmal jemand tun, können Sie aus Ihrer positiven Art heraus deutlich souveräner mit der Situation umgehen, als wenn Sie von vornherein Ihre eigenen Aggressionen mit an den Tisch bringen.

Übungen und Tipps

- Versuchen Sie vor einem Gespräch die Punkte – auch in einer kritischen Situation – rein positiv zu formulieren. Bereiten Sie Ihre Rede schriftlich vor. Anfangs wird es nicht einfach sein. Doch mit der Übung wird das Ganze natürlich und glaubwürdig.
- Sprechen Sie über andere Menschen auch in deren Abwesenheit immer positiv. Wenn Ihnen nichts Positives einfällt – schweigen Sie.

> Üben Sie das Navigationssystem-Prinzip regelmäßig, machen Sie es zu Ihrer Gewohnheit. Dadurch hören Sie sich nicht nur glaubhafter an, Sie denken auch überwiegend positiv und weniger negativ. Das verändert unglaublich viel in Ihnen. Sie entwickeln sich zu einem Menschen, der automatisch positiv denkt und dem auch in einer schwierigen Situation häufig mehrere positive Aspekte auffallen. Man wird Ihre Energie bewundern und Sie als angenehmen Gesprächspartner schätzen.

Zusammenfassung

Dinge ändern kann ich auf positive oder auf negative Art. Ich kann versuchen, besser dazustehen, indem ich Kollegen und Kunden niedermache, herauszuragen, indem ich andere herunterziehe. Oder ich unterstütze Menschen, bin ihnen im wahrsten Sinne des Wortes eine Stütze, fördere sie, hebe Kollegen und Mitarbeiter des Kunden empor. Was glauben Sie, welche Menschen werden mir die Hand reichen, um mir hochzuhelfen, die Niedergemachten oder die Unterstützten?

Ich erlebe eine positive Einstellung und einen positiven Umgang mit anderen Menschen als sehr große Bereicherung und als Quelle erfrischender Energie. Sie können das ebenso, wenn Sie üben, auf diesem besonderen Pfad zu wandern. Nur Mut.

2.3.3 Darüber schlafen

Einführung

Die Beschleunigung in unserer elektronischen Kommunikation hat uns auch die Erreichbarkeit des nächsten Fettnäpfchens mit Lichtgeschwindigkeit beschert.

Wenn wir heute eine ungehörige oder freche E-Mail erhalten, ist es kein Problem, innerhalb einer Minute per Reply-Funktion unserem Kommunikationspartner eine elektronische Ohrfeige zu verpassen. Vor allem, wenn uns spontan etwas Gutes und Schlagfertiges einfällt, tippen wir dies flott ein und in Sekunden hat unser Absender seine Antwort, die sich gewaschen hat, statt noch einmal in Ruhe und mit etwas Abstand darüber nachzudenken, welche weiteren Konsequenzen eine solche Antwort haben kann.

Probleme und Fallen

Es gibt viele im Kern zutreffende Geschichten von Menschen, die etwas Persönliches in eine E-Mail geschrieben haben und deren E-Mail dann an einen ganz anderen Adressatenkreis gelangt ist. Das geht von Geschäftsgeheimnissen über zornige Mails bis hin zu intimen Inhalten, die dann die Runde im Internet gemacht haben und Millionen von Lesern amüsiert haben – nur nicht den Absender.

Wenn eine Mail weggeschickt ist, befindet sie sich außerhalb unseres Kontrollbereichs. Sie ist nicht wieder zurückzuholen.

Eine unangenehme Variante ist das Flame-Mailen über große E-Mail Verteiler des eigenen Unternehmens. Es gibt immer wieder Menschen, die ihren Unmut über eine bestimmte Situation mit allen anderen über den Haupt-Firmen-Emailverteiler teilen wollen. Und es gibt dann immer wieder Menschen, die auf diesen Zug aufspringen und sich gegenseitig emotional hochschaukeln. Ich gebe zu, ich habe so etwas früher auch einmal getan. Heute verstehe ich, warum unser Management sich damals so aufgeregt hat und wie viel Zeit es kostet, eine solche Situation wieder einzufangen. Wie wird aber sonst ein Veränderungsprozess möglich? Indem man die Menschen, die etwas ändern können, anspricht und einbezieht und diesen Prozess steuert. Das dauert länger, verspricht aber mehr Aussicht auf Erfolg. Und auch hier gilt die Regel: Love it, change it or leave it.

Die Theorie

Denken Sie gut darüber nach, was Sie in eine E-Mail schreiben. Überlegen Sie sich, ob Sie damit leben könnten, wenn diese E-Mail im Internet veröffentlicht würde. Natürlich ist die Wahrscheinlichkeit gering – aber für mich ist das eine gute Messlatte, ob der Inhalt so in Ordnung ist.

Wenn es um etwas Kritisches geht und Sie am liebsten direkt zurückschreiben würden, um dem anderen so richtig schön die Meinung zu sagen: Tun Sie es nicht. Denn mit einem Mausklick ist die E-Mail unwiederbringlich Ihrem Einfluss entzogen. Wenn Sie eine kritische Mail am gleichen Tag schon formuliert haben, schicken Sie sie nicht ab, sondern schauen Sie sich den Text am nächsten Morgen noch einmal in Ruhe an. Schlafen Sie eine Nacht darüber und überlegen Sie sich am nächsten Morgen mit etwas Abstand, wie Sie Ihrem Gegenüber antworten wollen. Bei mir führt dies meist sogar dazu, dass mein Unterbewusstsein in der Nacht eine gute Idee entwickelt. Übrigens gilt das Beschriebene nicht nur für Mails, sondern für alle elektronischen Medien. E-Mail hat allerdings momentan das meiste Potenzial, sich die Finger damit zu verbrennen.

Die Praxis

Ein Team-Mitglied hat in einer schwierigen Situation völlig unangemessen reagiert und in Abwesenheit vom Projekt eine schnippische SMS an den Teamleiter geschickt. An diesem Abend hat der Teamleiter sich sehr geärgert und laut geflucht: „Den will ich in meinem Team nicht mehr sehen." und war kurz davor, pampig per Mail zurückzuantworten. Aber er schlief darüber und beriet sich mit einem Kollegen. Am nächsten Tag schrieb er eine Mail, in der er das Team-Mitglied einlud, sobald sie beide wieder im Projekt zusammentreffen, einen Kaffee zu trinken und die wichtigen Themen zu besprechen. Somit hat er sich die Türe für eine konstruktive Lösung offen gehalten und die akute Situation entschärft.

Übungen und Tipps

- Bleiben Sie immer auf einer professionellen Ebene, auch wenn Ihr E-Mail-Partner diese verlassen hat. Formulieren Sie freundlich, aber bestimmt (assertive).
- Denken Sie darüber nach, wie Ihre Formulierung auf den Adressaten wirken könnte, und überlegen Sie, ob es das ist, was Sie erreichen wollen. Verfolgen Sie dadurch ein Win-Win-Szenario?
- Schlafen Sie eine Nacht darüber und geben Sie Ihrem Gehirn den Auftrag, eine Lösung zu erarbeiten. Sie werden oft überrascht sein, was für Gedanken Ihnen am nächsten Morgen kommen, wenn Sie vor Ihrem Rechner sitzen.
- Bedenken Sie, Sie schaffen mit einer Mail eine Aktenlage. Halten Sie kritische oder destruktive Inhalte heraus und bitten Sie per Mail lieber um ein persönliches Gespräch, um die Situation zu klären. Sprich: Wechseln Sie das Medium.

Zusammenfassung

Elektronische Kommunikationsmedien und speziell E-Mails sind sehr effektiv und steigern unsere Geschwindigkeit, können durch unbedachte Anwendung jedoch schnell zum Bumerang werden.

Suchen Sie eher das persönliche Gespräch, als sich in Flame-Wars zu verzetteln und sich selbst zu kompromittieren.

Überlegen Sie gut, wie Sie auf eine unangemessene Mail reagieren wollen – bleiben Sie professionell. Schlafen Sie noch einmal über Ihre Reaktion, damit Ihre Antwort sich positiv für Sie und Ihre Geschäftspartner auswirkt, nachdem sie Ihren Einflussbereich (durch Knopfdruck) verlassen hat.

2.3.4 Überzeugen statt den anderen ändern

Einführung
Als Militärbefehlshaber oder als Leiter eines großen Unternehmens können Sie Anweisungen erteilen, denen Ihre Untergebenen mit mehr oder weniger Freude folgen werden. Als externer Berater in einem Unternehmen haben Sie diese Befehlsgewalt üblicherweise nicht. Daher ist es weise, wenn Sie einen anderen Weg finden, nämlich wenn Sie Ihren Kunden überzeugen.

Probleme und Fallen
Die ausgeprägteste Fehlleistung habe ich bei einem Berater-Kollegen erlebt, der sich mit seinen Taten beim Kunden gebrüstet hat. Er mische den Laden da jetzt richtig auf. Die ganze Gruppe (etwa zwanzig Mann) sei gegen ihn, aber das interessiere ihn nicht. Er habe den Auftrag und greife da hart durch, um das Projektergebnis zu erreichen. Ich habe mich bei dieser Erzählung sehr gewundert, dass ein solches Beratungs-Verhalten scheinbar funktioniert, ohne dass die Situation beim Kunden eskaliert. Drei Tage später hat der Kunde den Beratervertrag fristlos gekündigt und folgendes Feedback gegeben: Er sei mit der fachlichen Leistung des Beraters sehr zufrieden, aber die teils etwas unsensible Herangehensweise habe für große Unruhe im Unternehmen gesorgt. Das habe man abstellen müssen, auch wenn man dadurch das Projekt stoppen musste. Damit war meine Verwunderung auch wieder verflogen. Wenn ich so massiv gegen das tiefe Interesse der Mitarbeiter des Kunden handle, dann schaffe ich die besten Voraussetzungen für einen Fehlschlag meiner Mission und für eine Kerbe in meinem Kerbholz – Pardon – einen Makel in meinem Lebenslauf. Mein Profil kann ich vielleicht etwas beschönigt darstellen. Aber ich kann nicht verhindern, dass meine Kunden mit anderen potenziellen Auftraggebern sprechen.

Die Theorie

Beraten ist laut Gerald M. Weinberg „influencing People at their Request"[33], also das Beeinflussen von Menschen auf deren Verlangen hin. Dazu werden Sie üblicherweise nicht mit Befehlsgewalt ausgestattet, sondern müssen auf Ihre Klugheit und Ihre Motivationsfähigkeiten bauen.

Da Sie als Berater keine Macht über Ihre Kunden haben und Veränderungen nicht erzwingen können, ist es eine gute Idee, Ihre Kunden von Ihren Ideen zu begeistern, sodass diese mithelfen wollen, sie umzusetzen. Wie das im Detail geht, ist von Fall zu Fall unterschiedlich. Wichtig ist es, die Menschen dort abzuholen, wo sie sind, sie mit ins Boot zu nehmen. Aus Betroffenen Beteiligte zu machen, die selbst etwas steuern und verändern können und sie wertzuschätzen und zu unterstützen.

Die Praxis

Finden Sie im ersten Schritt heraus, was für Ihren Kunden wichtig ist und welche Ziele dieser verfolgt. Fragen Sie, welche Veränderungen, positiv wären und welche vermieden werden sollten.

Entwickeln Sie anschließend eine Vision in Teilschritten und Teilnutzen für Ihren Kunden. Am besten haben Sie diese Vision im Kopf, aber erarbeiten den Weg in die Zukunft gemeinsam mit Ihrem Kunden, sodass er sich seine Idee selbst entwickelt beziehungsweise denkt, dass es seine Idee ist. Fragen Sie während des Prozesses sein Empfinden ab und gestalten Sie Ihre Vorschläge so, dass sie auf eine hohe Akzeptanz beim Kunden stoßen.

Fragen Sie zum Abschluss, ob das der Weg ist, den Sie gemeinsam gehen sollten und ob er ein gutes Gefühl dabei hat. Sie sollten eine deutliche Zustimmung bis Begeisterung bei Ihrem Kunden wahrnehmen können. Übernehmen Sie auch Verantwortung in der Umsetzung Ihrer Vorschläge und helfen Sie dem Kunden dabei, den Weg erfolgreich mit Ihrer Unterstützung zu gehen.

---

33 Quelle: Weinberg, Gerald M.: Secrets of Consulting

- Denken Sie darüber nach, wie Sie Einwände nicht wegdiskutieren, sondern aufgreifen und ernst nehmen und eine Gesamtlösung skizzieren, die trotz der Einwände für Ihren Kunden akzeptabel sind.
- Setzen Sie viele Fragen ein, um Ihrem Kunden eine ausreichend aktive Rolle zu ermöglichen.
- Zeigen Sie Ihrem Kunden den Nutzen auf, den er von Ihrem Vorschlag hätte (zum Beispiel schnellere Geschäftsprozesse). Führen Sie ihm dann den Nutzen des Nutzens vor Augen (mehr Freizeit, mehr Gewinn, mehr Einkommen).
- Sorgen Sie dafür, dass der Kunde den Nutzen auch wirklich erhält. Sonst wird Ihre Überzeugungskraft nur einmal funktionieren. Sein wirkliches Erleben der versprochenen Verbesserung schafft Vertrauen.

Zusammenfassung

Ein sehr schönes Zitat von Antoine de Saint-Exupéry lautet:

„Willst du ein Schiff bauen, rufe nicht die Menschen zusammen, um Pläne zu machen, die Arbeit zu verteilen, Werkzeug zu holen und Holz zu schlagen, sondern lehre sie die Sehnsucht nach dem großen, endlosen Meer."

Wenn Menschen etwas wirklich erreichen wollen, werden sie alles Nötige dafür tun, ohne dass man ihnen Anweisungen erteilen muss. Sie tun es, weil sie es wollen. Weil sie an ihrem Ziel arbeiten.

Sorgen Sie als Berater dafür, dass Ihre Kunden das erreichen wollen, was Sie gemeinsam mit Ihnen erarbeiten. Dadurch schaffen Sie sich Mitstreiter statt Gegner.

2.3.5 Niemanden zu seinem Glück zwingen

Einführung

Den Kunden zu überzeugen ist die beste Methode, einer Idee zur Verwirklichung zu verhelfen. Wenn das nicht geht – wenn wir es nicht schaffen, den Kunden zu überzeugen, was sollen wir dann tun? Ihn zu seinem Glück zwingen?

Probleme und Fallen

Ich habe mich früher oft frustriert gefragt: „Warum kapiert der Kunde denn nicht, dass die Lösung, die ich vorschlage, für ihn die beste ist? Der Kunde kann das doch gar nicht beurteilen. Ich kenne die technischen Hintergründe viel besser."

Inzwischen habe ich einige Dinge gelernt:

- Vielleicht habe ich nicht den richtigen Zugang, die treffenden Worte oder die passenden Bilder gefunden, um meinen Kunden zu überzeugen. Vielleicht sollte ich hier noch etwas Energie und meine Berater Skills investieren, damit er versteht, warum mein Vorschlag der beste für ihn ist.
- Die technisch beste Lösung muss nicht die sein, die für den Kunden in seiner aktuellen Situation die beste ist. Wir können eine perfekte Lösung bauen und dennoch den Tod des erschöpften Budgets oder der zu hohen Komplexität für die Aufgabenstellung sterben.
- Wenn ich für eine Lösung energisch eintrete, ernte ich in der Regel den Respekt meines Kunden dafür. Wenn ich diesen Kampf ohne Rücksicht auf Verluste bis aufs Messer fortführe, gewinnen Ablehnung und Blockade beim Kunden die Oberhand. Ich kämpfe dann gegen ihn. Diesen Kampf kann ich nicht gewinnen.

Die Theorie

Wenn ich nun weiß, dass meine Lösung die heilbringende ist und andere Varianten den Kunden ins Unglück stürzen würden, ist intensives Werben dafür angemessen. Will der Kunde den Vorschlag partout nicht annehmen, ist es an der Zeit, ihm die möglichen Konsequenzen aufzuzeigen, dies zu dokumentieren und die Entscheidung des Kunden zu akzeptieren. Dann sollte ich mir überlegen, ob ich den Kunden weiter auf diesem nach meiner Überzeugung falschen Weg begleiten will. Bin ich als Berater in ein Unternehmen oder einen Verbund eingebunden, muss ich mich mit meinen Kollegen oder Vorgesetzten abstimmen. Bin ich alleine, kann mir der Rat von Freunden und Vertrauten weiterhelfen.

Im Extremfall ist es angebracht, ein Projekt abzulehnen und dem Kunden zu erläutern, warum man dies tut. Die Erfahrung zeigt uns: Manchmal war unsere Vorahnung richtig und der Kunde ist mit seinem Vorhaben gescheitert. Oft kommt er dann nach einigen Monaten oder ein bis zwei Jahren zurück und wünscht, dass wir sein Problem mit unserem Ansatz lösen. Durch unsere damalige Ablehnung haben wir uns das Vertrauen des Kunden erworben und können nun auf einer viel solideren Basis für ein erfolgreiches Projekt beim Kunden sorgen.

Natürlich kommen nicht alle Kunden zurück, denen wir Schlimmes prophezeit haben. Und zum Glück fahren auch nicht alle Projekte an die Wand. Bei den Kunden allerdings, denen wir nach einem Schiffbruch einen Erfolg bescheren, haben wir für lange Zeit einen wichtigen Stein im Brett.

Die Praxis

Einer unserer Kunden ließ sich durch uns bei der Erstellung eines Data Warehouse unterstützen. Von vorneherein war unsere Auffassung, dass die Konzentration der gewünschten Unterstützungsleistung mit zwei Tagen pro Woche viel zu gering war. Wir haben intensiv darum geworben, mit mehr Unterstützung die Ergebnisse schneller zu erzielen, doch das lehnte der Kunde ab, da er erstens etwas lernen wollte und zweitens glaubte, er würde doch schneller vorankommen. Also haben wir uns darauf eingelassen und nach einigen Monaten gemeinsam Folgendes festgestellt: Ja, er kam langsamer voran als ursprünglich von seiner Seite erwartet. Hier hat er eine Lernkurve vollzogen. Andererseits war dies für den Kunden die richtige Geschwindigkeit mit den zwei Tagen Arbeit, damit er anschließend seine Hausaufgaben machen konnte, zum Beispiel Daten in den Quellsystemen zu bereinigen, sodass diese beim nächsten Versuch korrekt in das Data Warehouse geladen wurden. Also haben auch wir unsere Lernkurve erlebt. Gemeinsam haben wir beide gelernt, dem anderen in seinem Urteil mehr zu vertrauen.

Übungen und Tipps

- Wenn Sie das Gefühl haben, Ihr Kunde läuft in die falsche Richtung, sprechen Sie ihn mit Fingerspitzengefühl darauf an, inwiefern er sich der Risiken bewusst ist und welche Konsequenzen seine Entscheidung haben könnte.

- Erklären Sie geduldig, weshalb Sie Ihre Lösung vorgeschlagen haben, und erläutern Sie die Folgen seiner Entscheidung.

- Überlegen Sie auch, ob die Lösung des Kunden nicht vielleicht besser für ihn sein könnte.
- Beraten Sie den Kunden, aber lassen Sie ihn seine Entscheidungen treffen.
- Fragen Sie Kollegen nach Rat, falls die Situation schwierig und komplex ist.

Zusammenfassung

Ihr Kunde wünscht sich Rat von Ihnen, wie er zu seinem Glück kommt. Nicht immer lässt er sich aber von Ihrem Vorschlag leiten.

Prüfen Sie, ob Ihr Ansatz oder der des Kunden gangbar ist, oder ob es einen sinnvollen Mittelweg gibt. Im Extremfall entscheiden Sie, ob Sie die Situation mit Ihrem Kunden verlassen, wenn Sie seinen Weg nicht mitverantworten wollen. Dies sollte nur äußerst selten vorkommen. Ziehen Sie dabei Kollegen oder Freunde zurate. Erklären Sie dem Kunden Ihre Entscheidung und dokumentieren Sie den Fall ausreichend.

Bleiben Sie entspannt. Sie sind der Berater, nicht der Kunde. Er alleine geht den vorgeschlagenen Weg – oder auch nicht. Somit muss auch er die Konsequenzen seines Handelns tragen – und nicht Sie.

2.3.6 Story Telling

Einführung

In vielen Kulturen kommt Geschichten, Gleichnissen und Fabeln eine große Bedeutung zu. Die Bibel ist voll davon, die Gebrüder Grimm sammelten begeistert Märchen und selbst heute faszinieren uns Geschichten in unterschiedlichster Weise. Sei es als Anekdote, als Witz, als Erzählung, im Werbespot oder als Kinofilm.
Geschichten haben eine magische Anziehungskraft auf viele Menschen. Und sie können unseren Alltag und auch unser Beratungsgeschäft würzen.

Probleme und Fallen

Kennen Sie Menschen, die Ihnen dadurch auf die Nerven gehen, dass sie immer die gleichen Geschichten wieder erzählen,

- Geschichten mit diffusen Handlungssträngen und ohne klar ableitbare Kernaussage schlecht vortragen und womöglich die Pointe zerstören,
- bei Geschichten sehr aggressiv auf die Konkurrenz zielen,
- langatmig und langweilig statt kurz, knapp und mitreißend erzählen?

Dann wissen Sie, wo die Probleme und Fallen beim Story Telling liegen. Tun Sie Ihren Mitmenschen einen Gefallen und erliegen Sie nicht diesen Gewohnheiten.

Die Theorie

Was macht nun den Charme solcher Geschichten aus, wenn sie richtig vorgetragen werden?

- Geschichten haben eine unheimliche Anziehungskraft. Das ist das Erfolgsgeheimnis unzähliger Fortsetzungsgeschichten im Fernsehen, der Soap Operas. Weil wir Geschichten lieben, geben wir Geld fürs Kino aus, sehen fern, kaufen Romane oder lesen Comics.
- Geschichten sind keine graue Theorie, sondern wir können direkt etwas damit anfangen. Wir fiebern mit dem Helden einer solchen Geschichte mit, können uns oft mit ihm identifizieren – mit dem Kunden, der nun erfolgreich und glücklich ist, weil er die Produkte des Unternehmens gekauft hat. Oder mit dem Kunden, der nun an der Armutsgrenze lebt, weil er nur die billige Haftpflichtversicherung abgeschlossen hat und prompt in einen Fernsehübertragungswagen gerast ist, dessen Wert weit über seiner Deckungssumme lag (hat mir ein Versicherungsvertreter einmal erzählt).
- Geschichten sind nicht repräsentativ, aber sie können uns genau den Ausschnitt aufzeigen, den wir sehen sollen. Sie nennen die Pro-Argumente und lassen gezielt die Contra-Argumente weg. Die Moral von der Geschichte passt immer auf die Aussage, die der Erzähler treffen will.
- Da es Geschichten sind, können wir dem Ausgang dieser Geschichten nicht widersprechen. Wir können zwar sagen, das treffe nicht auf unsere Situation zu, der Geschichte widersprechen wir aber nicht.
- Manche Geschichten eignen sich sogar dazu, Weisheiten zu vermitteln und das Leben von Menschen zu verändern, weil sie deren Gedankengänge erweitern. Wenn ich jemandem erzähle: „Du solltest fleißiger arbeiten", wird er mich vielleicht abblocken. Erzähle ich eine Geschich-

te von einem Kollegen, der zu wenig gearbeitet hat und seinen Job verlor, aber später seine Erfüllung in einer guten Geschäftsidee fand, fängt der Kollege vielleicht an, Parallelen zwischen dem Protagonisten der Geschichte und sich selbst zu ziehen. Er denkt darüber nach, ohne gleich in eine Blockadehaltung zu gehen.

Die Praxis
Im Vertrieb werden Erfolgs-Geschichten, die sogenannten Success Stories, zum „Anecdotal Selling" eingesetzt. Sie eignen sich gut dazu, um Kunden zu überzeugen. Woran liegt das? Vergleichen Sie einmal selbst:

Datenblatt Oszilloskop
2 Kanal Analog-Oszilloskop
128 Mpts
Bandreite von 1 GHz und Abtastrate von bis zu 4 Gsa/s
sehr stabiles Gehäuse

Klingt sexy, oder etwa nicht? Wie klingt Folgendes zum Vergleich?

Zum Vergleich
Einer unserer Verkäufer wollte seinem Kunden ein neues Oszilloskop präsentieren. Er lud das Gerät aus seinem Wagen und wollte dann noch einmal umparken, da er nicht gut in der Parklücke stand. Aus Versehen fuhr er über das Oszilloskop. Der Wagen rumpelte heftig. Der Vertriebsbeauftragte stieg aus und sah das Malheur. Da es ein sehr teures Gerät war, war der Verkäufer äußerst aufgeregt. Äußerlich waren keine Schäden zu entdecken. Er eilte mit dem Gerät zum Kunden hinein, berichtete ihm kurz sein Missgeschick und schloss das Oszilloskop mit Herzklopfen an. Alles funktionierte tadellos. Das Gerät hatte keinerlei Schaden genommen. Dies hat den Kunden so von der Qualität überzeugt, dass er sofort eine größere Lieferung beauftragt hat.

Zweimal Informationen zu einem Gerät. Aber im zweiten Fall fiebern wir mit und sind begeistert über den Ausgang. Dieses tatsächlich reale Beispiel habe ich bei einem früheren Arbeitgeber als Plakat mit dieser „Success Story" gelesen und es hat sich mir eingeprägt.

Natürlich kann man solche Geschichten sehr manipulativ einsetzen. Daher sei hier auf einen verantwortungsvollen Umgang mit Story Telling hingewiesen. Wir wollen unsere Kunden ja nicht über den Tisch ziehen, sondern ihnen einen neuen Blickwinkel anbieten. Solche Storys sind sehr gut geeignet, um Dinge zu erklären und auf einfache Weise komplexe Sachverhalte zu verdeutlichen.

Übungen und Tipps

- Fangen Sie an, Geschichten zu sammeln. Legen Sie sich ein Dokument oder einen Ordner im Dateisystem ab und kategorisieren Sie die Geschichten nach ihrer Wirkung und Aussage (der Moral von der Geschichte).
- Die Success Stories Ihrer Kunden sind ein Mittel, anderen Kunden nahezubringen, wie erfolgreich man mit Ihnen als Berater oder Ihrem Unternehmen sein kann.
- Üben Sie die Regeln guten Geschichtenerzählens und entwickeln Sie Spaß dabei: prägnante, spannende Geschichten mit einer klaren Aussage. Testen Sie Ihre Geschichten im Freundes- und Kollegenkreis sowie bei Ihren Kunden, sobald Sie sich damit sicherer fühlen.

Zusammenfassung

Anekdoten und Storys sind faszinierende Ausschmückungen unseres oft grauen Geschäftsalltags. Sie haben aufgrund ihrer Eingängigkeit häufig eine starke Wirkung auf die Zuhörer.

Eine gute Anekdote in einem Verkaufs- oder Beratungsgespräch ist in wenigen Sätzen erzählt und konzentriert sich auf das Wesentliche, ohne zu Nebenhandlungssträngen abzuweichen. Also handelt es sich um eine Märchenminute, nicht um eine Märchenstunde. Sie kommt kurz und knapp zu einer klaren Aussage, die für den Zuhörer eine eindeutige Botschaft hat. Verantwortungsvoll und gezielt eingesetzt stellen solche Geschichten eine enorme Bereicherung unseres Alltags dar.

2.3.7 Humor ist gut – und gefährlich

Einführung

Ein König hat drei Töchter und will entscheiden, welche davon sein Reich erben soll. Also fragt er jede Tochter, wie sehr sie ihn liebt. Die Älteste sagt, sie liebe ihn wie das Gold, die zweite Tochter wie Edelsteine und die jüngste Tochter sagt, sie liebe ihren Vater wie das Salz. Da Salz viel weniger kostete als Gold und Edelsteine gerät der König so in Zorn, dass er seine jüngste Tochter verstößt. Jahre später hat sich die Kunde von einer ausgezeichneten Köchin in einem Wirtshaus im Königreich herumgesprochen. Der König lädt diese Köchin in sein Schloss ein und lässt sich ein großes Essen servieren. Als er von den Speisen versucht, ist er entsetzt: „Es fehlt das Salz. Das Essen ist ungenießbar." Man lässt die Köchin rufen, die ihm erklärt: „Vor vielen Jahren habt Ihr einmal gesagt, das Salz sei doch nichts wert." Da erkennt der Vater seine Tochter voller Reue, schließt sie überglücklich in seine Arme und vermacht ihr alleine das Königreich, da sie die weiseste der drei Töchter ist.

Das Salz in dieser Geschichte ist die Würze in unserem Leben. Es sorgt dafür, dass nicht alles fad und „geschmack-los" ist. Ebenso ist der Humor die Würze in unserem Alltag. Wir nehmen ihn vielleicht nicht immer wahr. Aber wenn er da ist, schmeckt uns das Leben viel besser.

Probleme und Fallen

Gerade bei Humor sind Vorsicht und Fingerspitzengefühl angesagt. Völlig unangebracht sind rassistische oder diskriminierende Witze beziehungsweise alles, was sich gegen eine bestimmte Gruppe von Menschen richtet. Ich war einmal als Co-Trainer bei einem Training in England. Abends saßen wir in der Hotelbar und ich gab einen Witz zum Besten. Er handelte von einem Mann mit einem verstümmelten Arm (was wichtig für den Verlauf der Geschichte war). Kurz, nachdem ich begonnen hatte, fiel mir plötzlich auf, dass einer unserer Kursteilnehmer einen verkümmerten Arm hatte. In diesem Moment erkannte ich, welche unglaubliche Dummheit ich gerade tat. Ich brachte meine Erzählung tapfer zu Ende und alle lachten mehr oder weniger höflich. Ich hätte im Boden versinken können. Seitdem gebe ich mir bewusster Mühe, niemandem auf den Schlips zu treten, damit das wunderbare Geschenk des Humors nicht zur Grube wird, in die man selbst hineinfällt. Das gelingt mir nicht immer, aber häufiger als früher.

Die Theorie

Es ist schon ein Unterschied, ob wir mit einem Kunden in einer trockenen Statusbesprechung Punkt für Punkt abhaken und am Ende mit allen Ergebnissen in der Tasche nach Hause gehen oder ob wir dasselbe tun und dabei miteinander lachen können. Die Krönung eines Meetings mit einem Kunden ist, wenn dieser am Ende einen Witz erzählt. Das gemeinsame Lachen in guten Zeiten erleichtert den Umgang miteinander in schwierigen Situationen. Selbst humorvolle Bemerkungen im Verlauf eines schwierigen Meetings können die Situation auflockern. Sie sollten dann mit Bedacht gewählt sein, um den Bogen nicht zu überspannen.

Die Praxis

Humor ist natürlich mehr als das reine Erzählen von Witzen. Es können auch gekonnt angebrachte Bemerkungen sein, die in einer Gesprächsrunde alle zum Lachen bringen.

Als Faustregel gilt: Solange niemand Opfer ist und alle wirklich herzhaft lachen und nicht aus Höflichkeit, hat man es richtig gemacht. Allerdings ist viel Übung erforderlich, um mitzubekommen, wie weit man gehen kann und sollte. Wie beim guten Essen kommt es auf die richtige Dosis und die Kombination an, um seine Begegnung mit Menschen weder zu fad noch zu scharf, sondern gut gewürzt zu gestalten. Und das geht nur mit Übung.

Übungen und Tipps

- Storys und Witze unterscheiden sich nicht allzu sehr. Daher gelten hier dieselben Empfehlungen wie beim Story Telling. Weiten Sie Ihre Beobachtungen und Ihre Sammlung von Geschichten auf humoristische Storys aus.
- Üben Sie – zuerst in geschützten Umfeldern humorvolle Bemerkungen im Gespräch und prüfen Sie, wie diese ankommen.
- Schauen Sie sich ab, wie andere Menschen mit viel Humor solche Bemerkungen einfließen lassen, um Situationen aufzulockern, aber übernehmen Sie nur die wirklich stilvollen Ansätze.

Zusammenfassung

Wie beim Kochen wird man mit den Jahren der Übung zum Meister. Dazu gehört auch das eine oder andere misslungene Gericht.

Richtig eingesetzt verleiht Humor Zusammenkünften eine fröhliche Leichtigkeit und eben die besondere Würze, die aus Gesprächen Erlebnisse macht – so wie das Salz die Nahrung in eine Gaumenfreude verwandelt.

2.3.8 Sicherheit schaffen

Einführung

Das lateinische Wort securus ist zusammengesetzt aus se (ohne) und cura (Sorge, Pflege) bedeutet also „ohne Sorge". Securus ist der Ursprung unseres deutschen Wortes „sicher"[34].

Sicherheit ist uns Menschen enorm wichtig. Für alle möglichen und auch unwahrscheinlichen Fälle „ver-sichern" wir uns durch Versicherungen. Sprich, wir machen uns sorgenfrei – oder wir glauben das zumindest. Und das ist uns einiges Geld wert. Allein in Deutschland hatten wir im Jahr 2001 einen Versicherungsmarkt von 130 Milliarden Euro.[35] Das sind im Schnitt 1.625,- Euro pro Bundesbürger bei 80 Millionen Bürgern. Eine enorme Summe.

Warum ist uns das „ver-sichern" nun so wichtig?
Es stellt eines unserer Grundbedürfnisse dar und ist tief in unseren biologischen und psychologischen Systemen verwurzelt. Beispiele gibt es genug:

- Unsere Lippen sind empfindlicher als unsere Mundhöhle, damit wir zu Heißes draußen lassen.
- Die Rezeptoren für gefährliche oder giftige Bitterstoffe sitzen nahe beim Schluckmechanismus, damit dieser per Reflex, nicht per Überlegung sofort das Schlucken verhindern kann.
- Wir haben zwei Ohren und komplexe Algorithmen im Gehirn, damit wir blitzartig feststellen können, aus welcher Richtung ein Geräusch kommt – es könnte ja eine springende Raubkatze sein.
- Wenn wir uns an der Hand verbrennen oder verletzen, zieht der Körper die Hand automatisch – per Reflex – zurück, damit wir der Gefahrenquelle nicht weiter ausgesetzt sind.

---

34 Quelle: Dudenredaktion: Das Herkunftswörterbuch: sicher.
35 Quelle: http://www.allianz.com/azcom/dp/cda/0,,5991-49-0-1,00.html (10 Mrd. × 13 = 130 Mrd.)

All das und noch vieles mehr dient dem Entrinnen aus Gefahren und dem Erreichen unserer eigenen Sicherheit. Warum ist das so? Das Fortbestehen von uns selbst als Person, unserer Nachkommen, unserer menschlichen Rasse und des Lebens an sich soll durch diese Handlungsweisen „ge-sichert" werden. Dieses Programm ist hard coded in unsere genetischen Bausteine eingemeißelt. Und es ist ein seit mehreren Millionen Jahren erfolgreiches Programm. Was hat dieses zutiefst verwurzelte Bedürfnis nach Sicherheit nun mit der Beratung von Kunden zu tun?

Probleme und Fallen
Wir haben Situationen erlebt, in denen Mitarbeiter des Kunden in völliger Unsicherheit gelassen wurden und anfingen, gegen die Berater zu kämpfen. Natürlich nicht offen. Sondern durch einen feinen, kleinen Guerilla-Krieg. Informationen werden unvollständig oder zu spät weitergegeben. Risiken werden bewusst verschwiegen und die Mitarbeiter warten mit diebischer Freude darauf, dass der Berater in ein Fettnäpfchen tritt. Es gibt unzählige Spielarten, wie Kunden-Mitarbeiter es schaffen, Beratern das Leben schwer zu machen. Nicht immer, aber häufig liegt eine wesentliche Ursache im Verhalten des Beraters. Er hat es nicht geschafft, den Kunden mit ins Boot zu holen und klar zu machen, worum es geht, was passieren wird und dass man gemeinsam auf das gleiche Ziel zusteuert.

Die Theorie
Man kann es in einem einfachen Satz zusammenfassen: Bauen Sie Unsicherheit ab und Sicherheit auf. Einfach gesagt, aber gar nicht so einfach umzusetzen, nicht wahr? Schauen wir uns beide Komponenten näher an, stellen wir fest, dass beide identisch sind. Wie das?

Unsicher macht es den Kunden, wenn er seine nächste Umgebung und seine kurzfristige Zukunft nicht sicher sehen kann. Wenn er nicht weiß, was um ihn herum passiert, wenn es für ihn Überraschungen geben kann, also Ereignisse, mit denen er nicht gerechnet hat. Er wird „über-rascht" – also rascher, als er es vermutet hat, mit einer unvorhergesehenen Situation konfrontiert. Nach der Wortherkunft zu überraschen laut Duden wird er „plötzlich (im Krieg) überfallen"[36]. Eine solche Situation erzeugt Angst.

---

36 Quelle: Dudenredaktion: Das Herkunftswörterbuch: überraschen.

Diese Un-Sicherheit (Un-ohne Sorge = Situation voller Sorge) gilt es zu entschärfen. Wie geht das?

Indem ich die uneinschätzbare Situation für den Kunden ausleuchte, ihm ein Gefühl dafür gebe, wie sich sein Umfeld aktuell und in näherer Zukunft verändert, welche guten Dinge erhalten bleiben und welche positiven Neuerungen demnächst auf ihn warten. Damit ist der erste Schritt getan, es ist nämlich dafür gesorgt, dass er weiß, was auf ihn zukommt, und er keine Über-Raschungen erlebt. Somit ist ein Grundstock an Sicherheit aufgebaut.

Dennoch rufen Veränderungen oft Ängste hervor. Daher ist es neben dem Schaffen von Sicherheit wichtig, auf den Kunden einzugehen, sich seine Bedenken und Einwände anzuhören und sie nicht kleinzureden oder gar ins Lächerliche zu ziehen.

Wenn Sie gemeinsam mit ihm überlegen, auf welche Weise Sie am besten auf mögliche negative Auswirkungen reagieren können, haben Sie eine Chance, zum Verbündeten zu werden, statt ein Gegner zu sein. Sie werden eventuell ihre geplante Vorgehensweise anpassen, wenn Sie Verbündete haben wollen. Doch damit schaffen Sie neben der Sicherheit den zweiten wichtigen Schritt: Sie erzeugen Hoffnung.

Die Praxis
Schöne Theorie. In der Praxis kann es vorkommen, dass Sie einen Auftrag erhalten, der bei den Mitarbeitern des Kunden wenig Hoffnung oder Vorfreude auslöst. Wenn es beispielsweise um Rationalisierung geht, ist es äußerst schwierig, dies den Mitarbeitern positiv zu vermitteln. Andererseits benötigen Sie eventuell deren Hilfe, um Ihre Projektergebnisse zu erzielen.

Hier handelt es sich um eine komplexe Situation, für die es keine Pauschal-Lösung gibt. Durch eine Kombination aus Erfahrung, Sensibilität, Gespür, freundlicher Kommunikation und Wertschätzung habe ich in der Vergangenheit oft einen gangbaren Weg mit den Mitarbeitern des Kunden und dem Auftraggeber gefunden. Nicht immer geht es dabei konfliktfrei zu. Doch lässt sich durch die eigenen Fähigkeiten und die Art des Auftretens der Verlauf eines solchen Projekts positiv beeinflussen.

Was zu tun ist, hat nichts mit Magie zu tun. Es sind einige einfache Dinge, die ich regelmäßig – also wöchentlich oder täglich – berücksichtige. Sie sind in meine Gewohnheiten integriert und dadurch ganz normales, automatisches Verhalten geworden:

- Erklären Sie dem Kunden vor einem größeren Arbeitsschritt oder regelmäßig, zum Beispiel wöchentlich, was Sie vorhaben, bis wann er mit welchem Ergebnis rechnen kann und wie das zur Erreichung des Gesamtziels beiträgt.
- Kommunizieren Sie ebenso das Erreichen von Teilergebnissen.
- Fragen Sie nach, ob alles verstanden wurde oder ob Fragen dazu bestehen.
- Fragen Sie nach, ob Ihr Kunde Anregungen hat, ob und wo er vielleicht unterstützen möchte (natürlich müssen Sie diese Unterstützung steuern).
- Fragen Sie Ihren Kunden, was für ihn bei dieser Sache wichtig ist, was möglichst nicht passieren sollte und wie er sich bei der Sache fühlt.
- Sprechen Sie mit verschiedenen Mitarbeitern beim Kunden.
- Erfragen Sie auch mal private und persönliche Dinge oder geben Sie etwas von sich preis. Das kann die Beziehung erheblich bereichern und gibt Ihnen die Möglichkeit, besser auf Ihr Gegenüber einzugehen – sein Vertrauen und Wohlwollen zu erlangen.
- Treten Sie freundlich, geduldig, respektvoll, motivierend und charmant auf – oder kurz gesagt: gewinnend.

Zusammenfassung

Der Wunsch nach Sicherheit ist ein in unserer Biologie zutiefst verwurzeltes Grundbedürfnis. Dies pflanzt sich bis in unsere heutige Erlebens- und Arbeitswelt fort.

Gehen Sie mehrstufig vor, um Sicherheit zu schaffen.
1. Bauen Sie die Unsicherheit Ihres Kunden ab und schaffen Sie Sicherheit durch das Ausleuchten der Veränderungen in naher Zukunft.
2. Suchen und finden Sie gemeinsam mit Ihrem Kunden nach Hoffnungen
3. Sorgen Sie dafür, dass die Dinge passieren, die Sie „vorausgesagt" haben und die dem Kunden Hoffnung geben und ihn seine Sicherheit behalten lassen. So erwerben Sie sich sein Vertrauen.

Für Sie als Berater sind für den Einstieg dabei folgende Fragen wichtig, deren Antwort Sie erst für sich und dann mit dem Kunden gemeinsam erarbeiten können: Was bereitet meinem Kunden Kopfzerbrechen? Wie biete ich ihm Sicherheit? Im Prinzip ist es eine einfache Kombination aus erklären, Fragen stellen, Reaktionen beobachten, zuhören und auf Fragen und Antworten eingehen. Je intensiver man das tut und die Dunkelheit für sich und den Kunden ausleuchtet, umso sicherer wird man sein Ziel und das Ziel des Kunden erreichen und desto weniger unliebsame Überraschungen werden das Projekt begleiten.

2.3.9 Der Berater als scharfsinniger Spurenleser

Einführung
Dass Berater aufgrund ihres neutralen Standpunktes nicht der Betriebsblindheit unterliegen, erwartet man zu Recht von ihnen. Aber würden Sie auch von einem Berater erwarten, dass er mit seinen magischen Fähigkeiten Ihre Gedanken liest und Sie mit Fragen verblüfft, auf die bisher noch kein Mensch gekommen ist?

Hoffentlich. Denn exzellente Berater können genau dies. Zumindest sieht es für viele Menschen aus wie Magie. In Wahrheit verbirgt sich dahinter das intensive Training des Lesens verschiedenster Spuren, die wir durch unser tägliches Handeln, Sprechen, Schreiben, Bewegen usw. hinterlassen.

Probleme und Fallen
Zwei kritische Aspekte beim Spurenlesen tauchen häufig auf:

Fehlinterpretation durch Teilberücksichtigung von Fakten: Durch Fernsehen, Zeitschriften und das Internet erfahren wir viele Informationen zu psychologischen Zusammenhängen im zwischenmenschlichen Bereich. Viele Menschen beschäftigen sich ein wenig damit und ziehen dann los, um ihr neu erworbenes Wissen zu testen. Dabei laufen sie Gefahr, Dinge zu einseitig wahrzunehmen und falsch zu interpretieren. Der Klassiker ist der Kollege, der mit verschränkten Armen einer Besprechung beiwohnt. Aha. Er ist gegen die gemachten Vorschläge, denn er hat ja die Arme verschränkt, nicht wahr? Nicht unbedingt. Vielleicht ist er dagegen. Vielleicht hat er aber auch einfach lange anders gesessen und nun eine gemütliche Körperhaltung eingenommen. Vielleicht ist ihm auch einfach kalt. Hier ist die Gefahr, dass wir uns einzelne Indizien herausgreifen und sie nicht im Kontext des Gesamtbilds bewerten. Solche Fehlinterpretationen sind mir früher oft passiert. Mit der Zeit habe ich viel dazu gelernt und bin heute besser geworden. Ich treffe immer wieder Menschen, die das Spurenlesen viel besser beherrschen als ich und gehe davon aus, dass dies so bleiben wird. Denn es gibt unendlich viele Spuren zu lesen.

Unsensibilität: Eine andere Falle liegt darin, dass manche Berater sich einfach unsensibel verhalten und die feinen oder auch starken Schwingungen nicht wahrnehmen, weil sie viel zu sehr damit beschäftigt sind, ihre Agenda durchzuziehen. Leider gibt es auch diese Kollegen, die ihr Meeting abhalten, ohne zu bemerken, dass sich alle gelangweilt wegdrehen, der Projektleiter mit den Fingern auf die Tischplatte trommelt, Kundenmitarbeiter sich miteinander unterhalten oder sich jemand räuspert, um auch einmal zu Wort zu kommen.

Die Theorie
Sehen Sie sich folgendes Bild an. Was ist hier passiert?

Abbildung 13: Ein Pfad im Wald

Vor nicht allzu langer Zeit scheint ein größeres Fahrzeug durch diesen Wald gefahren zu sein. Woher wollen wir das wissen? Wir sehen nur ein Stück Wald und eine unregelmäßige Bodenbeschaffenheit. Weil wir gelernt haben, dass Fahrzeuge auf weichem Untergrund Spuren hinterlassen und man anschließend ein Reifenprofil erkennen kann. So wissen wir, dass da ein Fahrzeug war, auch wenn wir es jetzt nicht sehen können.

Wenn Sie mit ein wenig Sensibilität durchs Leben gehen, werden Sie feststellen: Alles hinterlässt Spuren. Es ist einfach faszinierend.

Woran erkennen wir einen Raketenstart? Es gibt Schall, Rauch, wir fühlen den Boden beben, Treibstoffgeruch, die Wärme der Triebwerke, wir können die Rakete abheben sehen, wir sehen den Schatten des Qualms, Ruß auf der Startrampe und so weiter.

Machen Sie sich doch einfach mal den Spaß, herauszufinden, wo überall Spuren auf Ereignisse hinweisen. Dadurch können Sie in Ihrem Alltag völlig neue Zusammenhänge entdecken bei Dingen, die Sie schon lange kennen, aber noch nie so wahrgenommen haben.

Was hat man nun als Berater davon, Spuren zu lesen?

Die Praxis

Wenn ein Kunde Ihnen sagt: „Das macht mir nichts aus.", welche Information haben Sie dann? Die Inhaltsbedeutung seiner Aussage. Aber stimmt das, was er sagt? Hat er vielleicht vor dem Satz tief eingeatmet und dann die Luft herausgeschnauft? Hat er seine Kiefer aufeinandergebissen, sodass Sie seine hervortretenden Wangenknochen sehen konnten? Hat er beim Sprechen nach unten gesehen? Wie interpretieren Sie dann den Wahrheitsgehalt seines Satzes?

Wenn der Kunde Ihnen bei dem Satz aber in die Augen blickt, beim Sprechen leicht und langsam mit dem Kopf nickt und Sie freundlich anlächelt und sich dann auch noch die Augen für eine Weile schließt? Wie interpretieren Sie den Satz dann?

Im ersten Fall wissen wir, dass es nicht stimmt. Es war vielleicht höflich oder er erwartet, dass wir merken, dass es ihm doch etwas ausmacht. Im zweiten Fall haben wir die eindeutige Zusicherung wahrnehmen dürfen, dass es ihm wirklich nichts ausmacht.

Sollten Sie beim Lesen beider Schilderungen und beim Vorstellen beider Szenen nicht wahrgenommen haben, dass sich die Aussagen unterscheiden, ist vielleicht noch ein wenig Training angesagt. Es gibt eine Vielzahl von Signalen und Spuren, an denen wir Dinge ablesen können, die nicht in der reinen Satz-Information enthalten sind. Hier eine Aufzählung, die nicht vollständig sein dürfte:

- Die Wortmelodie
- Gestik, Mimik, Körpersprache
- Rhetorik in der Sprache
- Die Wortwahl verrät uns Wahrnehmungstypen, bekannt durch NLP (Neurolinguistisches Programmieren) – ist jemand eher visuell, auditiv, kinästhetisch (fühlend), olfaktorisch (riechend, schmeckend) geprägt?
- Die Augenbewegungen geben uns Einblick (ebenfalls im NLP beschrieben).
- Benutzt jemand viele Konjunktive (würde, könnte, wäre, sollte) und Verallgemeinerungen (man), benutzt er überhebliche Redewendungen oder freundliche, aber bestimmte, konkrete positive Formulierungen (wir werden, ich durfte, ich freue mich, ...)?
- Physiognomik – die Lehre von der Auswirkung charakterlicher Entwicklungen auf unsere Gesichtszüge und unseren Körperbau [37] (wenn jemand vor lauter Sorgen täglich die Stirn runzelt, werden sich dort charakteristische Falten einprägen).
- Grafologie – die Analyse von Handschriften [38]
- wie Menschen in der Umgebung unseres Gegenüber über diese Person reden, was sie denken (denn seine Handlungen haben hier ihre Spuren hinterlassen)

---

[37] Nähere Informationen zu Physiognomik: Institut für erlernbare Menschenkenntnis, Stefanie Dedenbach, http://gesichterlesen.de/
[38] Eine faszinierende Seite ist: http://www.graphologies.de/. Hier kann Ihnen ein Programm automatisch durch vordefinierte Fragen eine Handschrift analysieren. Bei meiner Frau und mir hat es hervorragend geklappt.

◾ wie diese Person handelt – welche Entscheidungen sie trifft und wie sie dabei mit Betroffenen und Beteiligten darüber kommuniziert

In der Fernsehserie „Der Sentinel"[39] (zu deutsch Wächter) verfügt Detective James Ellison über weit überdurchschnittliche fünf Sinne (riechen, schmecken, fühlen, sehen, hören). Mit Hilfe dieser Super-Sinne kann er viele Fälle lösen, was ohne diese ausgeprägtere Sensibilität nicht möglich wäre. Exzellente Berater sind solche Sentinels. Sie nehmen mehr Dinge wahr als üblich. Diese Fähigkeit ist nicht angeboren und man muss sich hier vieles erarbeiten. Ich habe viel Lehrgeld zahlen müssen, da es um meine Sensibilität nicht immer gut bestellt war. Mit dem Beobachten wächst aber auch der Spaß an der Sache.

Übungen und Tipps

Über jeden Punkt des Themas Spurenlesen sind viele Bücher geschrieben worden. Daher werden wir keinen umfassenden Überblick geben können. Einige Tipps und Beobachtungen möchte ich jedoch herausgreifen.

◾ Beobachten Sie in Meetings vor allem die Körpersprache und Mimik der Key Player. So werden Sie lernen zu erkennen, wenn sich aufgrund Ihrer Aussage die Atmosphäre abkühlt und ein Gegensteuern erfordert oder wann Sie auf dem richtigen Weg sind.
◾ Schauen Sie mal auf die Füße, wenn Grüppchen von Menschen zusammenstehen. Die Füße sind so gerichtet, dass jedes Gruppenmitglied innerhalb der imaginär verlängerten Linien von den Fersen zu den Zehenspitzen aller Teilnehmer steht. Befindet sich jemand außerhalb dieses imaginären Kreises, hat ihn die Gruppe nicht aufgenommen – er ist quasi außen vor.
◾ Beobachten Sie in Meetings doch einmal kurz vor Ende, wie Teilnehmer ihre Utensilien zusammenlegen. Jemand, der noch weiterdiskutieren möchte, lässt seine Sachen verstreut liegen – er ist noch offen in der Diskussion. Jemand, der den Stift, das Mobiltelefon, den PDA ordentlich wie ein Paket auf seinen Schreibblock legt, hat zugemacht. Er will die Diskussion beenden.

---

39 Fernsehserie „The Sentinel" 1996-1999, http://german.imdb.com/title/tt0115351/

Nachdem bei einem Meeting alle Platz genommen haben – egal, ob sich die Menschen kennen oder nicht – ist derjenige, der zuerst seinen Stuhl zurechtrückt, sich räuspert oder auf andere Art eine bemerkbare Aktion durchführt üblicherweise die Person, die das Gespräch führt. Ebenso kann man üblicherweise das Alpha-Tier (Pardon, den Anführer) daran erkennen, dass er nach dem Mittagessen sein Tablett anhebt oder seinen Stuhl nach hinten rutscht. Die anderen werden in der Regel blitzschnell folgen.

In Aufzügen, Bussen und an Tischen in Restaurants verteilen sich die Menschen erstaunlich gleichmäßig im vorhandenen Raum. Sie verhalten sich gemeinsam als Gruppe wie ein Gas, das sich gleichmäßig ausdehnt und den Weg des geringsten Widerstands geht – Gas klumpt nicht – ebenso wenig Menschen, die sich nicht kennen. Übrigens können Sie sich hier wirklich unbeliebt machen, wenn Sie unerwünscht die intime Distanz eines Menschen unterschreiten. Er wird es Ihnen vielleicht nicht sagen, aber er wird Sie als unangenehm in Erinnerung behalten. Sie liegt meist zwischen 1,50 und 0,50 Metern. Achten Sie auf die Reaktion Ihres Gegenübers, wenn Sie sich nähern.

Zusammenfassung

Man könnte auch die Liste loser Beispiele aus den Tipps lange fortsetzen. Zusammenfassend lässt sich festhalten: Exzellente Berater sind überdurchschnittlich **sens**-ibel (was gut im Job, aber nicht gut beim Zahnarzt ist). Sie nehmen viele Dinge wahr. Diese wahrgenommenen Dinge können sie miteinander verknüpfen und gegenchecken, um festzustellen, ob sich daraus ein konsistentes Bild ergibt (Passt das Gesagte zur Körpersprache? Was sagt die Sprachmelodie, wie war der Blick usw.). Dadurch bemerken exzellente Berater Zusammenhänge besser und können besser auf ihr Gegenüber eingehen und die Situation gezielter steuern.

2.4 Exzellente Berater verstehen sich als überzeugende Vorbilder

Einführung

Im Kapitel „Überzeugen statt den anderen zu ändern" haben wir bereits gelesen, dass es effektiver ist, den Kunden von einem Vorgehen zu überzeugen, statt ihm diesen Weg vorzuschreiben. Mit Letzterem erwirbt der Berater selten Zustimmung. Auch befindet er sich in aller Regel nicht in der Machtposition, Anweisungen zu erteilen. Doch über die Überzeugung in Bezug auf ein Vorgehen hinaus ist das Überzeugen des Kunden von der eigenen Persönlichkeit eine ebenso wichtige Sache.

Probleme und Fallen

Manche Berater meinen, überzeugen bedeutet so lange für Ihre Sichtweise **zu kämpfen**, bis man den Überzeugungssieg davongetragen hat. Dabei übersehen sie, dass ein Angriff (Kampf) eher Verteidigungsmaßnahmen zur Folge hat, als dass sich der/die Gesprächspartner den Argumenten öffnen würden. Überzeugen bedeutet aber, dass der andere nicht überredet, überrannt oder mit Worten überfrachtet wird.

Es wird häufig versucht, jemanden **alleine durch Argumente** zu überzeugen – unabhängig davon, ob derjenige eher Sachargumenten zugänglich ist oder eher auf der Bauchebene agiert und entscheidet. Wir lernen in der Schule oder im Studium, eine Argumentation aufzubauen (These, Antithese, Synthese). Bessere Argumentationen werden besser bewertet. Doch im Geschäftsleben sind Argumente nur ein Teil des Spiels. Kopf und Bauch spielen ebenso eine Rolle wie politische Motive in Unternehmen. Der exzellente Berater weiß, dass er sämtliche Ebenen analysieren und berücksichtigen muss, will er erfolgreich sein.

Die Theorie

Das Wort Überzeugen selbst gibt uns aufgrund seiner Herkunft ein paar interessante Hinweise auf seine Bedeutung. Es ist abgeleitet von Zeuge (mittelhochdeutsch geziuge), demjenigen, der vor Gericht gezogen ist. Aus dem ge-zogen wurde Zeuge (der Ziehende), Zeugnis und überzeugen abgeleitet.[40] Jemand wird dann über-zeugt, wenn die Gegenpartei mehr oder

---

40 Quelle: Dudenredaktion: Das Herkunftswörterbuch: Zeuge, überzeugen.

bessere Beweise, also Zeugnisse, oder mehr oder bessere Zeugen aufweisen kann als man selbst. Überzeugen bedeutet also im übertragenen Sinne, dass ein Widerspruch aufgrund der klaren Zeugnislage nicht möglich ist.

Ein Berater kann seinen Kunden auf drei Wegen überzeugen, wobei jeder folgende Weg machtvoller ist als der Weg davor.

Merke

1. Überzeugen durch das, was man selbst über sich sagt – nennt sich auch Vertrieb.
2. Überzeugen durch das, was andere über einen sagen – nennt man Empfehlungen.
3. Überzeugen durch das, was der Kunde erleben kann – nennt man Erfahrung.

Das, was wir in diesem Kapitel behandeln wollen, ist Überzeugen durch das, was der Kunde mit Ihnen als Berater erleben kann. Also nicht die Aussage: „Vertrauen Sie mir, ich bin gut, ich weiß, was ich tue" sondern das Erleben, dass der Kunde Ihnen wirklich vertrauen kann. Dies ist die stärkste Form des Überzeugens von der eigenen Person. Wir können auch sagen: Sie schaffen am meisten Vertrauen, wenn Sie **als überzeugendes Vorbild** agieren.

Viele Zitate und Aussprüche ranken sich um genau dieses Thema: Überzeugen durch sein Handeln als Vorbild. Sie kennen den Ausspruch: „Walk the talk"? Oder das Zitat von Ralph Waldo Emerson (1803 – 1882), Schriftsteller und Philosoph: *„What you do speaks so loud that I cannot hear what you say."* – *„Deine Taten sprechen so laut, ich kann deine Worte nicht hören."*

Worte und Taten müssen deckungsgleich sein, sonst werden die Worte als nicht vertrauenswürdig entlarvt und die Glaubwürdigkeit des Beraters geht verloren.

Die Praxis
Ein langjährig erfahrener Berater berichtet aus einem seiner Projekte: *„Bei einem großen Kunden hatten wir in einem heiklen Projekt einen klassischen Manager, dem wir zuarbeiteten. Es ging bei dem Projekt um die Neuordnung*

des Systems für Händlerprovisionen. Es waren ungefähr eine halbe Milliarde Euro umzuverteilen, und entsprechend hoch war die Aufmerksamkeit aus dem Top-Management. Die Händlerschaft (eigenständige Einzelhandelsunternehmen, also nicht dem Kundenkonzern angegliedert) achtete mit Argusaugen darauf, dass genauso viel Geld verteilt wurde wie zuvor.

Klassischer Manager heißt: Externe waren für ihn wie seelenlose Roboter, die zu funktionieren hatten. Als einmal zwei Leute des Teams wegen Krankheit ausgefallen waren, versuchten die verbleibenden Berater, die Arbeit in Abstimmung mit dem Manager zu priorisieren. Einzige Aussage des Managers: „Alles ist gleich wichtig. Alles muss fertig werden." Wir haben es unter großen Anstrengungen geschafft und haben jedes Blatt mit Zahlen, das unser Projektbüro verlassen hat, qualitätsgesichert. Wenn nur eine Zahl nicht vollständig erklärbar war, wurde neu gerechnet. Wir haben Nächte durchgearbeitet, wenn wichtige Termine anstanden. Wir haben insistiert, dass mit vielen Nachkommastellen gerechnet wird, weil 0,001 Prozent von 100 Millionen Euro eben mehr als ein paar Cent sind.

Etwa ein Jahr nach der geschilderten Alles-ist-wichtig-Szene – vor der nächsten Jahresabrechnung der Provisionen – war das Projekt in einer kritischen Situation. Es war früher Abend, und wir benötigten dringend eine Entscheidung, die auch der genannte Manager nicht fällen konnte. Wir hatten in den Zahlen, die an diesem Abend noch in die Post an mehrere hundert Händler mussten, einen Fehler entdeckt. Wir waren zwar nicht dafür verantwortlich, aber für den Manager war das wirklich kritisch.

Wir machten einen Lösungsvorschlag, der ein paar Provisorien beinhaltete, mit dem aber die Zeit eingehalten werden konnte. Der Fehler wurde durch diese Provisorien behoben. Wer die technischen Details hinter dem Vorgehen kannte, dem war das auch unmittelbar klar, aber der Manager hatte nie so tief in das Thema hineingeblickt. Die Lösung bestand darin, ein paar zeitaufwendige Standard-Vorgehensweisen zu umgehen und ein paar zeitsparende Annahmen zu treffen.

Dieser Manager ging dann gemeinsam mit uns zu seinem Vorgesetzten und sagte: ,Ich brauche jetzt mal eine schnelle Entscheidung von dir. [Er erklärte die Situation.] Das hier sind externe Berater. Die sagen, dass die Zahlen durch dieses Vorgehen stimmen. Ich vertraue ihnen. Das sind sowieso die einzigen, die mir immer wieder helfen. Bitte segne dieses Vorgehen ab.'

Innerhalb eines Jahres hatten wir die Meinung dieses Managers über das Projektteam um 180 Grad gedreht. Und zwar dadurch, dass wir einfach das Richtige und Wichtige getan haben. Dadurch, dass wir ihn nie haben hängen lassen. Dadurch, dass wir immer geprüfte Qualität geliefert haben. Wir haben ihm nie gesagt: ,Sie können sich auf uns verlassen.' Wir haben uns einfach so verhalten, dass er es konnte. Das hat er dann irgendwann selbst gemerkt."

Übungen und Tipps

Arbeiten Sie in Ihrer täglichen Arbeit daran, ein überzeugendes Vorbild zu sein. Berücksichtigen Sie dabei die drei Stufen der Überzeugung:

- **Überzeugen Sie durch Ihre Worte** – stellen Sie sich oder Ihr Unternehmen durch einen positiven vertrieblichen Beitrag dar oder lassen Sie sich durch einen Vertriebsprofi entsprechend darstellen. Achten Sie darauf, dass die Worte deckungsgleich mit Ihren vergangenen und zukünftigen Taten sind (Walk the talk).

- **Nutzen Sie Empfehlungen anderer Menschen,** um Kunden zu überzeugen. Das, was andere über einen sagen, überzeugt mehr als das, was man selbst über sich sagt. Leisten Sie gute Arbeit und lassen Sie sich dann von den Menschen, die Sie bereits überzeugt haben, weiterempfehlen. Es ist leichter, als Sie vielleicht glauben. Fragen Sie einfach. Wenn Sie eine wirklich gute Arbeit abgeliefert haben, ist Ihr Kontakt in der Regel gerne bereit, Sie zu empfehlen oder sich als Referenz zur Verfügung zu stellen.

- **Agieren Sie als überzeugendes Vorbild** durch die positive Erfahrung, die Ihr Kunde mit Ihnen sammelt, ohne dass Sie ihm dies jedes Mal auf die Nase binden. Wenn der Kunde die Kurve im Kopf selbst bekommt, ist dies die machtvollste Weise, ihn von Ihrer Person und Leistung zu überzeugen. Geben Sie ihm die Chance, selbst leicht zu erkennen, wie gut Sie sind.

Zusammenfassung

Als Berater ist es wichtig, über Glaubwürdigkeit zu verfügen. Diese können Sie durch ihre Worte erlangen, wenn diese durch gleichartige Taten untermauert werden. Wenn andere Menschen Sie weiterempfehlen, kann das ebenso dazu beitragen. Am einprägsamsten ist es jedoch, wenn Sie als überzeugendes Vorbild agieren und Ihre Kunden selbst erfahren, selbst feststellen können, dass Sie glaubwürdig und vertrauenswürdig sind.

2.5 Exzellente Berater denken langfristig

Weshalb sind Langfristigkeit und Nachhaltigkeit im Kontext der Beraterexzellenz wichtig für unseren Berufsstand?

Sie werden vermutlich zwanzig bis vierzig Jahre am Markt als Berater unterwegs sein. Das ist eine lange Zeit, um sich einen Namen aufzubauen und seine Glaubwürdigkeit zu entwickeln. Wie ein Flugzeug, das in einer Spirale aufsteigt, schrauben Sie nach und nach Ihre Glaubwürdigkeit und Ihre Anerkennung durch viele Projekteinsätze und viele Einzelereignisse hoch. Doch unglücklicherweise sind Kunden häufig nicht mathematisch akkurat, wenn Sie Ihre Fehler bewerten. Sie sagen nicht: „Drei Projekte sind gut gelaufen, zwei gescheitert, also bringt mir der Berater einen positiven Nutzen." Durch ein einziges einschneidendes Ereignis kann bereits ein Sturz in die Tiefe in Sachen Glaubwürdigkeit und Anerkennung verursacht werden und es dauert wieder sehr lange, bis man durch die Spiralbewegung wieder Höhe gewonnen hat.

Langfristigkeit ist für Sie wichtig, weil Sie mit Ihren Kunden wieder und wieder Geschäfte machen wollen. Und Sie möchten vielleicht auch eine Referenz von Ihrem Kunden, der Sie weiterempfiehlt und nicht überall herumerzählt, welche Katastrophen Sie in seinem Unternehmen angerichtet haben. Aus diesem Grund vertiefen wir in den folgenden Kapiteln eine Reihe verschiedener Aspekte der Langfristigkeit im Kontext der Beraterexzellenz.

- Sell and Forget für Berater – wie gut funktioniert dieser aggressive Verkaufsansatz?
- Win-Win-Strategie – mit gegenseitiger Hilfe weiter kommen als bei Win-Lose.
- Kinderkrankheiten – Sie operieren am offenen Herzen Ihres Kunden. Entsprechende Vorsicht mit Experimenten ist daher geboten.

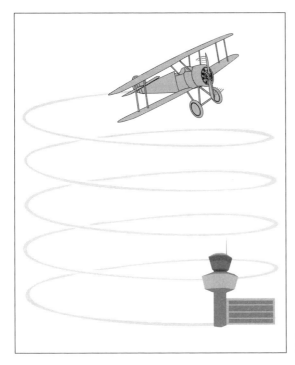

Abbildung 14:
Die Glaubwürdigkeitsspirale

- Was ist die optimale Lösung: die perfekt angepasste Lösung oder die perfekt anpassbare Lösung?
- Übung macht den Meister – lebenslanges Lernen und intensive Praxis unterscheiden den Amateur vom echten Profi.
- Langfristiger finanzieller Erfolg – nach welchen Prinzipien sichern Sie sich Ihr langfristiges Einkommen und wie begegnen Sie Konjunkturzyklen?

2.5.1 Sell and Forget für Berater?

Einführung

Denken Sie an den legendären, leider immer noch agierenden Heizdeckenverkäufer auf einer Kaffeefahrt. Er nutzt die guten Manieren und das Wertesystem der Fahrtteilnehmer oft unter Zuhilfenahme falscher Versprechungen (Gewinne etc.) aus, um sie in einem Raum einzusperren und in zwei Stunden gehirnwäscheähnlicher Vertriebsveranstaltung so viele wie möglich zu überreden, ein überteuertes Produkt zu kaufen. Was sind die Ziele der Kundengruppe? Geselligkeit, einen versprochenen Gewinn einlösen (Geld verdienen) und eventuell ein Schnäppchen machen. Was ist das Ziel des Verkäufers: Einen hohen Umsatz für minderwertige Produkte erzielen, egal wie. Leider funktioniert das viel zu häufig[41]. Was dort geschieht, nennt man „Sell and forget". Hier werden die Ziele der Kunden mit Füßen getreten.

Wenn Sie das als Berater mit Ihren Kunden, die für Ihre Leistungen viel Geld bezahlen, tun, was glauben Sie, wie lange das funktionieren wird? Mundpropaganda würde die Kunde über Ihre „Abzocke" schnell weitertragen. Sie zerstörten sich damit schnell Ihre Lebensgrundlage.

Probleme und Fallen

Kunden haben ein Gedächtnis. Werden sie ein Sell and forget-Opfer, prägt sich dies länger ein als ein ganz gut gelaufenes Projekt. Sie werden sich auch Jahrzehnte später an Sie erinnern, wenn Sie der Bösewicht waren. Sie erzählen dies weiter und zwar schneller und öfter als bei einer guten Leistung. Handeln Sie verantwortungsbewusst und denken Sie langfristig, damit Ihnen nicht der Ruf eines **Sell and forget-Beraters** vorauseilt.

Sollten Sie in einem **Beratungsunternehmen arbeiten, das nach dem Sell and forget-Prinzip** vorgeht, versuchen Sie, diesen Umstand zu ändern oder zumindest aus Ihrem Handeln her so abzumildern, dass der Kunde, den Sie betreuen, von Ihnen überzeugt ist. Ist das längerfristig nicht möglich, überlegen Sie sich, ob Sie wirklich im richtigen Unternehmen arbeiten, das Ihnen zu einem Sell and forget-Ruf verhilft.

---

41 An dieser Stelle möchte ich anmerken, dass ich zum Thema Verkaufsveranstaltungen sehr stolz auf die Einwohner des Bad Homburger Stadtteils Kirdorf bin, in dem ich aufwuchs. Vor langer Zeit wurde eine solche Verkaufsveranstaltung in Kirdorf durchgeführt. Viele Kirdorfer waren anwesend und kein einziger hat etwas gekauft. Respekt.

Die Theorie

Wir können einen positiven Regelkreis einer Berater-Kundenbeziehung beobachten und einen negativen Teufelskreis, der sich aus Sell and forget ergibt.

Die Schlüsselelemente sind dabei die gleichen.

Es geht immer um folgende Aspekte:
▨ Die Ziele des Kunden und deren gemeinsames Erreichen oder Ignorieren
▨ Vertrauen
▨ Erinnerung/Gedächtnis
▨ Weiterberichten über das Erlebte: Positives wie Negatives
▨ Folgeaufträge werden erleichtert oder erschwert (Heimzahlen der früheren Pein)

Die Praxis

Ein seit über einem Jahrzehnt erfolgreich am Markt tätiger Berater erzählt zu Sell and forget:

*„Eine langfristige Denkweise hat sich bisher sehr oft ausgezahlt. In Projekten, in denen ich lange gearbeitet habe, kann ich mich auch heute noch jederzeit sehen lassen, man erinnert sich an ‚die guten alten Zeiten' und an die Leistungen, die man **gemeinsam** (vielleicht ein wichtiges Wort in diesem*

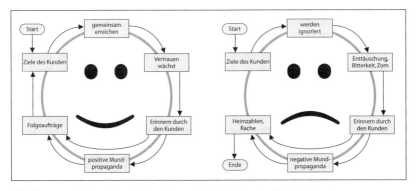

Abbildung 15: Positiver Regelkreis und negativer Teufelskreis – Sell and forget

Zusammenhang?) gestemmt hat. Mit Projektkollegen von damals habe ich heute noch Kontakte, zum Teil privat. Andere Berater erinnern sich an mich und vermitteln Kontakte. Und auch Kunden haben sich nach Jahren positiv an die Zusammenarbeit erinnert.

Ich habe häufiger Anschlussverträge in solchen Projekten bekommen und ich bin sicher, diese Kontakte würden Wege ebnen, wenn sich die Situation für Neuprojekte ergibt. Das Schlüsselwort an dieser Stelle ist ‚Vertrauen', und das erwirbt man bei Sell and forget nicht. "

Übungen und Tipps

Sell and forget funktioniert im Beratungsumfeld nicht. Daher bedenken Sie bei allen Ihren Handlungen im Kundenumfeld:

- Welchen langfristigen Eindruck hinterlassen Sie mit dieser Handlungsweise?
- Wie können Sie bei gleichzeitigem wirtschaftlichen Erfolg einen nachhaltigen Wert für Ihren Kunden stiften, den dieser auch als solchen erkennt?
- Welche Dinge erkennen Sie bei Ihrem Kunden, bei denen Sie ihm neben dem aktuellen Auftrag einen zusätzlichen Nutzen schaffen können? Das können Ansätze für Folgeaufträge sein, aber auch Kleinigkeiten, die ihm einfach so das Leben erleichtern, ohne dass Sie direkt ein Honorar dafür erhalten.

Zusammenfassung

Sell and forget ist gerade in börsennotierten und stark quartalszahlenorientierten Unternehmen weit verbreitet, weil das Ziel des Vertriebs nicht das Erreichen der Kundenziele ist, sondern das Erreichen eines bestimmten Umsatzes oder betriebswirtschaftlichen Ergebnisses. In der Beratung ist dieser Ansatz äußerst gefährlich und zerstört langfristig – oder manchmal auch sehr schnell – das Vertrauen der Kunden. Diese berichten über ihre guten oder schlechten Erlebnisse, wobei sich schlechte Nachrichten schneller verbreiten. Bad News der eigenen Firma sind übrigens Good News für die Konkurrenz. Somit ist Sell and forget mit Sicherheit keine lohnenswerte Langfriststrategie für Beratungshäuser. Denken Sie darüber nach, wie Sie wieder und wieder positive Regelkreise mit Ihren Kunden durchlaufen können, in denen Sie gemeinsam die Kundenziele erreichen, Vertrauen stärken, sich weiterempfehlen lassen und für neue Aufträge qualifizieren.

2.5.2 Win-Win-Strategie

Einführung
Die Win-Win-Strategie wurde im Rahmen des Harvard Konzepts zu konstruktiver Verhandlungsführung ausgearbeitet und später im Rahmen der Spieltheorie intensiv theoretisch bearbeitet.

Doch ist die Idee des Win-Win viel älter, wie alte Redewendungen und alte Geschichten belegen. Das Sprichwort „Eine Hand wäscht die andere" zeigt auf, dass nach dem gemeinsamen Geschäft beide Hände sauber sind und einen Vorteil davon haben. Viele Sagen und Märchen basieren auf dem „Hilfst du mir, so helf ich dir"-Prinzip. Win-Win hat seine Wurzeln noch viel weiter in der Vergangenheit, und zwar in unserer Biologie, in der wir immer wieder verschiedene Lebensformen finden, die arbeitsteilig zusammenhalten und so einen gemeinsamen Erfolg erzielen. Das Prinzip nennt sich Symbiose und ist ein sehr weises System. Es kommt auch in unserer heutigen Wirtschaft häufig zum Tragen.

Die Win-Win-Strategie dient vielen Unternehmen heute als Modell für nachhaltige Geschäftsbeziehungen, wird aber auch herangezogen, wenn unterschiedliche Interessen aufeinandertreffen, also in Konfliktsituationen. Die Schwierigkeit besteht häufig darin, dass es zwar höflich ist, zu behaupten, man suche ja eine Win-Win-Lösung, dass dies aber nicht immer der Fall ist. Dies ist kein Buch über Verhandlungsführung, Sie finden jedoch einige Basis-Regeln im Kapitel „Erfolgreiches Verkaufen geht nur über erfolgreiches Verhandeln".

Probleme und Fallen
Generell treten Probleme auf, wenn Unternehmen oder Personen nur kurzfristig an den zu gewinnenden Auftrag und den aktuellen Erfolg denken und nicht berücksichtigen, dass man sich im Wirtschaftsleben immer wieder über den Weg läuft und mehr davon hat, wenn man in sinnvoller Art miteinander kooperiert. Beispiele:

▪ Manche Kunden wollen nur Win-Lose und legen es darauf an, so viel wie möglich aus einem Lieferanten herauszupressen. Gleichzeitig erwarten sie maximales Engagement, eine Top-Qualität und höchste

Priorität. Das funktioniert kurzfristig, ist jedoch eine ruinöse Illusion, die mittel- bis langfristig dem Kunden selbst zum Nachteil gereicht. Beispielsweise haben einige Automobilhersteller und Automobilzulieferer ihre Lieferanten unter einen derartigen Kostendruck gesetzt, dass diese Leistungen zusagten, die sie anschließend nicht einhalten konnten. Die Folge waren teure Rückrufaktionen, schlechte Qualität der Bauteile bis hin zum Konkurs mancher Lieferanten. Der einzige Ausweg, der den Zulieferern und Herstellern blieb, war, die insolventen Unternehmen zu kaufen und durch umfangreiche Investitionen wiederzubeleben, da sie geschäftskritisch für ihr eigenes Geschäft waren. Am Ende war dieser tolle Einkaufserfolg für die Kunden ein teures Desaster, das in der Öffentlichkeit unter dem Namen Lopez-Effekt Bekanntheit erlangte.

Manche Berater legen es ebenfalls auf Win-Lose an. Dabei geht es ihnen nicht darum, dass der Mandant verliert, jedoch ist ihnen das egal. Dies ist die Sell and forget-Mentalität, die wir bereits behandelt haben. Dabei handelt es sich um einen Bumerang, der den Berater früher oder später selbst trifft.

Die Theorie

Beim Win- und Lose-Konstrukt existieren erst einmal vier Möglichkeiten:

Win-Win Beide Parteien (Berater und Kunde) gewinnen.	Lose-Win Der Berater verliert, der Kunde gewinnt.
Win-Lose Der Berater gewinnt, der Kunde verliert.	Lose-Lose Beide verlieren.

Bei einem Nullsummenspiel, das man gegeneinander spielt, bewegt man sich im Win-Lose oder Lose-Win Bereich. Das bedeutet: einer gewinnt, einer verliert. Es ist immer ein Kuchen von 100 Prozent zu verteilen, und wenn der eine 70 Prozent erhält, bleiben für den anderen nur 30 Prozent. Wenn beide Seiten zu fixiert sind, kommt es eventuell zu einem Lose-Lose, also zu einer Situation, in der beide verlieren.

Diese einfache Aufteilung nach dem Motto „Wer setzt seine Ziele durch" greift jedoch zu kurz, denn sie berücksichtigt zu wenige Parameter. Beratung wird erstens nur zum Erfolg, wenn beide Seiten davon profitieren; zweitens sind Verhandlungs- und Entscheidungssysteme in der Realität komplexer. Da kann ein Zugeständnis für den einen gar nicht schmerzen, dem anderen aber einen großen Vorteil bringen. Dann sind häufig auch Marktbegleiter in Verhandlungs- und Beratungssituationen präsent. Es geht also nicht mehr nur um eine Tabelle mit dem Berater oder dem Kunden, sondern um mehrere Tabellen, wodurch sich die Komplexität erhöht.

Gegen manche Konkurrenten sollte man gewinnen, mit anderen kann man auch projektweise – wenn der Kunde dies zum Beispiel wünscht oder vorgibt – zusammenarbeiten. Diese bewusste Kombination nennt sich Coopetition (Competition + Cooperation, also situativer Wettbewerb und Kooperation zugleich).

Wachsende Erfahrung im Business und im Beratungsgeschäft öffnen die Augen für weitere Optionen, die vielleicht zuvor nicht sichtbar sind. Wenn Sie in einer Konkurrenzsituation bei einem Kunden anbieten und Sie haben Schwächen, einer Ihrer Konkurrenten ebenfalls, aber gemeinsam würden Sie diese Schwächen ausgleichen – warum schließen Sie sich nicht zusammen und gewinnen gegen die anderen Konkurrenten? (If you can't beat them, join them.)

Auf jeden Fall ist es im Beratungsgeschäft wichtig, dass Sie für sich und die anderen Beteiligten darauf achten, mittel- und langfristig eine Win-Win-Konstellation zu erreichen, denn diese ist Basis für eine nachhaltige, vertrauensvolle Zusammenarbeit.

Merke

Achten Sie darauf, dass jedes Geschäft für den Kunden und für Sie einen mittel- oder langfristigen Gewinn darstellt. Wenn Sie dies nicht erreichen können, machen Sie dieses Geschäft nicht! Erklären Sie Ihrem Kunden den Grund für Ihren Rückzug.

Die Praxis

Ein negatives (Win-Lose) und ein positives Beispiel (Win-Win) aus der Praxis können deren Wirkmechanismen verdeutlichen.

Beispiel 1:

Nur der Preis zählt: Obwohl die Marktpreise für Beratungsleistungen anzogen, war der Kunde in einem langlaufenden Projekt knauserig und drückte die Preise. Die Folge für die beteiligten Beratungsunternehmen: Sie mussten den Kostendruck durch schlechtere Gehalts- und Honorarkonditionen an ihre Berater weitergeben – in einer Situation mit Nachfrageüberhang. Viele unzufriedene Berater verließen ihr Unternehmen beziehungsweise freie Berater verlängerten ihre Verträge nicht. Das Beratungshaus lieferte andere Berater nach, diese brachten für deutlich weniger Geld jedoch bei weitem nicht so qualitativ hochwertige Arbeit wie diejenigen, die das Projekt verlassen hatten. Ein Kundenmitarbeiter sprach von einem „dramatischen Qualitätsverlust", der im Kundenprojekt enorme Probleme verursacht hat. Der Kunde bekam sogar Schwierigkeiten, seine eigenen Leistungen für seine Kunden zu erbringen. Langfristig hat der Kunde sich so mit seiner Einkaufspolitik selbst ein Bein gestellt. Ob dem Kunden diese Zusammenhänge klar geworden sind, kann ich nicht sagen. Jedenfalls ist dieses Beispiel ein eindrucksvoller Beleg dafür, dass Geiz eben nicht geil ist.

Beispiel 2:

Positive Kooperation: Für einen Kunden haben wir uns mit einem befreundeten Unternehmen zusammengefunden, um dem Kunden eine vollständigere Lösung anzubieten. Das Thema war Beratung, Konzeption und Umsetzung eines Business Intelligence-Systems. Unser Partner war Spezialist für die Anwendung, wir der Spezialist für die Datenbanklösung im Hintergrund. Gemeinsam konnten wir ein abgestimmtes System entwerfen und einführen, wozu einer von uns alleine nicht in der Lage gewesen wäre. Betrachten wir die theoretischen Möglichkeiten, die uns offengestanden hätten. Dabei vergeben in den jeweils betrachteten Spalten einen Punkt für ein Prozent Zielerreichung, um die Gesamtlösung bewerten und vergleichen zu können:

Ansatz	Wir	Unser Partner	Kunde	Ergebnis
Win – Lose	wir gewinnen = 100% Umsatz (100 Punkte)	Partner verliert = 0% Umsatz (0 Punkte)	Kunde erhält eine 70% Lösung (70 Punkte)	170 Punkte
Lose – Win	wir verlieren = 0% Umsatz (0 Punkte)	Partner gewinnt = 100% Umsatz (100 Punkte)	Kunde erhält eine 70% Lösung (70 Punkte)	170 Punkte
Win – Win – Win (so haben wir es gemacht)	wir gewinnen = 80% Umsatz – sehr zufriedener Kunde hatte Zusatzwünsche (80 Punkte)	Partner gewinnt = 80% Umsatz – sehr zufriedener Kunde hatte Zusatzwünsche (80 Punkte)	Kunde erhält eine 140% Lösung (mit seinen Erweiterungswünschen) (140 Punkte)	300 Punkte

Sie sehen also, dass die Kooperation an dieser Stelle für alle Beteiligten ein deutlicher Gewinn war. Natürlich hätten wir mehr Umsatz gemacht, hätten wir gegen unseren Partner gewonnen. Doch erstens hätten wir auch verlieren können (= kein Umsatz) und zweitens ist dieses Modell eines, welches wir mit diesem Partner auch schon in anderen Projekten erfolgreich umgesetzt haben, da so weitere Kunden wie auch wir von unserer Zusammenarbeit profitieren konnten.

Übungen und Tipps

- Fragen Sie sich in jedem Beratungsprojekt: „Wie kann das Projekt für alle Beteiligten ein Gewinn werden?"
- Seien Sie kreativ und erweitern Sie das System, um doch eine Win-Win-Situation zu erreichen (increasing the pie) zum Beispiel durch Hereinnahme eines ergänzenden Partners.
- Wenn Ihr Kunde weniger zahlen will, geben Sie ihm jemanden für weniger Geld an die Hand, der sich so in einem zum Teil neuen Gebiet eine Referenz erwirbt. Außerdem steht Ihnen so der Kunde als Referenz zur Verfügung.

Der Kunde erhält einen niedrigeren Preis, der Berater erhält eine positive Referenz, der Kunde hat Berater gut kennengelernt und wird ihn beim nächsten Projekt bevorzugt anfragen, da er bereits das Geschäft des Kunden gut kennt – auch hier gilt: Handeln Sie, statt zu verschenken, also tauschen Sie etwas wertvolles für den Kunden gegen etwas günstiges für Sie. Denn auch wenn die besten Dinge im Leben kostenlos sind, ist in unserem Wirtschaftsleben psychologisch die Einstellung: „Was nichts kostet, ist auch nichts wert" tief verwurzelt.

Zusammenfassung

Win-Lose Strategien funktionieren im Allgemeinen nicht lange. Gewinnen Sie nicht gegen die anderen, sondern mit ihnen. Sehen Sie Ihre Kunden als Partner und finden Sie die richtigen Geschäftspartner, um Ihre Kunden zu unterstützen. Agieren Sie langfristig denkend, sodass aus jedem Geschäft ein Gewinn für alle Beteiligten wird. Ist dies auf längere Sicht nicht möglich, ziehen Sie sich aus diesem Geschäft zurück. Genauso wie Win-Lose Ansätze als schmerzhafter Bumerang zurückkommen, kommen Win-Win-Strategien in Form von Unterstützung, Neuaufträgen und Behilflichkeit durch Ihre Geschäftspartner und Kunden zurück.

2.5.3 Kinderkrankheiten

Einführung

Gerald M. Weinberg beschreibt in seinem Buch „Secrets of Consulting" das New-Law mit der Formel *„Nothing New ever works"*. Es geht darum, dass alle komplizierten neuen Dinge zu Beginn fehlerhaft sind. Da wir als Berater immer am offenen Herzen unserer Kunden – nämlich in ihrem laufenden Geschäftsbetrieb – operieren, ist also äußerste Vorsicht angebracht, damit eine Neuerung nicht das Geschäft unseres Kunden lahmlegt. Wir kennen für dieses Phänomen auch den Begriff „Kinderkrankheiten".

Probleme und Fallen

Die Beispiele für neu eingeführte Systeme, die zu Beginn nicht funktioniert haben, sind mannigfaltig. Die Presse stürzt sich mit Vorliebe auf solche Dinge, die als Werbung für die Qualität des Lieferanten oder Beraters eher ungeeignet erscheinen. Folgende Beispiele verdeutlichen dies.

Kunststofffüllungen für Zähne: Regelmäßig kommen neue Produkte auf den Markt, von denen die Hersteller berichten: Jetzt seien die Probleme mit der Schrumpfung (oder anderen Schwachpunkten gegenüber Amalgam-Füllungen) behoben. Nach einigen Jahren stellt sich heraus: der Stein der Weisen wurde doch noch nicht gefunden – aber glücklicherweise hat der Hersteller just in dem Moment eine neue Kunststofffüllung auf den Markt gebracht, die alle Probleme löst ...

Beim ersten Start der Rakete Ariane 5 1996 mit vier Satelliten an Bord erhielt der Navigationscomputer aufgrund eines Softwarefehlers falsche Daten über die Fluglage und versuchte gegenzusteuern, was die Rakete in eine drastische Schieflage und fast zum Auseinanderbrechen brachte. Dadurch wurde die Selbstzerstörung ausgelöst. Die Kosten des Fehlers belaufen sich auf circa 500 Millionen US-Dollar. Das Pikante an dem Fehler ist: In der anschließend durchgeführten Simulation ist der Fehler ebenfalls aufgetreten. Die Simulation hatte man sich aufgrund von Kosten- und Termindruck „gespart". Über ein Jahr später erfolgte der erste erfolgreiche Start – ohne Nutzlast, um die Qualität des Systems nun ausreichend zu sichern.

Die 2006 eingeführte neue zentrale Lehrer- und Schülerdatenbank für hessische Schulen (LUSD) funktioniert nicht entsprechend den Anforderungen, was im September 2007 mit großer Medienaufmerksamkeit eskalierte. Der *Hessische Rundfunk* berichtete unter der Überschrift *„LUSD lässt Sekretärinnen schwitzen – über Zehntausende Überstunden in den Sekretariaten."* Die *Computerwoche* titelt: *„Hessen erlebt Desaster mit neuer Schulsoftware."* Die Umsetzung lag in den Händen eines großen renommierten IT-Beratungshauses. Die Reaktionen der Betroffenen reichen von offenen Briefen an das Kultusministerium bis hin zu Schadenersatzforderungen. Eine Anwenderin wird im Artikel der Computerwoche zitiert: „Heute muss man sich erst anmelden, braucht ewige Zeit und viele Klicks, um das Gewünschte zu bekommen. Mein Gott, in dieser Zeit ist man zehn Mal zum Aktenschrank gelaufen und hat sich die entsprechende gute alte Schülerakte oder den nötigen Ordner herausgezogen!"

Die Theorie

Auf der einen Seite haben Kunden häufig langfristige Anforderungen, wenn sie einen Berater beauftragen, eine neue Lösung für ein Problem zu konzipieren. Auf der anderen Seite werden Innovationszyklen immer kürzer – sowohl bei Produktentwicklungen als auch speziell in der IT. Liegt hier ein Interessenkonflikt vor? Die klare und einfache Antwort lautet: „Ja."

Eine alte Regel besagt: „Wer zahlt, gibt die Ziele vor." Früher war der einzige, der gezahlt hat, der Kunde, somit wurde ihm bei der Gestaltung von Produkten das größte Gewicht eingeräumt. Heute gibt es häufig einen zweiten Kreis, der gezahlt hat und dem sich ein Unternehmen verpflichtet fühlt: die Shareholder, die Aktienbesitzer, die ihre Dividende erwarten. Ihnen gehören heute viele große Unternehmen. Hier sehen wir einen ganz entscheidenden Unterschied. Der Unternehmer, der sein eigenes Geschäft betreibt und entwickelt, hat ein Interesse an der langfristigen erfolgreichen Entwicklung des Unternehmens. Auch, wenn es ein paar Jahre mal schlechter läuft – er denkt in Jahrzehnten. Er wird immer im Interesse des Kunden handeln.

Anders die Shareholder. Sie wollen mit ihren Aktien Geld verdienen, und zwar über die Dividende und die Steigerung des Aktienkurses. Einige langfristig, viele jedoch sehr kurzfristig fixiert – bis hin zu Intraday Tradern, die morgens Aktien kaufen, um sie im Lauf des Tages mit Kursgewinnen wieder abzustoßen. Sie haben keinerlei Interesse an der Entwicklung des Unternehmens. Und hier liegt die Absurdität. Schon eine kleine negative Pressemeldung kann zu starken Kursverlusten von mehreren Prozent führen. Die Ankündigung von Entlassungen bewirkt hingegen häufig eine mehrprozentige Steigerung, weil sich durch die Brille der Kurzsichtigkeit gesehen dadurch Personalkosten einsparen lassen und sich die Marge erhöht. An verlorenes Know-how und die Demotivation der Mitarbeiter denkt hier kein Shareholder.

Trotz ihrer unangemessen heftigen Handlungen bestimmen Aktionäre die Politik – und somit auch die Produktpolitik – der Unternehmen. Nicht die Kundenbedarfe stehen an erster Stelle, sondern die Forderungen der Aktionäre. Dadurch werden in immer kürzeren Abständen neue Produktlinien und Produkte auf den Markt geworfen – bei gleichzeitiger höherer sogenannter „Kosteneffizienz" in Herstellung und Qualitätssicherung. Im Klartext führt dies häufig zu schlechterer Qualität; Produkte werden trotz signifikanter Mängel eingeführt. Manches kommt später wie ein Bumerang zurück.

Beispielsweise musste der Spielzeughersteller Matell 2007 in mehreren Wellen Millionen von in China produzierten Spielzeugen zurückrufen, weil Kunststoffe bleibelastet waren oder sich Kleinteile lösen konnten, die verschluckt werden konnten. Der beschriebene Konflikt ist das Ergebnis mehrerer Akteure. Die Hersteller beugen sich dem Druck der Aktionäre. Kunden begünstigen schlechte Qualität durch die Fixierung auf möglichst immer günstiger werdende Preise. Unternehmen, die ihren Kunden seriöse Angebote unterbreiten, welche deutlich über den Kosten unseriöser Anbieter liegen, werden einfach keine Aufträge erhalten, da sie unterboten werden. Von ihnen hören wir also nichts. Bei der Einführung von neuer Software antworten die Hersteller mit Patches und Verbesserungen in neueren Versionen. Der Kreislauf beginnt von vorne. Der Vertriebsbeauftragte eines Herstellers wird Ihnen immer erzählen: „Jaaaa, wir kennen die Probleme aus der Vergangenheit. Aber mit der neuen Version, die demnächst erscheint, wird alles anders." Sein primäres (von der Unternehmensleitung per Provision implantierte) Interesse liegt darin, immer wieder neue „Hype Cycles" zu erzeugen, da jeder Cycle neuen Umsatz für sein Unternehmen und dessen Shareholder bedeutet. Worum handelt es sich bei diesen Hype Cycles?

Das amerikanische Unternehmen Gartner Inc. nimmt eine führende Rolle im Bereich Technologie-Research und -Bewertung ein. Neue Trends werden beobachtet und eingestuft. 1995 führte Gartner den „Gartner Hype Cycle" ein, um den Entwicklungsstand neuer Technologien einzustufen. Jeder neue Trend durchläuft dabei verschiedene Stufen (siehe Seite 184, Abbildung 16).

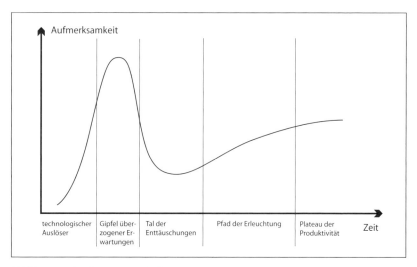

Abbildung 16: Der Gartner Hype Cycle

Stufen des Gartner Hype Cycle

1. technologischer Auslöser: Ein neuer Technologietrend rückt durch einen technischen Durchbruch oder ein anderes Ereignis ins Rampenlicht der Medien. Die Aufmerksamkeit wächst sehr stark.

2. Gipfel der überzogenen Erwartungen: Medienberichte überschlagen sich, überzogene Erwartungen werden mit dem neuen Trend verbunden.

3. Tal der Enttäuschungen: Trotz einiger erfolgreicher Projekte stellt sich bei der Mehrzahl der Interessierten Ernüchterung ein, da die überzogenen Erwartungen sich nicht realisieren lassen – „Kinderkrankheiten" desillusionieren. Das Medieninteresse ebbt ab.

4. Pfad der Erleuchtung: Nach einer Weile erscheinen neue Versionen und Generationen der Technologie, in denen immer mehr Kinderkrankheiten beseitigt wurden und die sich langsam für einen wirtschaftlichen und produktiven Einsatz eignen.

5. Plateau der Produktivität: Dies wird erreicht, nachdem das Produkt/der Trend ausgereift ist und als Standard am Markt akzeptiert wird. Dieses Plateau erreichen übrigens nicht alle Technologien, manche werden zuvor obsolet und verschwinden (beispielsweise der Transportzeppelin CargoLifter).

Diesem Hype Cycle unterliegen nicht nur technologische Trends. Alle neuen Produkte oder Produktzweige sowie alle neuen Prozesse und Methoden unterliegen meiner Erfahrung nach diesem Zyklus. In unserer Verantwortung als Berater liegt nun die schwierige Aufgabe, zu erkennen, in welchem Reifegrad innerhalb dieses Zyklus sich das Thema befindet, mit dem wir unseren Kunden beglücken wollen, um erstens entsprechend das Richtige zu empfehlen und zweitens ein in Bezug auf das Thema angemessenes Risikomanagement zu etablieren.

Ein weiteres Phänomen zeigt uns der Gartner Hype Cycle nicht, es ist jedoch im Beratungskontext ebenso wichtig. Das Plateau der Produktivität ebbt wieder ab und produktive Technologien werden durch neuere Technologien herausgefordert und ersetzt. Ich nenne diese weitere Stufe, die sich an das Gartner-Modell anfügen lässt, „Veraltern der Lösung". In den 1990er Jahren erlebte das Thema „Client Server" seinen Hype. Mitte bis Ende der 1990er wurde es abgelöst durch webbasierte Architekturen. In seiner Weiterentwicklung kurz nach der Jahrtausendwende kam das Thema „EAI – Enterprise Application Integration" auf, das sich 2004 bis 2007 in das Trend-Thema „SOA – Serviceorientierte Architekturen" wandelte. Wenn Sie also im Jahr 2007 als IT Berater eine „Client Server Architektur" empfehlen, liegen Sie weit ab von der aktuellen Entwicklung des Jahres 2007.

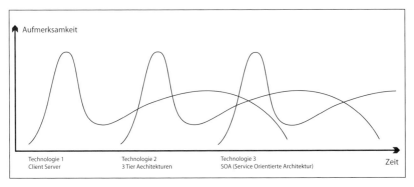

Abbildung 17: Hype-Cycle Serie inklusive Veralterungsphase

Somit ist es für den Berater nicht nur wichtig, zu wissen, wann eine Lösung reif genug ist, sondern auch, wann eine Lösung überaltert ist. Die Kunst besteht nun darin, zur rechten Zeit die angemessenen Lösungen zu finden und das ganze im Kontext der Weiterentwicklung für den Kunden zu planen und ihm zu kommunizieren.

Die Praxis

Zum Einsatz einer neuen Version einer Software für Datentransfer und Datenmanipulation erzählt ein Berater: „Noch ca. ein Jahr nach Erscheinen der neuen Software klagen Kunden über katastrophale Probleme, zum Beispiel spontan abstürzende Serverprozesse." Das ist schon erstaunlich, wenn man bedenkt, dass es sich beim Hersteller um einen der Marktführer in seinem Segment handelt und seine Software verwendet wird, um zum Beispiel bei Großbanken Kundendaten zu transferieren und zu manipulieren. Doch im Lichte der beiden soeben beschriebenen Phänomene – Shareholder-Interessen an „Neuen Versionen" bei gleichzeitig sinkenden Kosten kombiniert mit dem Gartner Hype Cycle – wird klar, dass Software Zeit zum Reifen braucht. Wie jede andere Technologie, jedes andere Konzept und jeder andere Prozess. Viele IT-Profis kennen die Lehre daraus: Setze nie eine Version mit einer Null hinter dem Punkt für ein Produktivsystem ein, sondern warte auf eine um die Kinderkrankheiten bereinigte neue Version.

Doch wie hilft Ihnen dieses Wissen in Ihrer Beratungssituation weiter? Diese Kenntnis ermöglicht Ihnen ein dreistufiges Vorgehen, das die Folgen der „Kinderkrankheiten" aller neuen Dinge für den Kunden abmildern kann.

Merke

1. **Aufmerksamkeit:** Ihre Aufmerksamkeit für mögliche Kinderkrankheiten neuer Produkte/Systeme/Prozesse im Kontext Ihrer Beratung ist geschärft. Sie erkennen Fallgruben.
2. **Bessere Qualität im Entscheidungsprozess:** Aufgrund dieser erhöhten Aufmerksamkeit können Sie neue Details in einen Entscheidungsprozess für eine bestimmte Lösung einfließen lassen. Sie machen den Kunden auf Risiken der Lösungen A, B, C aufmerksam, er kann aufgrund Ihrer Beratung eine fundiertere Entscheidung treffen.

3. Risikomanagement: Nachdem die Entscheidung für eine Lösung gefallen ist, kann durch Kenntnis der möglichen Kinderkrankheiten ein angemessenes Risikomanagement durchgeführt werden, um die Folgen der Kinderkrankheiten abzumildern und eventuell einen Plan B greifen zu lassen, wenn unerwartete Showstopper auftreten.

Das Erkennen und Management verschiedener Reifegrade hat speziell die Softwareindustrie beschäftigt und viele Methoden zur erfolgreichen Projektabwicklung hervorgebracht. Ein Modell, speziell zur Beurteilung und Entwicklung von Reifegraden ist das CMMI, das Capability Maturity Model Integration, welches vom Software Engineering Institute der CarnegieMellon University in Pittsburgh entwickelt wurde. In der ersten Version (CMM) bezog sich das Modell nur auf Software, inzwischen wurde es erweitert, um auch Prozesse und Geschäftsabläufe in Unternehmen bezogen auf ihren Reifegrad zu bewerten und zu entwickeln. Dabei werden die Fähigkeiten (Capabilities) des Unternehmens sowie die Reifegrade (Maturity) eingestuft und deren Entwicklung verfolgt. Wir gehen hier nicht näher auf die umfangreichen Verfahren ein, wenn Sie sich damit beschäftigen möchten, finden Sie Informationen zu CMMI unter:
http://www.sei.cmu.edu/cmmi/ oder
http://de.wikipedia.org/wiki/Capability_Maturity_Model_Integration

Auch die Einführung von neuen Prozessen in einem Unternehmen ohne Beteiligung von Software unterliegt dem Risiko der Kinderkrankheiten. Das Wichtigste dabei ist die Unterstützung der Beteiligten. Wenn diese die Neuerung verstehen und als Verbesserung wollen, werden sie (mit an Sicherheit grenzender Wahrscheinlichkeit auftretenden) bei Schwierigkeiten mithelfen, diese zu kompensieren. Wenn sie gegen die Neuerung sind, werden sie jede noch so kleine Panne zum Anlass nehmen, das neue Vorgehen zu boykottieren und zu torpedieren. Daher ist die Einbeziehung der Menschen im Umkreis der Neuerungen eine der wichtigsten Aufgaben für Sie als Berater: „Betroffene zu Beteiligten machen." Wenn Sie das nicht selbst können, da Sie nicht an der Umsetzung beteiligt sind, tun Sie gut daran, dies als ganz klaren Bestandteil der Einführungsstrategie herauszuheben und Ihrem Kunden als kritischen Erfolgsfaktor zu kommunizieren.

- Sie operieren am offenen Herzen Ihres Kunden. Wägen Sie Chancen und Risiken neuer Lösungen für Ihren Kunden gemeinsam mit Ihrem Kunden ab. Sie beraten ihn – er muss die Entscheidung treffen. Guter Rat ist zu Recht teuer, denn schlechter Rat kommt alle noch viel teurer zu stehen.
- Beherzigen Sie bei der Beurteilung neuer Lösungen immer die Interessen der Hersteller oder ihrer Shareholder, prüfen Sie, wo sich eine Lösung auf dem Hype Cycle befindet und berücksichtigen Sie dabei auch die Verlängerung des Hype Cycle um die Stufe „Veralterung der Lösung".
- Entwickeln Sie immer einen Plan B beziehungsweise ein Fallback-Szenario für Ihren Kunden.

Zusammenfassung

Alle neuen Lösungen und Technologien haben Kinderkrankheiten, verursacht durch verschiedene Aspekte. Häufig ist eine Kombination aus Shareholder-Interessen, Sparwillen des Kunden und Reifegrad auf dem Gartner Hype Cycle die Ursache des Phänomens. Für Sie als Berater ist es wichtig, diese Faktoren zu kennen und bei der Beurteilung neuer Lösungen für Ihre Kunden zu berücksichtigen. Mit diesem Hintergrund sind Sie in der Lage, die Folgen neuer Lösungen sinnvoll zu managen durch:

1. angemessene Aufmerksamkeit,
2. eine hohe Qualität im Entscheidungsprozess,
3. ein angepasstes Risikomanagement bei der Einführung einer neuen Lösung.

2.5.4 Die optimale Lösung

Einführung

Ronald A. Fisher (1890 – 1962) war einer der bedeutendsten theoretischen Biologen, Genetiker, Evolutionstheoretiker und Statistiker des 20. Jahrhunderts. Unter anderem formulierte er „Fisher's Fundamental Theorem":
„The rate of increase in fitness of any organism at any time is equal to its genetic variance in fitness at that time."

Gerald M. Weinberg übersetzt dieses Theorem in seinem Buch *Secrets of Consulting*[42] wie folgt:

„The better adapted you are, the less adaptable you tend to be."

Übersetzt: Je besser angepasst eine Lösung ist, desto weniger anpassbar ist sie. Dieses Prinzip aus der Genetik ist übertragbar auf Systeme in anderen Disziplinen, auch für Beratungsprojekte.

Wir alle versuchen, Kunden möglichst optimale Lösungen zu empfehlen. Doch Fisher's Theorem verdeutlicht, dass es nicht die optimale Lösung gibt, sondern dass es eine Vielzahl von Möglichkeiten gibt, je nach dem, welche Eigenschaften der Lösung dem Kunden am wichtigsten sind.

Probleme und Fallen

Eine zu stark angepasste und spezialisierte Lösung ist zu unflexibel. Entweder sie bewältigt Veränderungen nicht oder/und es entstehen hohe Aufwände in ihrer Anpassung auf aktuelle Gegebenheiten.

Eine zu offene Lösung ist vielleicht für alle Eventualitäten gerüstet, jedoch ist sie in ihrer Herstellung meist enorm teuer und häufig oversized – oder in gutem alten Deutsch: Mit Kanonen auf Spatzen geschossen.

Die Theorie

Egal, um welches „System" es sich handelt, ob ein organisatorisches, ein IT-System oder beispielsweise ein ausgeklügeltes Zusammenspiel von Geschäftsprozessen im Unternehmen, unsere Kunden wollen meist die beste Lösung. Doch was ist die beste Lösung?

Wenn wir beispielsweise den besten Läufer suchen: Wer ist dies? Derjenige, der die weiteste Strecke läuft, oder der schnellste Läufer? Spontan würde man sagen: der schnellste Läufer, der am weitesten läuft. Doch schauen wir uns dies in einem Diagramm einmal an, stellen wir fest: Je weiter ein Läufer läuft, desto niedriger seine durchschnittliche Geschwindigkeit. Ein Marathon-Läufer erreicht nun einmal nicht die Geschwindigkeit eines 100-Meter-Sprinters. Tut er dies, wird er den Marathon nicht schaffen. Diese Regel, die wir hier als Tradeoff-Chart sehen, kennen wir auch unter dem

---

42 Quelle: Weinberg, Gerald M.: The Secrets of Consulting: A Guide to Giving and Getting Advice Successfully.

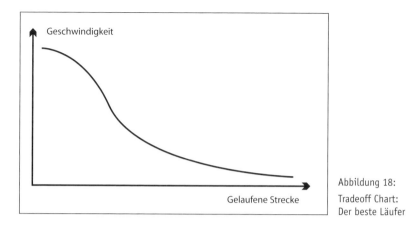

Abbildung 18:
Tradeoff Chart:
Der beste Läufer

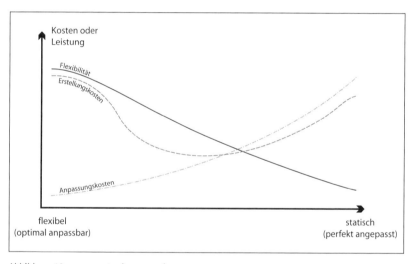

Abbildung 19: angepasst oder anpassbar

Namen „Magisches Dreieck des Projektmanagements". Wenn wir an einer Stelle die Leistung erhöhen, hat das eine Erhöhung der Kosten an einer anderen Stelle zur Folge.

Wenn wir nun ein System betrachten, das als ein Extrem optimal anpassbar und als das andere Extrem optimal angepasst hat, werden wir feststellen, dass sich verschiedene Verläufe für die Flexibilität, Erstellungskosten und Anpassungskosten ergeben.

Es ist enorm wichtig, dieses komplexe Wechselspiel mit unseren Kunden herauszuarbeiten, um zu einer Lösung zu gelangen, die am besten zu seinem Erstellungsbudget, seinem Wartungsbudget der angestrebten Perfektion und der notwendigen Flexibilität passt.

Die Praxis

Ein Beispiel aus der Praxis kann das Prinzip verdeutlichen.

Der Fahrplan für die Bahn: Je schneller Züge fahren und je geringer die Pufferzeiten in den Fahrtzeiten sind – je höher also die Taktung – desto weniger flexibel ist das System beim Umgang mit Störungen. Je kürzer ein Anschlusszug warten kann, desto höher steigt die Wahrscheinlichkeit, dass er bei einer Störung nicht mehr erreicht wird. Wenn die Puffer zu klein sind, müssen in den Betriebszentralen des Netzes schneller Änderungen im Ablauf durchgeführt werden. Die Koordinationsaufwände bei Problemen wachsen also deutlich. Wenn auf der anderen Seite mehr Puffer eingebaut werden, erhöht dies die Schwelle, ab der ein Problem zentral bearbeitet werden muss. Andererseits sinkt damit auch die durchschnittliche Geschwindigkeit der Züge, da die Puffer ja auch benötigt werden. Der alte Spruch „pünktlich wie die Eisenbahn" kommt nicht von der Geschwindigkeit der Züge, sondern von den Zeitpuffern, die dazu führten, dass man vor dem Zielbahnhof so schnell oder so langsam fahren konnte, dass man genau pünktlich am Zielort eintraf.

Das Beispiel zeigt, wie wichtig es ist, gemeinsam mit dem Kunden die Zusammenhänge der beeinflussenden Faktoren auf seine Wunschlösung zu erarbeiten und einen für ihn guten Weg zwischen den beiden Extremen zu finden: optimal angepasst und perfekt anpassbar.

- Führen Sie mit Ihren Kunden eine Betrachtung der verschiedenen relevanten Parameter für seine Lösungen durch, etwa: Erstellungszeit, Erstellungskosten, Anpassungskosten, Flexibilität der Lösung.
- Verschiedene methodische Ansätze können weiterhelfen: vom klassischen Wasserfallmodell über iterative Methoden wie Timeboxing oder Toyboxing bis hin zu agilen Methoden sollten Sie mit Ihrem Kunden die beste Art und Weise finden, ein „Design to time and budget" mit ihm durchführen zu können. Wenn Budget und Zeit beispielsweise klar definiert sind, jedoch einige Unwägbarkeiten existieren, dann kann der Funktionsumfang flexibel gestaltet werden. Klären Sie dies mit ihrem Kunden und achten Sie darauf, dass das magische Dreieck des Projektmanagements eingehalten wird.

Zusammenfassung

Je besser angepasst ein System ist, desto weniger ist es anpassbar. Die allgemeinen Wechselwirkungen zwischen Erstellungsaufwand, Änderungsaufwand, Flexibilität und optimaler Eignung für eine Aufgabe kann zusätzlich beeinflusst werden durch Wechselwirkungen, die im Kundenumfeld individuell vorkommen. Sie gilt es herauszufinden und mit dem Kunden zu erarbeiten, in welchem Maß er Wert auf welche Eigenschaften seiner Lösung legt. Somit gelingt das Finden der optimalen Lösung durch die Nutzung eines erweiterten magischen Dreiecks des Projektmanagements mit mehr Eingangsparametern. Üben Sie Ihre Wahrnehmung für diese Wechselwirkungen ein und Sie werden Ihre Kunden zukünftig noch besser und nachhaltiger beraten können.

2.5.5 Übung macht den Meister

Einführung

Im Kapitel „Faktor B – Business Skills" haben Sie gelesen, dass eines konstant ist, nämlich die permanente Änderung. Wir forderten Sie auf, Ihre Nase in den Wind zu stecken und auf den „Wind of Change" zu hören. Denn der Markt entwickelt sich stetig weiter und es gilt zu unterscheiden zwischen wirksamen Trends und Marketing-Blasen ohne Nachhaltigkeit. Für Sie als Berater besteht die Herausforderung darin, die richtigen Weiterbildungsmaßnahmen zu finden und sich permanent auf den aktuellen Stand zu bringen, damit Sie Ihren Kunden immer eine Nasenlänge voraus sind. Inzwischen ist diese stetige Weiterbildung auch bekannt unter dem Namen Lebenslanges Lernen (häufig kurz als LLL bezeichnet).

Probleme und Fallen

Manche, meist selbstständige Berater tappen in die Geiz-Falle. Sie sagen sich: „Besser ich fakturiere ein paar Tage mehr, statt für einige Tage auf ein Seminar zu gehen. Das kostet mich doch Zeit, Geld und Umsatzausfall." Kurzfristig richtig, führt dies jedoch auf lange Sicht zum Verfall des eigenen Marktwerts – wie ein Auto, dem man jahrelang keine Pflege und keine Inspektion gönnt. Der Geiz wird sich rächen.

Es kommt vor, dass Berater ihre wertvolle Trainingszeit in die falschen Themen investieren. Ein falsches Thema kann ein technisches oder fachliches Gebiet sein, das mittel- bis langfristig stirbt oder das zu einem derart großen Massenmarkt wird, dass die Tagessätze deutlich unter Druck geraten und fallen.

Es gibt sie leider: schlechte Trainings und schlechte Trainer. Viele Anbieter reiten auf Modewellen mit und bieten Trainings zu Themen an, für die sie nicht wirklich Experten sind. Solche Trainings sind verlorene Zeit. Achten Sie darauf, seriöse Trainingsanbieter zu finden, die Spitzenleistungen erbringen, damit Sie Ihr Geld und Ihre Zeit wertbringend anlegen.

Trainings empfinden wir häufig als großartig, bis uns der Alltag wieder zwei oder drei Wochen lang durch seine Mangel gedreht hat. Dann geschieht es, dass Trainingsinhalte wochenlang oder monatelang nicht in der Praxis eingesetzt werden. Ohne anschließende Übung verblasst das Gelernte schnell – nach einem halben Jahr ohne Anwendung ist das Wissen kaum noch präsent.

Die Theorie

Beim Thema Fortbildung zeigt sich, ob der Berater ein Unternehmer ist und langfristig denkt. Zur Entwicklung als Berater gehört wie beim großen Unternehmen, einen Teil seiner Einnahmen in „Forschung und Entwicklung" zu investieren. Das bedeutet, Sie nehmen sich Zeit für Ihre Fortbildung und investieren Geld hinein. Anschließend üben Sie das neu Gelernte ein. Wieder und wieder. Sie erweitern so Ihr Repertoire schließlich um die neuen Inhalte, denn Übung macht den Meister.

Bei der **strategischen Auswahl der Themen** und des Umfangs für Ihre Weiterbildung können Sie einen kleinen Business-Plan für Ihre Ausbildung erstellen, mit zu investierenden Zeiten, Kosten und messbaren finanziellen Rückflüssen. Dabei ist zu unterscheiden zwischen Trainings, die Sie „up to date" halten und erforderlich sind, um Ihr Honorar auch in Zukunft zu halten und Trainings, die eine Erhöhung Ihres Honorars ermöglichen. Beispielsweise ist das Erlernen neuer Steuergesetze sicherlich etwas, das Kunden von jedem Steuerberater erwarten. Eine Zusatzausbildung eines Vermögensberaters zum „certified financial planner" dürfte seinen Tagessatz allerdings durchaus erhöhen – zumindest bei neuen Kunden.

Einschlägige Statistiken zeigen, dass gerade wenn man erst wenige Jahre Erfahrung in einem Thema hat, eine anerkannte Zertifizierung zu deutlich höheren Stundensätzen führt, und zwar über mehrere Jahre hinweg. [43] Wichtig ist, Themen zu finden, die einerseits in Richtung einer Unique Selling Proposition Ihre Expertise rar werden lassen, also selten verfügbar sind, andererseits eine ausreichend große Nachfrage am Markt erzeugen. Sprich: Sie sollten nicht so selten sein, dass Sie keine Anfragen dafür erhalten. Andererseits sollten Sie sich auch nicht in eine Richtung entwickeln, die Sie zum „me too" macht, also zu einem Berater, der gegen viele tausend andere Berater beliebig austauschbar ist.

Nach der Auswahl des Themas ist die **Form des Lernens** die nächste Frage, die es zu beantworten gilt. Inzwischen gibt es eine Reihe unterschiedlicher Möglichkeiten zur Fortbildung. Einige Beispiele:

- Selbststudium per Fachbuch
- universitäre Ausbildung, beispielsweise per Fern-Uni
- Präsenztrainings, bei dem ein Trainer eine Gruppe vor Ort trainiert

---

43 Beispiel: Gulp.de Der Stundensatzkalkulator zeigt bei IT Beratern mit und ohne „Oracle certified professional" Zertifizierung 12 % höhere Tagessätze für die zertifizierten Berater, wenn sie erst bis zu 4 Jahre IT-Erfahrung vorweisen können. Der Stundensatzvorteil wird erst nach 12 Jahren IT-Erfahrung wiede neutralisiert. Basis der Auswertung: 1.531 aus 18.036 Profilen (Stand der Statistik: September 2007).

- CBT – Computer Based Trainings, bei denen Lerninhalte (inzwischen auch Soft Skills) per Computerprogramm oder per Zugriff auf ein Lernportal im Internet inkl. Lernerfolgskontrolle und evtl. Zertifizierung angeboten werden
- Blended Learning – eine Mischung aus Computer based Trainings und Präsenztrainings. Beispielsweise können bestimmte Basiskenntnisse per CBT-Kurs vor einem Training vermittelt werden, sodass alle Kursteilnehmer bereits einen vertieften Wissensstand mit in das Präsenztraining bringen.
- Lernen von einem Coach oder Mentor, der individuell auf die eigenen Fragestellungen eingeht und den „Schüler" persönlich weiterbringt
- Lernen im Team: Personen finden sich zu zielgerichteten Teams zusammen, um ihre Lernziele gemeinsam zu erreichen und sich bei ihren individuellen Zielen gegenseitig zu unterstützen.[44]
- Microlearning oder Mikrolernen: In Minuten bewältigbare Lerninhalte werden in kleinen Happen (meist elektronisch) für die aktuelle Situation angeboten und deren Verständnis eventuell durch einen Mikrotest abgeprüft.
- Lernen durch Praxiserfahrung und durch Übung – ergänzend zu den aufgeführten Fortbildungsmethoden der wichtigste Teil der Fortbildung

Nach der Aufnahme der Lerninhalte ist es wichtig, diese anzuwenden. Das Geheimnis, das den Schüler zum Meister macht lautet **Praxis, Praxis, Praxis,** auch Übung genannt. Das Gelernte wird erst durch häufig wiederholtes Anwenden richtig verstanden und als permanent abrufbarer Bestandteil in Ihr Beratungs-Repertoire integriert.

Die Praxis
Von Beratern mit Projektmanagement-Aufgaben hat ein großer Kunde vor einiger Zeit eine Zertifizierung des „Project Management Institute" (PMI) verlangt (siehe Kapitel „Projektvorgehensmodelle" in Teil I des Buchs. Seine Begründung: Alle seine angestellten Projektleiter haben diese Zertifizierung ebenfalls erworben, also erwartet er dies auch von all seinen externen Beratern. Die Berater, welche noch nicht über die Zertifizierung verfügten, führten diese durch; dies hatte einige Vorteile:

---

44 Ein Beispiel für Unterstützung in der Gruppe: http://www.erfolgsteams-frankfurt.de/.

- Alle Leute beim Kunden mit Projektmanagement-Aufgabe sprachen auf einmal dieselbe Sprache; die Qualität der Kommunikation nimmt zu.
- Die Zertifizierung im Profil erhöht den Marktwert für zukünftige Beratungsprojekte.
- Auch, wenn sie Profis auf ihrem Gebiet sind, die Berater haben allesamt noch das eine oder andere durch die Zertifizierung hinzugelernt.
- Die Zertifizierung führte zu einer Weiterbeauftragung – ohne Zertifizierung hätte der Kunde die Zusammenarbeit beendet.

Übungen und Tipps

- Erstellen Sie für sich eine strategische Fortbildungsplanung: Welche Weiterbildungsziele wollen Sie in zwei, drei und fünf Jahren erreicht haben; welche Leistungen wollen Sie Ihren Kunden dann anbieten? Planen Sie dementsprechend das nächste Jahr mit Ihren Weiterbildungsmaßnahmen ein. Dazu gehören Trainings, Zertifikate und auch Fachbücher. Rechnen Sie anhand von Statistiken und von Informationen aus Ihrem Kollegenkreis durch, welchen „Return on Investment" Ihnen Ihre Weiterbildung bringen kann (das Erhalten des Marktwerts ist auch ein Return on Investment, da der Marktwert andernfalls fällt).

- Fragen Sie Ihre Trainingsanbieter gezielt, ob eine kostenlose Nachbereitung im Training enthalten ist. Die kann zum Beispiel so aussehen, dass man sich nach einem, nach drei und nach sechs Monaten noch einmal für eine Feedbackrunde in einer Telefonkonferenz oder einem Treffen oder per E-Mail über Gelerntes austauscht, um die Einsetzbarkeit des Gelernten und Probleme im Alltag damit zu besprechen.

- Publizieren Sie als Experte in einschlägigen Fachzeitschriften Ihrer Branche oder schreiben Sie ein Buch. Wenn Sie erfolgreich sein wollen, werden Sie gut recherchieren, dabei lernen Sie enorm viel. So erzeugt die Erwartungshaltung Ihrer Leser eine starke Lerntätigkeit bei Ihnen selbst.

Zusammenfassung

Unser Beratungsumfeld ändert sich ständig. Es gibt Marketing-Hypes, die wir getrost ignorieren können, und es gibt wesentliche Entwicklungen, an denen wir als Berater teilnehmen müssen, um mit dem Markt am Ball zu bleiben. Die Herausforderung dabei ist, das eine vom anderen zu unterscheiden.

Daher ist es sinnvoll, eine intensive permanente Recherche über Zukunftstrends des eigenen Beratungsumfelds durchzuführen. Aus ihr können Sie Themen für Ihre Weiterbildung ableiten und diese in eine Weiterbildungsplanung einfließen lassen. Aus der Kombination der Durchführung von Weiterbildungsmaßnahmen und dem anschließenden vielfachen Üben des neu Erlernten gelangen Sie zur Meisterschaft und erweitern so Ihr Repertoire, erhalten und steigern Ihren Marktwert. Die Themen Fortbildung und Übung sind im Kontext eines lebenslangen Lernens ein permanenter Prozess. Sehen Sie diesen nicht als Last, sondern freuen Sie sich auf die vielen spannenden neuen Erkenntnisse und Personen, die Ihnen auf Ihrem Weg begegnen werden.

2.5.6 Langfristiger finanzieller Erfolg

Einführung

Was ist wichtig, um als Berater langfristig erfolgreich zu sein? Ganz einfach gesprochen, ein langfristig konstantes Einkommen. Und wie lässt sich dies erreichen? Dadurch, dass wir einige Grundprinzipien langfristiger Einkommensentwicklung beherzigen. Viele Menschen denken nicht sonderlich viel darüber nach, wodurch ihr Einkommen zustande kommt. Der Berater wird sagen: „Dadurch, dass mich ein Kunde bucht, erhalte ich Geld für Beratungszeit." Das ist richtig, aber nicht vollständig. Was tun Sie, wenn Sie eine Durststrecke haben und kein Kunde Sie in den nächsten Monaten buchen will? Wie überbrücken Sie die Zeit für eine erforderliche Fortbildung? Was ist Ihre Strategie, wenn der Bedarf für Ihr Beratungsthema sich verändert und Kunden kein Interesse mehr daran zeigen, weil es einen Technologiesprung gibt oder Ihr Tätigkeitsgebiet durch eine Gesetzesänderung starken Umwälzungen unterworfen ist?

Probleme und Fallen

Durch **planloses Agieren am Markt** entstehen für Berater häufig Probleme. Sie kennen Ihr Beratungsgebiet einigermaßen, wissen jedoch nicht wirklich, belegt durch Fakten, wie die Entwicklung voranschreiten wird und was für die nächsten Monate und Jahre die wichtigen Themen sein werden, die nachgefragt sind. Hier passiert es häufig, dass ein Berater sich nach einem Bauchgefühl in ein neues Thema intensiv einarbeitet und stark investiert, der Markt sich jedoch in eine ganz andere Richtung entwickelt.

Viele Berater **setzen nur auf ein einziges Pferd** – nämlich ihre Beratungszeit als einzige Einnahmequelle. Dass dies den Schwerpunkt bildet, ist auch in Ordnung. Langfristig stellt sich gleichwohl die Frage, was Sie für Ihre Einkommens-Risikostreuung tun können.

Manche Berater **tanzen wiederum auf zu vielen Hochzeiten.** Sie verzetteln sich und tun zu viele Dinge gleichzeitig, weil sie nicht nein sagen können. Das kann dazu führen, dass sie sehr viel machen, aber nichts davon richtig. Der goldene Mittelweg ist wieder einmal der richtige. Auf ihm laufen Sie nicht Gefahr, dass Ihr ganzer Ofen ausgeht, wenn eine Flamme erlischt.

Die Theorie
Bodo Schäfers inspirierendes Buch *Die Gesetze der Gewinner* beschreibt die Formel langfristigen finanziellen Erfolgs im Kapitel „Konzentriere Dich auf Deine einkommensproduzierenden Aktivitäten"[45] – kurz EPA. Nach Pareto's Law erzielen wir 80 Prozent unserer Ergebnisse in 20 Prozent unserer Zeit. Die restlichen 20 Prozent hingegen verschlingen 80 Prozent unserer Zeit. Wenn Sie es nun schaffen, nicht nur 20 Prozent sondern 40 oder 60 Prozent Ihrer Zeit für das Erzielen wirklich wichtiger Ergebnisse aufzuwenden, werden Sie Ihre Ergebnisse verdoppeln oder verdreifachen.

Doch welche Aktivitäten sind für Sie als Berater wichtig? Erst einmal all das, was unmittelbar und mittelbar Ihr Einkommen beeinflusst – also Ihre einkommensproduzierenden Aktivitäten – Ihre EPA. Für Sie als Berater gehören dazu natürlich verrechenbare Stunden, jedoch auch das Entwickeln neuen Geschäfts (Vertrieb, Empfehlungen, Marketing durch Bekanntheit in den Medien und der Fachliteratur). Langfristig denkende Berater erschließen sich zusätzliche Einkommensquellen, die einerseits ihr Einkommensportfolio erweitern und andererseits ihre Bekanntheit als Experten erhöhen. Als Beispiele können wir nennen: Halten von Vorträgen, Verfassen von Büchern, Präsenz zu aktuellen Themen in den Medien

---

45 Quelle: Schäfer, Bodo: Die Gesetze der Gewinner. 4. Gesetz: „Konzentriere Dich auf Deine einkommensproduzierenden Aktivitäten".

(Zeitschriften, Radio, Fernsehen), Entwickeln von Trainings und Dienstleistungsprodukten sowie deren Weiterlizensierung. Eine weitere wichtige und nicht zu vernachlässigende Tätigkeit für Sie ist die obligatorische Weiterbildung in Ihrem Themengebiet. Und hier haben wir einen sehr guten Hinweis darauf, was wesentlich ist und was nicht. Sie müssen nicht alles können und wissen, aber Sie sollten auf alles (kurzfristig) eine Antwort haben, weswegen Ihr Kunde Sie engagiert – oder auf die humorvolle Formel gebracht: „Der Berater muss im Handbuch immer eine Seite weiter sein als der Kunde." Denken Sie selbst ein wenig darüber nach, welche Tätigkeiten Ihr Einkommen wirklich bestimmen – und tun Sie diese Tätigkeiten öfter als bisher. So werden Sie Ihr Einkommen steigern.

Als zweite Komponente des langfristigen finanziellen Erfolgs nennt Bodo Schäfer **SINALOA**. Damit meint er nicht den gleichnamigen Bundesstaat im Westen Mexikos, sondern hier steht SINALOA für die Abkürzung **„Safety In Numbers And Law Of Average"**. Dazu gehört zuerst die Antwort auf die Frage: Wie oft müssen Sie Ihre EPA erfolgreich durchführen, um für Ihr Geschäft auf der sicheren Seite zu sein? Tun Sie diese Tätigkeiten so häufig, dass Sie auf der sicheren Seite sind. Der zweite Teil steht für das Gesetz des Durchschnitts. Wenn Sie etwas einmal tun, ist es eher Zufall, wie das Ergebnis sein wird. Schreiben Sie beispielsweise einmal einen Artikel für eine Zeitschrift, ist die Resonanz vielleicht zufällig gut, weil das Thema gerade getroffen hat – oder schlecht, weil gerade Ferien sind. Wenn Sie allerdings regelmäßig in der Fachpresse präsent sind, wird dies einen kalkulierbaren Einfluss auf Ihr Geschäft haben. Ich war beispielsweise recht verblüfft, dass direkt nach einem kleinen Fachartikel von mir zwei Personen ein dort referenziertes Training von mir gebucht haben. Hier konnte ich den Erfolg messen und beziffern. Durch häufiges Durchführen von EPA erhöhen wir also die Kalkulierbarkeit dieser Tätigkeiten. Nun gibt es gute und schlechte Zeiten. Viele Menschen glauben, eine Erfolgssträhne würde ewig andauern. Das tut sie nicht. Ebensowenig hält ein rezessives Tal ewig an. Die Wirtschaft unterliegt Zyklen und es gibt Hochs sowie Tiefs. Profis wissen dies und arbeiten deshalb in guten Zeiten mehr, um besser über schwierige Zeiten zu kommen. Das ist das Prinzip des „Law of Average". Dadurch, dass Sie sich mehrere Einkommensquellen schaffen, erzeugen Sie übrigens auch mehrere Einkommenszyklen. Vielleicht fließt aus den Einnahmen eines oder mehrerer Bücher nicht so viel Geld, aber es fließt auch dann, wenn Sie gerade nicht arbeiten. Somit haben Sie dadurch eine weitere Risikoverteilung in Ihrem Einkommenssystem.

Schritte zum langfristigen finanziellen Erfolg
Identifizieren und entwickeln Sie Ihren persönlichen Mix an einkommensproduzierenden Aktivitäten (EPA)
Konzentrieren Sie sich auf Ihre EPA – nutzen Sie mehr Zeit genau dafür (statt 20 Prozent 40 oder 60 Prozent Ihrer Zeit) – so verdoppeln und verdreifachen Sie Ihren Erfolg.
Nutzen Sie SINALOA für Ihren langfristigen Erfolg:
Tun Sie Ihre EPA so häufig, dass Sie finanziell auf der sicheren Seite sind (Safety in Numbers).
Rechnen Sie mit langfristigen Zyklen von Erfolgen und Misserfolgen – schaffen Sie sich durch das Gesetz des Durchschnitts Ihrer EPA in guten Zeiten ein Polster für schlechte Zeiten. So sichern Sie Ihren langfristigen Erfolg (Law of Average).

Die Praxis

Lassen Sie uns einige Gedanken dazu in Ihrer täglichen Berufspraxis verfolgen.

Sicherlich ist Ihr Tagessatz für Sie wichtig. Doch wie wichtig ist er wirklich? Haben Sie einmal ausgerechnet, nach wie vielen Tagen Sie ein Projekt mit Ihrem Wunsch-Tagessatz finden müssen, damit Sie noch das gleiche Ergebnis erzielen, wie bei dem Projekt, das Sie gerade abgelehnt haben, weil Ihnen der Tagessatz zu niedrig erschien? Häufig sind das nur Wochen oder Tage. Je länger ein Projekt läuft, desto geringer ist hier der Einfluss des Tagessatzes, bedenkt man zusätzlich die gesparten Vertriebsaufwendungen, wenn Sie längerfristig ein festes Projekt betreuen. Wie Ebbe und Flut kommen lukrativere und weniger lukrative Zeiten für uns Berater. Wichtig ist es, in lukrativen Zeiten zurückzulegen, um in schlechteren Zeiten davon zu zehren, sich also antizyklisch zu verhalten.

Das bedeutet für den Berater (wie übrigens für jeden Unternehmer) das Ansparen eines finanziellen Polsters. Dieses Polster bewirkt übrigens noch etwas anderes. Sie gewinnen dadurch enorm an Sicherheit und Souveränität. Ist es nicht ein schönes Gefühl, wenn Sie als selbstständiger Berater sagen können: „Ich muss für die nächsten sechs bis zwölf Monate kein Projekt finden. Theoretisch reichen meine Reserven so lange, dass ich diesen Zeitraum als Sabbatical nehmen und ein Buch schreiben könnte." Diese Erkenntnis im Hinterkopf schafft eine unglaubliche Gelassenheit und Ruhe, welche Sie direkt durch Ihre Souveränität ausstrahlen. Somit sind Sie in der Lage, erfolgreichere Verhandlungsgespräche zu führen und sich die für Sie spannenderen Projekte auszusuchen. Hier treffen wir wieder auf die alte Weisheit „Erfolg macht sexy".

Wenn Sie sich wie beschrieben auch noch mehrere Einkommensquellen geschaffen haben, wird das Thema Tagessatz noch unwichtiger – was nicht bedeuten soll, dass Sie für einen möglichst niedrigen Tagessatz arbeiten sollen – eher das Gegenteil ist der Fall, jedoch versuchen Sie lieber mit spielerischer Leichtigkeit Ihre Tagessätze zu erhöhen als mit schmerzverzerrtem Gesicht. Dann werden Sie erfolgreicher sein.

Sie glauben, als angestellter Berater trifft Sie das nicht, da Sie außer einem kleinen variablen Anteil keinen Einfluss auf Ihr Einkommen haben? Vielleicht schätze ich Sie gerade falsch ein. Aber, was denken Sie, wie viel Prozent der Leser dieses Buchs immer in der gleichen Rolle beim gleichen Beratungsunternehmen arbeiten werden? Mein Vater hat mehr als dreißig Jahre in derselben Firma gearbeitet und ist nun im Ruhestand. Noch in meiner Ausbildung konnte ich mir so etwas auch vorstellen, doch die Entwicklung der letzten Jahre hat an Rasanz zugenommen. Firmen werden gekauft und wieder verkauft. Themen wandeln sich. Entscheidungen werden auf einer sehr hohen Ebene getroffen. Wenn der CEO beschließt, dreitausend Stellen von Europa nach Indien zu verlagern, zählt Ihre Leistung als Einzelner nichts, weil ein viel größeres Spiel gespielt wird. Ein sehr guter Freund von mir hat fünf Mal seinen Arbeitgeber gewechselt, ohne je gekündigt zu haben. Sein Beratungsunternehmen wurde immer wieder von einem größeren gekauft oder fusionierte. So kam auch er zu einem interessanten Lebenslauf. Aber die Spielregeln für ihn haben sich ebenfalls geändert. Durch solche Unstetigkeit wird eine Karriere über 30 Jahre im gleichen Unternehmen schwer kalkulierbar und vermutlich eher die Ausnahme sein. Und selbst, wenn Sie in Ihrem Unternehmen bleiben: erfolgreicher und für Ihre Vorgesetzten besser sichtbar werden Sie sein, wenn Sie die EPA und SINALOA Prinzipien verinnerlichen und leben. Wenn

Sie abwarten, bis es Sie persönlich trifft und Sie sich damit beschäftigen müssen, sind Sie gegenüber den Kollegen im Nachteil, die sich früher entschieden haben, EPA und SINALOA für sich einzusetzen.

Übungen und Tipps

- Analysieren Sie Ihre Arbeit: Was sind Ihre einkommensproduzierenden Aktivitäten – welche Aktivitäten können Sie zu EPA machen? (Fachartikel, Vorträge, Beratungs-Produkte etc.) Streuen Sie Ihre Einkommensarten.
- Erhöhen Sie den Anteil an EPA, die Sie durchführen – so werden Sie mehr Ergebnisse erzielen, ohne mehr Zeit zu investieren: „work smarter, not harder".
- Ermitteln Sie, wie häufig Sie Ihre EPA pro Monat erfolgreich durchführen müssen, um finanziell auf der sicheren Seite zu sein.
- Akzeptieren Sie die Zyklen in unserem Wirtschaftsleben und lernen Sie, damit umzugehen, statt darüber zu klagen. Nutzen Sie gute Zeiten, um sich Polster aufzubauen, von denen Sie in schlechten Zeiten zehren können.

Zusammenfassung

Langfristiger finanzieller Erfolg ergibt sich daraus, dass Sie sich als Berater mehrere Einkommensarten erarbeiten, Ihre einkommensproduzierenden Aktivitäten konsequent und effektiv durchführen und sich unter Nutzung der Gesetzte des Durchschnitts eine langfristige und dauerhafte finanzielle sowie inhaltliche Grundlage für Ihr Beratungsgeschäft schaffen. Verbreitern und vertiefen Sie Ihren Erfolg – und er wird mittel- bis langfristig in Bereiche hineinwachsen, die Sie kurzfristig nicht für möglich halten würden.

2.6 Exzellente Berater erzielen Erfolge durch Ergebnisorientierung

Einführung

Welche Erfolgsstrategien helfen mir auf dem Weg zum exzellenten Berater weiter? Welche bringen mich zum Ziel? Wir werfen später noch einen Blick auf die engpasskonzentrierte Strategie (EKS). Doch an dieser Stelle geht es eher um die notwendige Grundhaltung für Erfolg. Erfolg haben Berater, wenn sie Ergebnisse zum Nutzen Ihrer Kunden und für sich selbst erzielen. Doch wenn es einmal unterschiedliche Einschätzungen bei dem Kunden und dem Berater gibt, was ein nutzbringendes Ergebnis ist, trägt die Grundeinstellung des Beraters, seine primäre Erfolgsstrategie, maßgeblich dazu bei, wie das Engagement weiter verläuft.

Probleme und Fallen

Die Rechthaber-Strategie: Manche Menschen wenden einen erstaunlichen Anteil Ihrer Energie dafür auf, zu beweisen, dass sie im Recht sind. Leider tun das ab und zu auch Berater. Häufig deutlich mehr Energie, als nötig wäre, um dem Kunden das Ergebnis so zu liefern, wie dieser es gerne hätte. Sie streiten sich regelrecht mit dem Kunden, damit der endlich einsieht, dass der Berater hervorragend gearbeitet hat. Der Wunsch des Kunden lautet: „Ich möchte etwas anderes." Die Antwort des Beraters: „Ich habe aber Recht."

Die unterwürfige Strategie: Der Kunde ist König – das ist eine gute Einstellung. Aber hat der König immer Recht? Wenn der Kunde etwas anderes wünscht als zu Beginn, ist es vielleicht nicht sinnvoll, mit ihm in einen tiefen Zwist zu verfallen und sein Recht durchprügeln zu wollen. Ebenso ist es nicht befriedigend für Berater und Kunden, wenn permanent neue und geänderte Wünsche zu Chaos, Verzögerungen und Mehraufwänden im Projekt führen. Ein kluges Lenken des Kunden zum Beispiel durch Change Request-Verfahren mit ausreichender Kompromissbereitschaft und vor allem viel Kommunikation kann die Lösung sein. Gelingt all dies nicht, ist auch die Frage opportun: „Ist ein nicht lenkbarer Kunde, welcher alle Projekte ins Chaos reißt, der richtige Kunde?"

Die Theorie
Wir können in Deutschland stolz sein auf Präzision, Fleiß, Pünktlichkeit, herausragende Ingenieurleistungen und mehr. Allerdings scheinen diese Tugenden auch eine Mentalität mit sich zu bringen, die selten geeignet ist, die Herzen unserer Kunden zu erobern. Ich spreche von den beiden falschen Freunden Besserwisserei und Rechthaberei. Es mag Situationen geben, in denen es wichtig ist, nachzuweisen, dass man korrekt gehandelt hat, auch um sich selbst schadlos zu halten. Aber auf das Maß und das

Auftreten kommt es an. Geht es uns darum, dem Kunden zu beweisen, dass er unrecht hat und wir im Recht sind? Wenn wir uns durchsetzen, wie viele Folgeaufträge gewinnen wir dadurch? Wenn ich bei allen Kunden „Recht habe", wie wirkt sich das auf meinen Ruf aus?

Die Praxis

Die Frage ist nicht neu. Einen sehr alten Beleg für eine Beschäftigung genau mit diesem Thema stammt aus dem 12. Jahrhundert. Diese Zeilen pointieren perfekt, worum es geht und mit welcher Einstellung wir erfolgreich sein können und mit welcher nicht. Speziell die hervorgehobene Zeile hat mich stark zum Nachdenken veranlasst.

Was ist ein Kunde?

Ein Kunde ist die jeweils wichtigste Person in dem Betrieb.
Er ist nicht von uns abhängig, sondern wir von ihm.
Er bedeutet keine Unterbrechung in unserer Arbeit, sondern ist ihr Inhalt.
Er ist kein Außenseiter unseres Geschäfts, er ist ein Teil von ihm.
Er ist niemand mit dem man sich streitet.
Denn niemand wird jemals einen Streit mit einem Kunden gewinnen.
Ein Kunde ist eine Person, die uns ihre Wünsche mitteilt.
Unsere Aufgabe ist es, diese zu seiner und unserer Zufriedenheit auszuführen.

Von Hans Heinrich Path im Kloster Eismar (geschrieben im 12. Jahrhundert)

Übungen und Tipps

- Fragen Sie sich mit Blick auf schwierige Situationen mit Kunden oder Kollegen: „Will ich Recht oder Erfolg haben?" Überlegen Sie, welches Ergebnis Sie durch eine Auseinandersetzung darüber erreichen, ob Sie Recht haben oder nicht. Überlegen Sie dann, wie Sie die Situation in einen Erfolg für beide Seiten verwandeln könnten.

- Achten Sie aber auch darauf, dass Sie sich nicht übervorteilen lassen. Am Ende wollen wir alle Geld verdienen und einen Gewinn erwirtschaften. Dort, wo das nicht geht, weil der Kunde sich unverhältnismäßig verhält, ist die Frage legitim: Sollten Sie zukünftig in diesen Kunden investieren und ihm weiter Ihren Nutzen stiften oder lieber einem anderen Kunden?

Zusammenfassung

Recht oder Erfolg, das ist hier die Frage. Ein Teil der deutschen Mentalität sorgt dafür, dass unglaublich viel Energie in Rechthaberei gesteckt wird. Gerichte werden damit überlastet. In Kundenbeziehungen wirkt Rechthaberei wie ein Gift. – Oft kann man Recht und Erfolg haben. Ab und zu ist es aber auch entscheidend, ob Sie auf Ihr Recht bestehen oder gemeinsam mit dem Kunden einen Weg zum Erfolg suchen. Denn am Ende zählt ein Ergebnis, das dem Kunden einen Nutzen liefert und dem Berater ein profitables Projekt.

Einen Streit mit einem Kunden hat noch nie jemand gewonnen und wird auch nie jemand gewinnen. Begeistern Sie den Kunden mit Ihrer Kulanz oder Kreativität zur Problemlösung. Geben Sie ihm die Chance, Sie überzeugt weiterzuempfehlen. Achten Sie jedoch ebenso darauf, dass Sie sich nicht übervorteilen lassen. Wenn Sie dies beides berücksichtigen, haben Sie langfristig einen Garanten für Ihren maximalen Erfolg.

2.7 Eine alte Erkenntnis – Teams sind häufig erfolgreicher

Einführung

Teamwork ist, wenn alle an einem Strang ziehen – und zwar in die gleiche Richtung. Ein Team aus Menschen mit unterschiedlichen Stärken und gleicher Wertebasis ist unschlagbar. Das hört sich banal an, ist jedoch das Geheimnis erfolgreicher Teamarbeit. Teams kommen weiter als Einzelpersonen. Sie erreichen mehr und bessere Ergebnisse. Nicht zuletzt aus diesem Grund gibt es so viele Vereinigungen und Zusammenschlüsse. Nicht alle halten jedoch, was sich die einzelnen Teammitglieder von ihnen versprechen. Woran mag das liegen?

Probleme und Fallen

Mischen der Wertebasis: Kooperative Teams und Unternehmen funktionieren. Konkurrierende oder konfrontative Teams und Unternehmen funktionieren ebenfalls, solange sie unter sich sind. Mischt man Menschen dieser unterschiedlichen Wertesysteme miteinander, wird es sehr schwierig und kann es zu größeren Konflikten kommen.

Harmonie über alles: Ein Team hat in der Regel ein Ziel. In einem Kundenauftrag wird es dafür bezahlt, dass es dieses Ziel erreicht. Sicherlich ist ein fröhliches, harmonisches Team leistungsfähiger als ein zänkisches. Gleichwohl: Schaut das Team nur auf die Harmonie und vergisst dabei sein Ziel, verfehlt es seine Aufgabe.

Hat das Team **kein klares Ziel**, woher sollen die Mitglieder dann die Richtung kennen, in die sie laufen? Wenn man dann „einfach schon mal losläuft", kann das Projekt aufgrund der Potenzierung anfänglicher Fehler zum Ende hin fatal ausgehen.

Gibt es **keine Teamleitung**, ist dies äußerst schlecht. Es fehlt Orientierung, Unsicherheit breitet sich aus, wie in schwierigen Situationen gehandelt werden sollte. In den meisten Teams finden Sie einen Teamleiter. Nur ist es nicht immer so, dass dieser sein Team auch wirklich leitet. Manchmal vergraben sich Teamleiter in fachlichen oder technischen Aufgabenstellungen, wenn sie einen Teil der Arbeit übernehmen und nutzen dies als Entschuldigung dafür, dass Sie eines nicht tun, nämlich ihr Team leiten.

Gleicht die Teamleitung eher einer Diktatur, ist dies ebenso schlecht. Das Team kann sich nicht entfalten, seine Kreativität nicht ausleben und keine besseren Lösungswege ersinnen. Diktatorisch geleitete Teams werden keine permanenten Höchstleistungen erbringen.

Die Theorie

Teams kommen weiter. Wir kennen den Begriff „Winning Team". Der gewinnende Einzelkämpfer als feststehender Begriff ist mir persönlich noch nicht über den Weg gelaufen. Was aber sind die Erfolgsfaktoren für „Winning Teams"? Denn oft hören wir auch von Projekten, bei denen ein Team gescheitert ist. Meiner Erfahrung nach sind mehrere Zutaten erforderlich, damit ein Team erfolgreich agieren kann. Es braucht

a. ein Ziel,
b. eine ähnliche Wertebasis beziehungsweise klare Spielregeln,
c. Mitglieder mit unterschiedlichen Stärken,
d. Willen und Mut, füreinander einzustehen (einer für alle, alle für einen),

e. eine Kultur des Findens von Lösungswegen durch das Team (1+1=3),
f. eine explizite oder implizite Führung.

Sehen wir uns die Punkte der Reihe nach an.

a. ein Ziel

Ein Team ohne Ziel ist kein Team. Es ist vielleicht eine Gruppe von Menschen, die einander mögen und gerne beisammen sind. Ohne Ziel, ohne Aufgabe ist es jedoch kein Team, bei dem Menschen durch ihre Zusammenarbeit dieses Ziel gemeinsam erreichen wollen. Das lässt sich sogar durch die Wortherkunft belegen. Das Wort „Team" wurde Anfang des 20. Jahrhunderts aus dem Englischen entlehnt, wo es für „Gespann, Gruppe, Familie" steht. Es ist verwandt mit dem althochdeutschen „Zaum" – also geht es um die Gruppe, die durch den Zaum in eine Richtung gelenkt wird. Diese Gruppe wird zusammengebracht, um in die gleiche Richtung zu laufen. [46] Nachdem ein Ziel definiert ist – und am besten sollte es als „SMART-Ziel" messbar, terminiert und klar umrissen sein – muss das Team das Ziel auch kennenlernen und das Ziel als das Teamziel akzeptieren, sein Team-Commitment dazu entwickeln. Idealerweise geschieht dies bei einem Kickoff-Termin zu Projektbeginn mit allen Beteiligten des Projektteams und den wichtigen Menschen um das Team herum (Kundenmitarbeiter, kaufmännisch Verantwortliche, ein Lenkungsausschuss, …).

b. eine ähnliche Wertebasis beziehungsweise klare Spielregeln

Wie bereits bei „Probleme und Fallen" erwähnt, ist es problematisch, wenn Menschen mit völlig unterschiedlichen Wertesystemen gemischt werden. Das ist nicht nur für Romane und Filme ein sehr beliebtes Motiv, da sich daraus die allerbesten Konflikte ergeben, sondern auch im echten Leben führt dies zumeist zu größeren Schwierigkeiten.

Daher ist es sinnvoll für ein Unternehmen oder denjenigen, der ein Team zusammenstellt, dafür zu sorgen, dass Menschen mit möglichst ähnlicher Wertebasis zusammenarbeiten. Gibt es zu starke Abweichungen, ist die Definition glasklarer Spielregeln für das Team durch den Teamleiter wichtig, zu deren Anerkennung sich alle Teammitglieder verpflichten müssen. Dann

---

46 Quelle: Dudenredaktion: Das Herkunftswörterbuch: Team, Zaum.

kann auch ein gemischtes Team funktionieren. Übrigens: Auch, wenn die Wertebasis gleich ist, kann es nicht schaden, die Spielregeln gemeinsam zu definieren. Ein geeigneter Zeitpunkt ist ebenfalls das Team-Kickoff zu Beginn eines Projekts.

c. Mitglieder mit unterschiedlichen Stärken

Aus vielen Situationen und Geschichten kennen wir die Vorteile, die ein Team mit unterschiedlichen Stärken hat. Selbst aus dem alten Rom ist uns der Auszug der Plebejer (494 v. Chr.) überliefert, bei dem das einfache Volk (plebs) aus Rom auszog, um seinen politischen Forderungen Nachdruck zu verleihen. Menenius Agrippa, selbst aus einfachen Verhältnissen, wurde vom Senat beauftragt, die Plebejer zurückzuholen, was er angeblich durch das Erzählen eines Gleichnisses schaffte. Es handelte vom Körper und den verschiedenen Organen, die alle eine andere Rolle hatten, sich jedoch gegenseitig brauchten. Er machte den Menschen klar: „Wir sind ein Team, und jeder in seiner eigenen Rolle ist wichtig für das Gelingen des Ganzen." So motiviert (und vermutlich auch dadurch, dass ein Großteil der politischen Forderungen erfüllt wurde) kehrten die Plebejer in die Stadt zurück. Dies zeigt: Ein Team braucht unterschiedliche Charaktere.

Einen weit verbreiteten Ansatz zur Ermittlung der verschiedenen Teamrollen hat Dr. Meredith Belbin erarbeitet.[47] Demnach sind Teams dann effektiv, wenn ihre Mitglieder Menschen unterschiedlicher Charakteristika sind, die aufgrund ihrer Neigung verschiedene Rollen einnehmen. Folgende neun Rollen in drei Gruppen hat Dr. Meredith Belbin dabei herausgearbeitet, wobei sich bei Menschen häufig Anteile mehrerer Rollen gleichzeitig in ihrer Persönlichkeitsstruktur finden.

Aktionsorientierte Rollen	Shaper (Macher), Implementer (Umsetzer), Completer Finisher (Perfektionist)
Personenorientierte Rollen	Co-ordinator (Koordinator), Teamworker (Teamarbeiter), Resource Investigator (Weichensteller)
Wissensorientierte Rollen	Plant (Erfinder), Monitor Evaluator (Beobachter), Specialist (Spezialist)

---

47 Quelle: http://www.belbin.com/belbin-team-roles.htm

Um Ihr Team zu analysieren und zu prüfen, welche Rolle vielleicht in Ihrem Team fehlt, kann ich die auf www.belbin.com angebotenen Selbsttests für die Teammitglieder empfehlen. Da jeder sich mit den Tests und dem Thema beschäftigen muss, wächst in der Regel das Verständnis der Teammitglieder füreinander, egal welches Ergebnis die Analyse erbringt.

Die Belbin-Teamrollen sind nicht das einzige Instrument, welches sich mit der charakterlichen Einstufung von Personen in Gruppen beschäftigt. Sollte das Thema für Sie interessant sein, ermutige ich Sie, ein wenig im Internet zu stöbern. Zwei weitere Methoden seien an dieser Stelle erwähnt: erstens der kostenlose Keirsey Temperament Sorter[48] mit seinen deutschen Erläuterungen, die Sie bei Wikipedia finden.[49] Zweitens das „Herrmann Brain Dominance Instrument" HBDI™[50].

d. Willen und Mut, füreinander einzustehen (einer für alle, alle für einen)

Teammitglieder stehen füreinander ein. Sie geben sich gegenseitig Sicherheit. Ein Teamleiter, der elegant beiseite tritt, wenn ein Teammitglied angegriffen wird, vergiftet die Teamatmosphäre und vernichtet Vertrauen. Dieses Vertrauen zueinander braucht ein erfolgreiches Team, um sein Potenzial wirklich zu nutzen. Nur im Schutz des Teams wird sich das einzelne Mitglied ganz entfalten und seine volle Leistung bringen. Die Teammitglieder sind füreinander da und verhelfen einander zum Erfolg. Sie lassen niemanden im Stich, sondern schaffen eine starke Gemeinschaft. So kennen wir es von den Musketieren, die sicher nicht zuletzt aufgrund ihrer Maxime derart häufig verfilmt wurden: „Einer für alle, alle für einen."

e. eine Kultur des Findens von Lösungswegen durch das Team (1 + 1 = 3)

Ein Teamleiter kann Lösungen vorgeben oder die Kreativität des Teams nutzen, um bessere Lösungen zu erarbeiten. Das Team-Ergebnis ist in der Regel immer besser als Einzelergebnisse. Hier greift der Ausspruch von Aristoteles: „Das Ganze ist mehr als die Summe seiner Teile." Oder kurz: 1 + 1 = 3. Doch warum sollen Team-Ergebnisse besser sein als Einzellö-

---

48 http://www.keirsey.com/keirsey.html
49 http://de.wikipedia.org/wiki/Keirsey_Temperament_Sorter
50 http://www.hid.de/

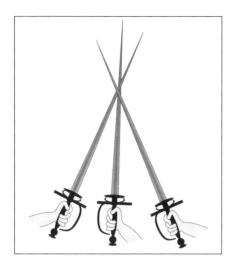

Abbildung 20:
Die drei Musketiere

sungen? Durch verschiedene Denkstrategien der einzelnen Teammitglieder kommen bessere Ergebnisse zustande. Dazu ist es natürlich nötig, dass ein Team-Mix existiert, bei dem die Team Mitglieder unterschiedliche Stärken haben (siehe Teamrollen). Dann ergeben sich folgende Vorteile:

- Das Team erdenkt gemeinsam bessere Ergebnisse und kommt auf Lösungen, an die ein Einzelner zuvor nicht gedacht hat.
- Bei verschiedenen Stärken kann jeder eine andere Rolle wahrnehmen und die Leute können sich die Bälle zuspielen (zum Beispiel macht ein Vertriebsprofi zusammen mit einem technologischen Top-Berater den besseren Kundentermin als einer von beiden alleine).
- Wenn eine neue Teilidee aufkommt, können andere daran anknüpfen und bringen wieder neue Teilideen. Der Prozess wird dadurch vollständiger und mächtiger.
- Unbelastete Teammitglieder können einem unter Druck stehenden Mitglied einen guten Rat geben, da sie frei von Zwängen nachdenken können.

Wie lässt sich so etwas belegen? Unsere Projekte sind heute sehr komplex und schwer vergleichbar. Indem wir durch Gruppensimulationen identische Ausgangssituationen schaffen, können wir nach Belegen oder einer Widerlegung der oben beschriebenen These suchen. Eine erwähnenswerte Simulation, die ich in einem später selbst gehaltenen Consulting Skills-Training erstmalig erleben durfte, ist die „Subarctic Survival Situation™" von Human Synergistics.[51]

Die Situation: Sie sind mit einem Flugzeug im hohen Norden unterwegs. Das Flugzeug stürzt in unbekanntem Gelände ab und versinkt in einem See. Sie als einer aus der Gruppe der Überlebenden müssen nun für sich alleine fünfzehn gerettete Gegenstände von einer Streichholzschachtel bis zu Schneeschuhen in eine Rangfolge nach Wichtigkeit für das Überleben der Gruppe bringen und sich entscheiden, ob Sie am Absturzort bleiben oder versuchen, die nächste Siedlung zu erreichen. Anschließend wird die gleiche Übung in der Gruppe wiederholt und ausdiskutiert. Es gibt eine von Experten anhand von Überlebenszahlen aus vielen Abstürzen bestätigte optimale Lösung. Sämtliche Gruppenergebnisse, die ich bislang aus vielen Trainings erlebt habe, waren besser als die jeweiligen Einzellösungen. Denn hier konnten all die oben beschriebenen Stärken wirken. Lediglich, wenn das Team äußerst homogen ist und zum Beispiel nur Macher in einem Team sind, könnte die Gruppenlösung zu einseitig ausfallen. Erlebt habe ich dies bislang nicht, da offenbar immer ein ausreichend gemischtes Team am Tisch saß.

f. eine explizite oder implizite Führung
1965 definierte Bruce Tuckman verschiedene Phasen, die häufig in einem Team-Bildungsprozess ablaufen[52]:

Phasen eines Team-Bildungsprozesses nach Bruce Tuckman
1. Forming (Orientierungsphase): In dieser Phase tasten sich die Teammitglieder vorsichtig ab und gehen höflich miteinander um.
2. Storming (Machtkampfphase): In dieser Phase werden Grenzen überschritten und Kämpfe um Bereiche ausgefochten.
3. Norming (Organisationsphase): Nun folgt in der Regel die Normierung. Gebietsgrenzen werden gesteckt und akzeptiert, Regeln definiert. Das ist die Basis für die Hochleistungsphase eines Teams.

---

51 Quelle: http://www.humansynergistics.com/products/survival.aspx
52 Quelle: Tuckman, B. W.: Developmental sequences in small groups Psychological Bulletin. 63, 348-399.

4. Performing (Leistungsphase): In dieser Phase läuft alles wie geschmiert. Das Team ist produktiv, man versteht sich blind, alles läuft „wie am Schnürchen", effektiv und effizient. Diese Phase wird nicht von allen Teams erreicht.

5. Adjourning (Auflösungsphase, auch manchmal mourning – trauern – genannt): Das Team beschäftigt sich mit seiner Auflösung, zu der auch Feiern des Erfolgs und Trauern gehört.

Wie gesagt erreichen Teams die Performing-Phase nicht immer. Wenn das Team die Phase erreicht, kann es sein, dass es sich selbst führt, also eine implizite Führung vorhanden ist. Natürlich ist ein zentral verantwortlicher Ansprechpartner im Team wichtig, dennoch gibt es Teams, bei denen die Führung einfach durch das Team geschieht und alles zueinanderpasst, da die Teammitglieder im Zweifel miteinander reden. Das sind absolute Winning Teams. Ansonsten muss der Teamleiter selbst einschätzen, wie eng die Führung sein muss, auf die das Team angewiesen ist.

Die Praxis

Meine Erfahrungen aus der Praxis bestätigen mannigfach, dass Teamwork deutlich mächtiger ist als Einzelkämpfertum. Das trifft auf Teams zu, die nicht glauben, TEAM sei die Abkürzung für „Toll, Ein Anderer Machts". Eine erlebte Geschichte möchte ich hierzu mit Ihnen teilen, da sie mein Denken über Teams deutlich geprägt hat. In einem internationalen Team, bei dem ich einfaches Mitglied war, saßen wir nach dem Urlaub des Teamleiters zusammen, um den Status Quo zu besprechen. Während seines Urlaubs war einiges schiefgelaufen und ein Teammitglied hatte seine Aufgaben nicht bewältigt, wodurch wir das Gesamtergebnis nicht erreicht hatten. Die Diskussion wurde hitzig und der Ton lauter. Viele nörgelten herum, dass es nicht ihre Schuld sei. Ein Teilnehmer sagte: „Ich bin nicht schuld, ich habe meinen Job erledigt." Der Teamleiter knallte seine flache Hand lautstark auf den Tisch und sagte dann in die plötzlich eingetretene Ruhe: „Nein! Du hast deinen Job nicht gemacht. Wir sind ein Team, und wenn das Team sein Ergebnis nicht erreicht, hat kein Einzelner sein Ergebnis erreicht." Diese Worte hinterließen bei mir einen tiefen Eindruck und haben seither meine Sichtweise über Teamarbeit stark geprägt.

Erreicht das Team sein Ergebnis nicht, hat kein Einzelner sein Ergebnis erreicht.

Folgen wir dieser Sichtweise, fühlt sich jeder Einzelne verantwortlich für das Team-Ergebnis. Wie der Soldat, der die Fahne des gefallenen Fahnenträgers aufnimmt und weiterträgt.

Übungen und Tipps

- Wenn es Ihnen möglich ist, schmieden Sie auch beim Kunden ein starkes Team, dessen Mitglieder gemeinsam füreinander und für das Team-Ziel arbeiten. Sie werden überrascht sein, welche Energien dies bei Menschen freisetzen kann, von denen Sie es nicht erwartet hätten.

- Investieren Sie ausreichend Zeit in Ihre Teams, auch für soziale Kontakte und Team-Bildungs-Aktivitäten, sogenannte Social Events. Das Bier in der Bar mit den Teamkollegen oder der gemeinsame Bowlingabend sind ebenso wichtig wie eine klare Aufgabenverteilung und Fachkenntnisse der Teammitglieder.

- Sorgen Sie dafür, dass die Teamziele jedem klar sind und sich jeder persönlich für deren Einhaltung verantwortlich fühlt. Mit der Einstellung „Einer für alle, alle für einen" werden Sie zum Winning Team. Und Sie kennen vielleicht den Ausspruch: Never change a winning team.

Zusammenfassung

Als Team ist man stärker und effizienter denn als Einzelkämpfer. Dabei existieren einige Voraussetzungen für ein Winning Team: Es braucht ein Ziel, eine gemeinsame Wertebasis, unterschiedliche Stärken seiner Mitglieder, die Rückendeckung der anderen, eine gemeinsame Problemlösungskultur sowie eine explizite oder implizite Führung.

Teamwork ist eine Ausprägung der Kooperation. Das geht weiter in intelligentem kooperativem Networking und in sinnvollen unternehmerischen Kooperationen, um gemeinsam einander ergänzend ein besseres Ergebnis zu liefern, als dies alleine möglich ist. Kooperation ist eher eine Einstellung als nur eine Tätigkeit. Und so ist es auch beim Teamwork. Einzelkämpfer verzichten auf die Möglichkeiten, die ihnen Kooperationen in Teamwork, Networking und Unternehmenskooperationen bieten.

2.8 Exzellente Berater denken auch ans Verkaufen

Was hat das Thema Vertrieb in einem Buch über Beraterexzellenz zu suchen? Der exzellenteste Berater hat keine Freude an seinen Fähigkeiten, wenn niemand davon weiß und ihn keiner bucht. Das Verstehen vertrieblicher Wirkmechanismen und das Überzeugen von Kunden gehören zum Portfolio eines exzellenten Beraters. Er hat kurz-, mittel- und langfristige Vertriebs- und Marketing-Strategien. Das bedeutet nicht, dass der Berater alles selbst tun muss. Er kann sich auch für bestimmte Teile einen Partner suchen, der zum Beispiel Experte für das Anbahnen von Anfragen ist. Jedoch organisiert der exzellente Berater seine taktischen und strategischen Vertriebs- und Marketing-Maßnahmen.

Über das Thema Vertrieb wurden ganze Bibliotheken geschrieben. Wir können im Rahmen dieses Buches nur einen kleinen Überblick sowie den Einstieg in einige vertriebliche Aspekte leisten, die für Berater von größerer Bedeutung sind. Somit schauen wir uns in den nächsten Kapiteln folgende Themen an:
In dieser Einführung werfen wir einen Blick auf **Grundlagen erfolgreicher Selbstvermarktung.** In den nächsten beiden Kapiteln nehmen wir **die eigene Präsentation** unter die Lupe und betrachten die **kurzfristige Taktik in Vorstellungsgesprächen.** Im Kapitel „Mit der richtigen Positionierung gehts leichter – Die EKS-Strategie" behandeln wir kurz die **Prinzipien der engpasskonzentrierten Strategie** und im Kapitel „Welcher Verkäufertyp sind Sie? Jäger, Farmer oder Fischer?" gehen wir auf **das erweiterte Hunter-Farmer-Modell** ein.

2.8.1 Der Grundkonflikt zwischen Beratern und Vertrieb

Zu den Grundlagen erfolgreicher Selbstvermarktung betrachten wir vier elementare Punkte.

1. Wozu Selbstvermarktung? Reichen gutes fachliches oder technisches Know-how sowie ausgeprägte Beraterfähigkeiten heute nicht mehr aus? Das ist die falsche Frage. Das Problem ist die stetig schneller wachsende Komplexität. Auch Berater müssen sich spezialisieren. Es gibt in allen Kategorien Spezialisten, wo früher eine einzige Person als Ansprechpartner ausgereicht hat.

Da nicht mehr jeder alles kann, muss der Kunde auch weiter schauen als vor seiner Haustüre, woher er für bestimmte Themen einen Spezialisten bekommt. Dadurch entstanden einerseits Vermittler und Personalagenturen sowie andererseits eine Reihe von Plattformen und Internet-Marktplätzen, auf denen Berater ihre Leistungen anbieten und Unternehmen (oder wieder Vermittler) die Leistungen einkaufen. Suchen Sie heute nach einer bestimmten Qualifikation, wie zum Beispiel „Projektmanagement" oder aus dem IT-Bereich: „Java", so gehen die Treffer in die Tausende bis Zigtausende. Woher soll nun der Kunde wissen, dass genau Sie der Richtige sind für die Aufgabe, die er hat? Indem ein seriöser Vertrieb die Kunden findet (Zielgruppendefinition), welche die Kernkompetenzen des Beraters (Positionierung) benötigen.

Merke

Ein seriöser Vertrieb begrenzt den Blick des Beraters auf eine genau definierte Zielgruppe von Kunden und bietet diesen durch die Positionierung des Beraters eine Hilfe, sich schnell und zuverlässig für den Richtigen zu entscheiden.

---

2. Vertriebsmöglichkeiten für Berater hängen heute stark vom Modell seiner Erwerbstätigkeit ab. Einiges ist in Bewegung gekommen am Arbeitsmarkt, somit existieren verschiedene Konzepte, mit denen Berater heutzutage angestellt oder selbstständig als Gewerbetreibende oder Freiberufler unterwegs sind. Danach unterscheiden sich auch die Eigeninitiative und die fremde Unterstützung zum Vertrieb des Beraters. Eine so grobe Übersicht vermag nur die Haupttendenz aufzuzeigen. Dass sich hier das Abweichen einzelner Unternehmen vom „Üblichen" nicht darstellen lässt, bitte ich zu entschuldigen.

Beschäftigungs-modell über ...	Vertriebsleistung für den Berater	Vertriebliche Eigenleistung	Honorar des Bera-ters
seinen Arbeitgeber (Beratungshaus)	mittel bis hoch*	gering bis mittel	gering bis mittel
seine eigenen Kontakte und durch Direktverträge mit Kunden	keine	hoch	hoch
Portale wie Resoom.de, Gulp.de u. a.	mittel (eher Vermittlungs-charakter)	mittel	mittel
Vermittler wie Hays, Harvey Nash und unzählige kleine.	gering**	mittel	gering bis mittel
Unternehmer-Verbünde mit individuellem verbindlichen Vertrieb, Coaching, Community wie zum Beispiel www.its-people.de, www.bcs-people.de	hoch	mittel	mittel bis hoch

*solange nicht der nächste große Stellenabbau erfolgt, da den Shareholdern die Marge nicht hoch genug ist. Die scheinbare Sicherheit einer Festanstellung ist heute faktisch nicht mehr gegeben. Lediglich bestimmte Fristen und eventuell eine Abfindung bieten diese Engagements dem angestellten Berater.

**Besteht eine konkrete Projektmöglichkeit, sind Vermittler in der Regel unbestritten aktiv für den Berater. Haben sie jedoch ihre Projektanfragen besetzt, übernehmen sie keine Verantwortung für die restlichen zigtausend Menschen in ihren Datenbanken. Sprich: Nur für einen kleinen Teil ihrer Kontakte sind sie vertrieblich stark aktiv, daher hier die Einstufung als geringe (verlässliche) Vertriebsleistung.

Häufig bleibt ein Berater nicht sein Leben lang bei einer Variante der Erwerbstätigkeit. Daher ist es sinnvoll, die generellen vertrieblichen Grundlagen zu kennen und je nach aktueller Situation seine vertrieblichen Aktivitäten zu intensivieren oder zurückzufahren, da jemand anderes diese Rolle übernimmt. Als Berater sollten Sie jedoch immer – egal bei welchem Modell – darauf achten, dass Ihr Marktwert erhalten bleibt und sich mittel- und langfristig erhöht.

3. Der Konflikt zwischen Vertrieb und Beratung besteht häufig – zumindest in der IT-Beratung – darin, dass beide Seiten die Welt des anderen nicht verstehen. Der Vertrieb klagt häufig: „Consulting macht mir mein schönes Projekt kaputt, das ich gegen die Armeen der Konkurrenz gewonnen habe." Die Berater bemängeln: „Der Vertrieb verkauft Sachen, von denen er keine Ahnung hat und die nicht funktionieren. Und wir im Consulting müssen es dann ausbaden." Wer hat denn nun Recht? Wie so oft im Leben beide. Wichtig ist das Verständnis für die Welt des anderen.

Merke
Der Konflikt zwischen Consulting und Vertrieb ist durch Verständnis lösbar.
Die Lektion für Berater lautet: „Es gibt keinen zweiten Platz bei einem Deal."
Die Lektion für den Vertrieb lautet: „Nur ein zufriedener Kunde kauft wieder."

4. Drei Typen von Beratern erlebe ich häufig bei deren vertrieblicher Unterstützung durch mich. Die Mutlosen, die Übermütigen und die Mutigen oder Selbstbewussten.

Eine ausführliche Beschreibung dieser drei Typen haben wir bereits im Kapitel „Das richtige Selbstbewusstsein gibt Kunden Sicherheit" in „Teil I – Wie arbeiten eigentlich gute Berater?" gelesen. Daher sei an dieser Stelle nur noch einmal erwähnt, dass weder die Mutlosen noch die übermütigen und arroganten Berater vertrieblich und in ihren Projekterfolgen am besten fahren, sondern die Mutigen beziehungsweise Selbstbewussten. Denn sie bringen den nötigen vertrieblichen Mut mit, ausreichend Selbstvertrauen auszustrahlen, auch wenn sie dann im Projekt die eine oder andere Extra-Anstrengung benötigen, um die Leistung für den Kunden in der versprochenen Art und Weise zu erbringen.

Nach dieser kurzen Einführung in Grundlagen der Beratervermarktung fahren wir fort mit den Themen „die eigene Präsentation" sowie „die kurzfristige Taktik in Vorstellungsgesprächen".

2.8.2 Unverzichtbar nicht nur für Einzelkämpfer – Die vertriebliche Eigenpräsentation

Einführung

Als Berater präsentieren wir uns meist täglich. Jeder muss heute im Berufsleben Dinge, Lösungen, Ergebnisse und auch sich selbst präsentieren.

Dabei findet die Eigen-Präsentation, von der wir hier sprechen, nicht nur im Vorstellungsgespräch beim Kunden statt, sondern wir präsentieren uns permanent – unsere Anwesenheit wirkt ständig auf unsere Umwelt und unsere Mitmenschen. Theoretisch würde es vielleicht genügen, sich im Vorstellungsgespräch und später im Projekt wirkungsvoll zu präsentieren – aber sonst ganz anders zu sein. Meiner Erfahrung nach funktioniert es jedoch nur recht kurz, sich zu verstellen. Ich habe eine Reihe von Beratern gesehen, die dies versucht haben, und keiner hat das wirklich lange durchgehalten.

Wenn wir es nun schaffen, uns eine positive wirkungsvolle Präsentation anzugewöhnen, sie zur Gewohnheit werden zu lassen – sie also bei uns einzieht – dann müssen wir uns nicht verstellen, dann sind wir automatisch präsentabel.

Wann fängt die Eigenpräsentation nun an? Wenn die Tür beim Kunden aufgeht, er in meine Augen blickt und binnen Sekunden einen ersten Eindruck gewinnt?

Nein, sie beginnt schon viel früher. Folgende Elemente der vertrieblichen Eigenpräsentation sind von Bedeutung:

1. Der Wille zur Selbstvermarktung
2. Dinge innerhalb und außerhalb Ihres Einflussbereichs
3. Die Unterlagen/der Webauftritt
4. Das Erscheinungsbild
5. Das Auftreten

Probleme und Fallen

In den folgenden Feldern werden häufig Fehler gemacht, auf die wir im Einzelnen in den weiteren Ausführungen in der Theorie und Praxis eingehen.

- Der **Wille zur Selbstvermarktung:** häufig existiert statt der Einstellung „Ja, ich will es schaffen, mich selbst zu vermarkten" die Einstellung „Vertrieb ist doof".
- Dinge **innerhalb und außerhalb Ihres Einflussbereichs:** Manchmal stimmen die Beteiligten Partner in einem Vertriebsprozess keine Spielregeln ab. Das kann dann beim gemeinsamen Auftritt vor dem Kunden zu Verwirrungen führen.
- **Die Unterlagen/der Webauftritt** sind häufig nicht fokussiert (Positionierung und Zielgruppe fehlen, um ja niemanden zu verlieren) und in einem unpassenden Detaillierungsgrad.
- **Das Erscheinungsbild:** Das Auge isst mit. Schick und seriös kommt besser an als unfrisiert und monatelang im gleichen Schlabberpulli.
- **Das Auftreten:** Manchmal strahlt der Berater nicht Selbstbewusstsein aus, sondern eher Niedergeschlagenheit oder auch Arroganz.

Die Theorie

In der Theorie sehen wir uns die ersten drei Elemente der vertrieblichen Eigenpräsentation an. Wir sprachen schon über die Grundlagen, die ein Professional für die erfolgreiche Selbstvermarktung benötigt. Der erste Schritt zur guten Eigenpräsentation ist der Wille zur Selbstvermarktung.

1. Der Wille zur Selbstvermarktung

Erinnern Sie sich an etwas, das Sie wirklich fasziniert hat, aber schwer zu bekommen war und das Sie unbedingt haben wollten? Was haben Sie getan? Haben Sie Himmel und Hölle in Bewegung gesetzt, um es zu erhalten? Haben Sie sich engagiert und angestrengt, um sich diesen Traum zu erfüllen? Haben Sie dafür gekämpft und es schließlich bekommen? Was war das für ein Gefühl, dieses Ziel erreicht zu haben?

Was gab Ihnen die Kraft, dieses Ziel zu erreichen? Ihr Wille hat Sie mit allen Fähigkeiten ausgestattet, die Sie brauchten. Und ein solcher starker Wille zur Selbstvermarktung ist auch die Basis für eine erfolgreiche Eigenpräsentation und für Vertriebserfolg.

Was bewirkt dieser Wille in uns? Wir konzentrieren uns auf das Ziel, wir fokussieren und lassen uns von anderen Dingen nicht ablenken. Wir denken nicht darüber nach, wie viel Arbeit das Ganze ist und ob wir nicht eigentlich schon Feierabend haben. Er lässt die Zweifel verschwinden, ob wir unseren Erfolg verdienen. Wir beziehen Kraft aus diesem Willen. Er gibt uns die Ressourcen, die wir brauchen, um Schritt für Schritt mit Zuversicht und Entschlossenheit unser Ziel zu erreichen. Und wenn wir durch diesen manchmal eisernen Willen unser Ziel erreicht haben, erlangen wir dadurch eine enorme Selbstbestätigung und einen unheimlichen Schub für unser Selbstbewusstsein.

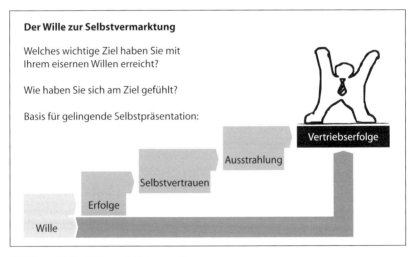

Abbildung 21: Der Wille zur Selbstvermarktung

Somit strahlen wir durch diesen starken Willen und durch das in der Vergangenheit gewonnene Selbstbewusstsein eine positive Wirkung auf unsere Mitmenschen aus: die Basis für eine gelingende Selbstpräsentation.

Das Ganze ist ein Regelkreis, der durch den erzielten Erfolg weiteren Erfolg anzieht. Das Ganze verhält sich wie ein schnell laufendes Schwungrad. Es ist schwerer, es zu stoppen als es weiterlaufen zu lassen, denn es hat Momentum.

2. Dinge innerhalb und außerhalb des Einflussbereichs des Professionals

In Dinge, die wir ändern wollen und können, sollten wir Kraft investieren. Dinge, die wir nicht ändern können, sollten uns keine Kraft kosten. Und es ist wichtig, zwischen beiden unterscheiden zu können. Das spart Kraft und vermeidet Frustration.

Welche Dinge können wir bei der Eigenpräsentation beeinflussen und welche nicht?

Im eigenen Einflussbereich liegt, wie wir uns präsentieren, was unser Selbstverständnis ist, welche zusätzliche Leistungen wir bereit sind, für einen Kunden zu liefern, Regelungen, Prinzipien und ethische Werte. Natürlich darf man es nicht übertreiben. Wer alles schon durchdacht und prinzipiell festgelegt hat und keinesfalls anders handeln wird, der wirkt eher wie ein Betonkopf. Wer aber keine Regeln für sich hat, ist nicht greifbar für den Kunden – er zeigt kein Profil.

Wenn der Berater mit einem Dienstleister oder Vermittler zusammenarbeitet oder in einem Beratungshaus angestellt ist, gibt es jedoch auch Dinge, auf die er keinen Einfluss hat. Beispielsweise das Commitment durch seine Partner-Firma für einen Projekteinsatz oder die Möglichkeit, dem Kunden bei Ausfall zum Beispiel durch Krankheit einen Ersatz liefern zu können. Auch kaufmännische Rahmenbedingungen, an die der Partner gebunden ist, fallen hierunter. Bezüglich solcher Themen ist es sinnvoll, sich mit seinem Partner im Vorfeld einer Vorstellung beim Kunden abzustimmen und darüber zu einigen. Je nach Situation kann die Dokumentation solcher Absprachen zum Beispiel per Mail hilfreich sein. In keinem Fall ist es angebracht, Meinungsverschiedenheiten über ungeklärte Details vor dem Kunden auszufechten.

Sind diese Dinge geklärt, können Partner und Berater souverän und überzeugend gemeinsam im Gespräch agieren.

3. Die Unterlagen/der Webauftritt

Wie sollte die Eigenpräsentation nun aussehen? Sicherlich gibt es bei verschiedenen Kunden unterschiedliche Vorlieben. Es lassen sich jedoch einige grobe Leitplanken erkennen.

Ein authentischer Auftritt ist das A und O. Er strahlt in alle weitere Bereiche hinein. Dennoch gilt die Regel: Der Wurm muss dem Fisch gefallen, nicht dem Angler. Die Kunst ist es nun, die beiden Grundregeln der authentischen Präsentation und des fischbegeisternden Wurms in Einklang zu bringen. Dann überzeugt die eigene Präsentation.

Üblicherweise sind **die Unterlagen** das erste, was Kunden sich ansehen, bevor sie den Menschen dahinter überhaupt kennenlernen. Sie sollen ja einen Eindruck vermitteln, ob der Bewerber der Richtige ist – oder zumindest in die Menge der möglichen Berater gehört. Daher sind die Unterlagen in Form eines **Profils oder CVs** der erste wichtige Schritt zum eigenen Projekt. Sie sollten professionell gestaltet sein. Nicht übertrieben, weder zu oberflächlich noch technisch zu tief. Gerade IT-Berater machen häufig den Fehler, alle möglichen Systeme, Programme und Programmiersprachen detailliert aufzuführen inklusive aller Versionsnummern bis auf die vierte oder fünfte Stelle. Wenn es um eine technische Aufgabenstellung geht, reichen Major Releases in der Regel aus. Bewirbt man sich um eine Management-Aufgabe, sind selbst diese eventuell unnötig.

Auch sollte man sich davor hüten, für jedes Projekt haarklein darzulegen, was man alles getan hat und wie viele Kenntnisse über wie viele zig oder gar hunderte Tools man doch hat. Kunden, die einen Berater suchen, haben oftmals nicht viel Zeit. Sie wollen sich einen schnellen Überblick verschaffen. Die Bereitschaft, für eine bestimmte ausgeschriebene Stelle seine Unterlagen passgenau zu verändern, kann den Unterschied zwischen Erfolg und Scheitern bedeuten. Einige Dinge haben sich gerade im IT-Umfeld in den letzten Jahren eingebürgert, die den Kunden die Zielgenauigkeit bei der Identifikation geeigneter Kandidaten erleichtern. So werden im Profil häufig die beherrschten Tools separat in Listenform aufgeführt und zwar mit Expertise-Level und Jahr des letzten Einsatzes der Technologie. Dies schafft eine recht gute Vergleichbarkeit auf einer neutralen Ebene. Wichtig ist bei einer solchen Tool-Liste, dass sie mit den Tools, die bei den Projekten aufgeführt sind, übereinstimmt. Kunden prüfen dies häufig und Inkonsistenzen wirken unprofessionell.

Ein weiterer wichtiger Punkt ist heute **der eigene Webauftritt,** die Präsentation im Internet. Ein Internet-Auftritt gehört heute zum Standard der Selbst-Präsentation. Eine detaillierte Ausführung an dieser Stelle würde den Rahmen sprengen. Daher nur einige Basis-Tipps: Viele Webauftritte von Beratern – speziell IT-Beratern – lesen sich wie ein Bauchladen. Man bietet alles an, um ja keinen potenziellen Kunden zu verlieren. Sorry, das wirkt leider nicht. So weiß der Kunde nicht, wofür der Berater steht, was seine Spezialität ist. Daher ist eine Fokussierung auf die eigene Kernkompetenz wesentlich. Außerdem sollte die Seite klar, übersichtlich, mit wenig grafischen Spielereien oder grauenhaft bunten Animationen versehen sein. Stehlen wir dem Kunden nicht die Zeit. Und gut ist es, wenn wir dem Kunden die Möglichkeit geben, das eigene Profil in PDF-Form herunterzuladen. Ein griffiger Domainname, der dem Kunden eine klare und originelle Vorstellung vom Kern des eigenen Geschäfts vermittelt, ist das Tüpfelchen auf dem i. Bei allem, was man in Richtung Profil und Internet-Auftritt erstellt, gibt es eine zentrale Frage: „Was will mein potenzieller Kunde von mir wissen, um mir einen Auftrag zu erteilen?"

Zusätzlich können Sie überlegen, auf welchen **Networking-Plattformen** eine Eigenpräsentation vermarktungstechnisch sinnvoll ist, die dann auf die eigene Webseite verweist – beispielsweise bei XING[53] (ehemals open-BC). Auch das Veröffentlichen von Fachbeiträgen in themenorientierten Diskussionsforen kann recht wirkungsvoll sein. Ich habe selbst die Erfahrung gemacht, dass Menschen nach Beiträgen auf mich zugekommen sind und wir über Kooperationsmöglichkeiten oder Aufträge gesprochen haben. Auch Presse-Veröffentlichungen (im Online- und Print-Bereich) erregen Aufmerksamkeit und haben bei mir bereits zu Umsatz geführt. In jedem Fall passiert eines durch eine solche Präsentation: Ihre Fachkompetenz wird sichtbar.

---

53 http://www.xing.com

Bitte versäumen Sie bei Ihrem Webauftritt und bei der öffentlichen Präsentation auf einer Networking-Plattform nicht, die aktuell geltenden gesetzlichen Rahmenbedingungen zu ermitteln und einzuhalten. Inzwischen kommt es leider häufig vor, dass Betreiber von Webseiten abgemahnt werden. Eine gute Anlaufstelle zur Übersicht aktueller Regelungen mit Checklisten für Ihre Webseite ist zum Beispiel die Zentrale gegen unlauteren Wettbewerb in Bad Homburg [54].

In der folgenden Tabelle fassen wir in einem groben Überblick noch einmal die Themen Profil, Webauftritt und Präsentation auf einer Networking-Plattform zusammen.

Profil/CV	eigener Webauftritt	Eigenpräsentation auf Networking Plattform
angemessener Detaillierungsgrad quasi fehlerfrei sinnvolle Dramaturgie: Basisdaten, Kernkompetenzen, Fähigkeiten (Niveau), Projekte/Jobs individuell auf Kunden und Projekt anpassen professionelles Foto	professionell klar und strukturiert keine technischen Spielereien oder Animationen, die den Kunden Zeit und Nerven kosten Fokussiert! Kein Bauchladen, sondern Mut zur eigenen Positionierung und eigenen Zielgruppe Link auf das Profil	professionelles Foto klar fokussieren Link auf eigene Webseite und Profil Fachbeiträge in Foren machen aufmerksam! Öffentliche Termine ansetzen, Kontakte einladen

Die Praxis
Nun folgt ein Blick auf die beiden letzten Teile der vertrieblichen Eigenpräsentation.

4. Das Erscheinungsbild
Das Erscheinungsbild sollte stimmig mit den anderen Wahrnehmungskanälen für den Kunden sein – also mit den Unterlagen, dem Internet-Auftritt, dem Auftreten und der Realität, die der Kunde anschließend im Projekt

---

54 http://www.wettbewerbszentrale.de/

erleben wird. Auch hier gilt: Authentisch ja, aber dem Kundenumfeld angepasst professionell. Zum Erscheinungsbild gehört die Frisur, die Körperpflege und die Wahl der Kleidung. In der Regel macht man nichts verkehrt, wenn man als Herr bei der Vorstellung im Anzug mit Krawatte auftritt. Bei der Frage, ob man das Jackett auszieht, können wir uns an einer Faustregel orientieren: Beim ersten Meeting behält man das Jackett an. In weiteren Meetings kann der Berater sein Gegenüber spiegeln. Zieht der Kunde dann die Jacke aus, kann man das üblicherweise auch tun.

Nun stellt sich die Frage nach Krawatte oder normaler Kleidung im Projektalltag. Auch hier sollte man kundenindividuell entscheiden: Es gibt Kunden und Situationen, da ist es angebracht, selbst bestangezogen zu erscheinen. Ich habe aber auch schon Kunden erlebt, da war das Erscheinen am ersten Tag mit Anzug o. k. Wenn man am zweiten Tag wieder mit Anzug kam, war man aber unten durch. Ebenso signalisiert man durch seine Kleidung, zu welcher Gruppe man sich zugehörig sieht. Wenn die Entwickler des Kunden in Jeans herumlaufen, das Management aber prinzipiell im Anzug, kommt es auf die eigene Intention an. Will ich mich eher in die Gruppe des Managements einfügen, wähle ich die klassische Business-Kleidung. Ist mir die Integration in die Gruppe der Entwickler wichtiger, kann ich das durch meine eigene Jeans ausdrücken.

Es gibt Berater, die es ablehnen, eine Krawatte zu tragen. Darüber kann jeder denken, was er will. Studien belegen allerdings, dass Berater im Anzug mit Krawatte höhere Tagessätze erwirtschaften, als ihre Kollegen, die in legerer Kleidung herumlaufen.

Es gibt keine allgemeingültig richtige Verhaltensweise bezüglich des Dresscodes. Der Berater ist jedenfalls gut beraten, sich an der vom Kunden wünschenswerten Stelle einzupassen. In jedem Fall sollte die Kleidung, egal ob Business oder Business Casual, eines sein: gepflegt und stilvoll. Wer unsicher ist, kann zum Beispiel eine Hilfestellung bei einer Farb- und Stilberatung finden. Auch für Männer ist dies interessant, auch wenn eine solche Beratung eine Ausgabe im dreistelligen Euro Bereich bedeutet. Wenn der Stil-Berater sein Handwerk versteht, ist das Geld gut investiert. Ich habe eine solche Beratung auch in Anspruch genommen und gehe seither mit einem völlig anderen Blick einkaufen. Und auf die in anderen Farben neu entstandenen Anzüge, Hemden und Krawatten haben mich viele Menschen positiv angesprochen.

5. Das Auftreten

Ein Theater. Der Zuschauerraum ist voll. Gespannt wartet das Publikum auf den Beginn des Stücks. Das Licht wird gedimmt. Der Vorhang gleitet zur Seite. Mehrere Scheinwerfer beleuchten die Szenerie auf der Bühne. Ein Mann sitzt hinter einem Schreibtisch. Der Moment, auf den alle gewartet haben. Es klopft – ein kurzes „Herein" – die Tür öffnet sich und der Berater tritt in seinem schicken Anzug ein. Er setzt ein Lächeln auf und geht freundlich auf den Mann hinter dem Schreibtisch zu.

Wie geht es nun weiter? Das liegt an Ihnen. Wir lasen soeben von einem Theaterstück. Ein solches ist auch die Bewerbung und der Marktauftritt eines Beraters. Es handelt sich in beiden Fällen um eine Inszenierung, die bestimmten Spielregeln folgt. Dazu gehören die schriftliche Selbstdarstellung, die richtige Kleidung und auch das überzeugende Auftreten, sowohl im Vorstellungsgespräch als auch im Projekt und später beim Networking mit seinen Stammkunden. Solche Inszenierungen sind keine Lügenmärchen. Auch hier gilt der Grundsatz der Authentizität.

Übungen und Tipps

Natürlich bleibt es Ihnen selbst überlassen, wie Sie auftreten – ich hebe nicht den moralischen Zeigefinger. Doch gibt es einige Tipps, was bei einem Auftritt meist funktioniert und was weniger gut ankommt. Bei all diesen Tipps gilt: Wie Sie sich geben, so sollten Sie auch sein. Fassaden aus Putz brechen früher oder später zusammen, wenn dahinter kein solides Haus aus Stein gebaut wurde.

- Treten Sie selbstbewusst auf und stoppen sie, bevor das Selbstbewusstsein in Arroganz umschlägt.
- Seien Sie freundlich, lächeln Sie. Das Lächeln erhalten Sie üblicherweise zurück. Und sollte Ihnen ein Profi aus dem Einkauf gegenübersitzen, lächeln Sie weiter. Das ist die schönste Möglichkeit, seinem „Feind" die Zähne zu zeigen. (Wobei Sie dann Boden gewinnen, wenn Sie den Einkauf nicht als Feind, sondern als Spielgefährten sehen, an dem Sie Ihre Verhandlungsfähigkeiten trainieren können.)

- Seien Sie aufrichtig. Bleiben Sie bei der Wahrheit. Bestimmen Sie dabei, welcher Teil der Wahrheit für den Kunden interessant und hilfreich ist. Nutzen und trainieren Sie Ihre Fähigkeit des Formulierens, um die Worte, in die Sie die Wahrheit kleiden, so zu gestalten, wie Sie das wollen. Ein Beispiel: „Der Projektleiter hatte keine Ahnung von seinem Job und traf permanent die falschen Entscheidungen. Wir hatten keine Chance, ein sinnvolles Ergebnis abzuliefern. Somit haben wir zwar ein tolles Konzept geschrieben, aber das ist völlig nutzlos." Das könnte sich auch so anhören: „Das Projekt stand ziemlich unter Druck. Gerade deshalb haben wir uns stark engagiert. Und so gelang es uns im Team, ein qualitativ hochwertiges Ergebnis zu erreichen. Darauf bin ich besonders stolz." Bemerken Sie die unterschiedliche Wirkung – und doch berichten beide Kommentare wahrheitsgemäß vom gleichen Projekt. Diese Nutzung verbaler Spielräume nenne ich „intelligente Aufrichtigkeit".

- Bewegen Sie sich in der Sphäre des Positiven. Vermeiden Sie das Negative. Sprechen Sie nur gut über andere Menschen und Kollegen. Ziehen Sie über niemanden her. Das wirkt so, als hätten Sie es nötig, andere herunterzuziehen, um selbst besser dazustehen. Fällt Ihnen nichts Gutes über jemanden ein, dann schweigen Sie.

- Nehmen Sie sich vor, dass Ihr Gegenüber Sie als angenehmen Gesprächspartner empfindet und immer ein positives Erlebnis aus einem Gespräch mit Ihnen mitnimmt.

- Zum Auftreten gehört auch Ihr Kompetenzbündel (siehe Kapitel: „Flower Power – Die Kompetenz-Blume" in Teil I des Buchs).

- Haben Sie Spaß am eigenen Auftreten. Nehmen Sie sich vor, in jedem Gespräch (wo dies angebracht ist) Spaß zu haben. Wenn Sie sich auf Ihre Gespräche freuen, werden diese erfolgreicher.

Wie gesagt, sind dies einige Tipps, die Ihrem Auftreten eine positive Note verleihen können. Machen Sie die Begegnung mit Ihnen zu einem besonderen Erlebnis – es wäre doch schade, wenn wir die wenige Zeit auf Erden mit langweiligen Meetings vergeuden, oder? Kurz gesagt: carpe diem – nutze den Tag. Ganz wichtig ist aber, sich auf sein Gegenüber einzustellen. Wenn Ihr Kunde kürzlich einen tragischen Unfall in der Familie hatte, ist eben nicht unbedingt fröhliche Beschwingtheit und Grinsen angesagt. Einfühlungsvermögen gehört ebenso dazu.

Zusammenfassung

In diesem Kapitel haben wir uns das Thema Erfolgreiche Selbstvermarktung/die eigene Präsentation angesehen.

Aus dem Willen zur Selbstvermarktung und der Erkenntnis, welche Dinge innerhalb und außerhalb seines Einflussbereichs liegen, kann der Berater seine erfolgreiche Eigenpräsentation inszenieren. Zu dieser Präsentation gehören die schriftliche Präsentation mit Unterlagen und Internetauftritt, das Erscheinungsbild und das Auftreten.

Stimmen einzelne Teile nicht, hört sich das Gesamtkunstwerk an, als spiele ein Orchestermitglied falsch, und der Kunstgenuss ist getrübt. Sind alle Komponenten in Einklang und Harmonie, wird aus Ihrer Eigenpräsentation ein wunderbares Stück Musik, gespielt von einem mitreißenden Orchester.

Abbildung 22: Das Orchester

2.8.3 Erfolgreiches Verkaufen geht nur über erfolgreiches Verhandeln

Einführung

Im Vorstellungsgespräch können Sie kurzfristig wirksame Taktiken anwenden. Hierzu sehen wir uns fünf Aspekte des Vorstellungsgesprächs an.

1. Grundlagen – Was will der Kunde und was will er nicht?
2. Kommunikation im Gespräch
3. Killerfragen und Killerantworten
4. Was sollte sitzen?
5. Verhandlungstaktik

Alle fünf Themen beinhalten wichtige Details für wirkungsvolle und vor allem erfolgreiche Vorstellungsgespräche. Die Übungen und Tipps zu den verschiedenen Unterpunkten sind diesmal besser direkt bei den Themen aufgehoben und deshalb nicht mehr am Schluss des Kapitels zusammengefasst.

Probleme und Fallen

Grundlagen – Was will der Kunde und was will er nicht? Manche Berater gehen mit einer negativen Erwartungshaltung in das Gespräch – sie haben Angst, sich zu blamieren oder bloßgestellt zu werden. Das ist in der Regel nicht die Absicht des Kunden. Fördern Sie stattdessen Ihre Chancen durch eine positive, realistische Erwartungshaltung.

Kommunikation im Gespräch: Verkäufer, die mir das Ohr abschwatzen, gehen mir furchtbar auf die Nerven. Hyper-extrovertierte Berater ihren Kunden ebenfalls. Wenn Sie andererseits den Mund beim Kunden nicht aufbekommen, kann dieser Ihre Expertise nicht einschätzen. Machen Sie diesen Fehler nicht, sondern finden Sie das richtige Mittelmaß.

Killerfragen sind beliebt, um Reaktionen unter Stress zu testen. Häufig sind Berater darauf nicht vorbereitet und verlieren so Punkte im Gespräch. Noch schlimmer ist das Geben von Killerantworten von sich aus, wie zum Beispiel überspitzt: „Dafür bin ich mir zu fein." Hier hat niemand den Berater aufgefordert, sondern er demontiert sich durch unpassende Aussagen selbst.

Was sollte sitzen? Ein paar Elemente in Vorstellungs- und anderen Gesprächen gehören zum Repertoire eines jeden Profis im Berufsleben dazu – zum Beispiel die eigene eingeübte Kurzvorstellung. Öfter als zu vermuten wäre, geraten Menschen hier ins Stocken.

Verhandlungstaktik: Wer als Berater – speziell als Selbstständiger – unterwegs ist, sollte die Grundregeln konstruktiver Verhandlungsführung sowie einige unfaire Taktiken kennen, wenn sie gegen ihn selbst eingesetzt werden. Es ist erstaunlich, wie häufig Profis im Beruf auf alte Tricks des Einkaufs hereinfallen und sich unnötig um Kopf und Kragen reden und so selbst ihr Honorar drücken.

Die Theorie
Zur theoretischen Unterfütterung gehen wir nun auf die beiden Themen 1. Grundlagen und 2. Kommunikation im Gespräch ein.

1. Grundlagen
Manch einem schlottern die Knie oder ihm tritt der kalte Angstschweiß auf die Stirn, wenn er an ein Bewerbungsgespräch denkt. Dabei sind gerade selbstständige Berater dem besonders häufig ausgesetzt – es gehört in der Regel zu jedem erfolgreichen Projektabschluss, es sei denn, es handelt sich um eine Projekt-Verlängerung.

Also stellen wir uns zu Beginn einmal vier wesentliche Fragen zu einem Bewerbungsgespräch:

- Was ist die Absicht des Kunden?
- Was ist nicht seine Absicht?
- Was will der Kunde hören, sehen und erleben?
- Was will er nicht?

Die Antworten auf diese vier Fragen legen die Basis für ein erfolgreiches Bewerbungsgespräch, da sie viele Ängste nehmen können. Aus vielen Kundengesprächen habe ich folgende Antworten zusammengetragen:

Was ist die Absicht des Kunden?

Er will einen erfolgreichen, verständnisvollen Problemlöser für seine Business-Ziele finden.

Was ist nicht seine Absicht?

Er hat kein Interesse, den Berater bloßzustellen. Sollten Sie eine Ausnahme feststellen, weisen Sie ihn darauf hin und beenden Sie das Gespräch eventuell mit einer kurzen Erklärung, sofern Sie damit keinen Ihrer Partner und auch nicht Ihren Arbeitgeber in Verlegenheit bringen. Derjenige, der sich falsch benimmt, wäre in diesem Fall der Kunde. Ihr gemeinsames Ziel ist es, zu prüfen, ob Sie beide für das Abschließen einer professionellen Transaktion die Richtigen füreinander sind. Sie bewerben sich beim Kunden und der Kunde bewirbt sich bei Ihnen darum, dass Sie seinen Auftrag ausführen.

Was will der Kunde hören, sehen und erleben?

Hören Sie zu, wenn er erzählt, was er braucht. Dann erklären Sie ihm den Nutzen Ihres Einsatzes – und dann den Nutzen dieses Nutzens. Beispiel: „Ich habe verstanden, was Sie brauchen. Ich entwickle dieses System vollständig autonom. Somit können Sie sich auf Ihre anderen Themen konzentrieren und in zwei Monaten mit der neuen Lösung arbeiten, die Ihnen viel Zeit spart. So werden Sie nachts wieder ruhig schlafen können." Vielleicht wirkt das jetzt etwas provokativ. Doch finden Sie den Nutzen des Nutzens Ihrer Arbeit heraus und machen Sie dem Kunden klar, dass er durch Ihr Engagement diesen Nutzen hat.

Was will er nicht?

a. Eine Aufzählung von Features oder einen Vortrag in Fachchinesich (merke: Fachidiot schlägt Kunden tot)

b. Jemanden, der verzweifelt vor ihm sitzt und ausstrahlt: „Ich brauche den Job". Das kommt schlecht an und ist kontraproduktiv. Selbst, wenn es wahr ist: Lassen Sie dies Ihren Kunden nie spüren. Sie verlieren sonst Ihre souveräne Ausstrahlung. Kunden wollen Erfolg kaufen, keine Verzweiflung.

2. Kommunikation im Gespräch

Bei der Kommunikation im Gespräch laufen uns die guten alten Soft Skills über den Weg. Jeder spricht darüber, doch was ist in einem Vorstellungsgespräch wichtig? Am besten, Sie entwickeln selbst ein Gespür dafür. Doch anhand vieler Beobachtungen und eigener Fehler habe ich im Lauf der Zeit folgende Tipps für mich selbst entwickelt. Einiges davon haben wir bereits ausführlich im Kapitel „Die Todsünden des Beratens, wie man sie vermeidet und das Kundenproblem richtig versteht" in Teil I des Buches behandelt. In diesen Fällen finden sich nur die Schlagworte in der folgende Auflistung.

Aktives Zuhören statt totschwätzen oder stummer Fisch: Erinnern Sie sich an die Faustregel: „Wir haben zwei Ohren und einen Mund. Sie in diesem Verhältnis zu benutzen ist oft weise."

Annahmen überprüfen: Mutmaßen Sie nicht, sondern prüfen Sie durch Nachfragen, ob der Kunde das gleiche meint wie Sie und ob Ihre Annahmen zutreffen.

Fragentrichter einsetzen: Wer fragt, der führt. Setzen Sie im Verlauf des Gesprächs Fragentrichter ein, um am Ende eindeutige Ergebnisse festhalten zu können.

Auf nonverbale „Signale" der Key-Player achten: Achten Sie auf die Körpersprache und Mimik Ihrer Gesprächsteilnehmer, und zwar auf die der wirklich wichtigen. Also der Entscheider, der Einkäufer, der Fachabteilungsleiter, der Geschäftsführer. Denn diese entscheiden über Ihren Erfolg oder Ihre Ablehnung. Stellen Sie bei Ihren Ausführungen eine positive Reaktion fest, wissen Sie, Sie befinden sich auf dem richtigen Weg und können fortfahren. Stellen Sie Missfallen fest, haben Sie noch die Chance, eine geschickte Kurve zu fliegen, um wieder in die Zone der Zustimmung zu gelangen. Aber erzählen Sie nicht das genaue Gegenteil von dem, was Sie fünf Sekunden zuvor gesagt haben. Das Fähnchen im Wind kommt bei Entscheidern selten gut an.

Verbindliche, positive Sprache statt diffuser Konjunktiv-Orgie oder absolutistischer Rede: Zwei schlechte Beispiele: „Ich könnte mir vielleicht vorstellen, unter gegebenen Umständen, wenn die Erwartungen nicht zu hoch sind, eventuell zu versuchen, diese Aufgabe möglicherweise zu lösen." Jetzt ist der Kunde sicher schon überzeugt. „Ich bin nach Projektmanagement-Methode X zertifiziert. Das ist die einzig sinnvolle. Alles andere ist Mist. Ich gehe stringent danach vor. Etwas anderes kommt gar nicht in Frage." Schade nur, dass der Kunde bis eben stolz war, nach Methode Y vorzugehen. Wie so oft finden wir einen goldenen Mittelweg in positiver, verbindlicher Sprache und schaffen so Vertrauen und demonstrieren Flexibilität – wie zum Beispiel: „Ich habe in den letzten Jahren intensive Erfahrung mit Methode X gesammelt und gesehen, dass sich damit viele Probleme lösen lassen. Natürlich ist mir wichtig, Ihren Erfahrungshintergrund bei diesem Projekt mit einzubeziehen. Es gibt nichts, das man nicht noch besser machen kann."

Respektvoll, wertschätzend und selbstbewusst statt unterwürfig oder arrogant: Dies schlägt in die gleiche Kerbe wie der vorherige Punkt. Kriechen Sie nicht im Staub. Damit beeindrucken Sie niemanden, der von Ihnen erwartet, dass Sie sein Problem lösen. Thronen Sie aber auch nicht über Ihrem Kunden, als seien Sie etwas Besseres. Viele arrogante Menschen, die ich kennengelernt habe, waren recht aufgeblasen und erwiesen sich nach dem geschickten Platzieren einiger Nadeln als Luftnummern. Wenn Sie überheblich über Ihrem Kunden schweben, werden Sie nicht bei ihm landen. Begegnen Sie ihm hingegen selbstbewusst und wertschätzend, haben Sie die Chance, zwei Punkte bei Ihrem Kunden zu machen. Sie überzeugen durch Ihre Kompetenz, die er für sein Problem braucht, und Sie gewinnen sein Herz, sodass er sich auf eine Zusammenarbeit mit Ihnen freut. Gewinnen Sie so Ihren Kunden dafür, dass er Sie haben will.

Die Praxis
Im praktischen Teil vertiefen wir nun die Themen 3. Killerfragen und Killerantworten, 4. Was sollte sitzen und 5. Verhandlungtaktik

3. Killerfragen und Killerantworten
Haben Sie in einem Bewerbungsgespräch schon einmal eine Killerfrage erlebt? Etwas, das Sie völlig unvorbereitet traf und das eigentlich total unverschämt war? Wie zum Beispiel: „Wenn Sie so wenig Erfahrung in diesem Umfeld haben, weshalb sitzen Sie dann hier?"

Warum werden solche Fragen gestellt? Außer in Einzelfällen, bei denen der Kunde ein wenig unsensibel agiert, dienen solche Fragen in der Regel einem Zweck. Sie sollen prüfen, ob der Bewerber beim ersten Windstoß umfällt. Sie testen Ihre Schlagfertigkeit an. Es ist der Versuch, aus Ihrer Antwort herzuleiten, wie Sie sich in schwierigen Projektsituationen verhalten würden. Mehr können Killerfragen aber auch nicht. Sie sind in der Regel nicht als persönlicher Angriff gedacht.

Ich habe es mir zum Hobby gemacht, mir Killerfragen zu merken und im nächsten Gespräch eine Antwort auf diese Frage parat zu haben. Beispielsweise die gute alte Frage nach „einer Schwäche von Ihnen" habe ich irgendwann stolz beantwortet mit den Worten: „Schwer zu sagen. Meine Frau meint, ich würde mich beruflich zu intensiv engagieren." (Ich drehte den Spieß um und machte eine Stärke daraus). Antwort meines Interviewpartners: „Aha. Erste Schwäche: verheiratet." Da war ich wirklich sprachlos. Übrigens endete dieses sehr humorvolle Gespräch mit meiner Einstellung. Neben Killerfragen gibt es auch Killerantworten, die der Bewerber gefragt oder ungefragt selbst liefert. Eine Antwort wie „Das tue ich nicht. Dafür habe ich doch nicht so lange studiert", kann die letzte eines Gesprächs sein, das dann nicht mit einem Auftrag endet. Überlegen Sie lieber ein wenig, bevor Sie Ihre Vorstellung mit der übereilten Antwort des Todes beenden. Für Killerfragen und Killerantworten gilt: Trainieren Sie gute Antworten – und wenn Sie Spaß daran entwickeln, kommen Sie leichter weiter.

4. Was sollte sitzen?

Neben guten Antworten auf Killerfragen gibt es ein paar weitere Punkte, die einfach sitzen sollten, da sie zur professionellen Gesprächsführung gehören. Dazu zählen:

Die eigene Vorstellung als „Elevator Pitch". In Vorstellungsrunden erlebe ich in letzter Zeit zum Glück immer seltener Menschen, die aus ihrer Vorstellung eine Viertelstunde machen und Menschen, die überhaupt nichts über sich zu berichten wissen. Stellen Sie sich vor, Jemand fragt Sie im Aufzug eines Hochhauses, was Sie tun und Sie haben 30 Sekunden Zeit, Sich und Ihre Kernkompetenz zu präsentieren und wollen seine Visitenkarte, um ein Anschlussgespräch zu führen. Was sagen Sie? Erstellen Sie einen

Elevator Pitch von sich selbst mit Ihrer Kernkompetenz, Ihren Zielkunden und dem Nutzen, den Sie stiften. Finden Sie eine Anschlussmöglichkeit, wie zum Beispiel „Übrigens gebe ich auch ein Seminar zum Thema Selbstvermarktung. Wenn Sie mir Ihre Visitenkarte geben, schicke ich Ihnen gerne einen Flyer mit den ausführlichen Details." Und üben Sie den Elevator Pitch, bis Sie ihn wirklich authentisch rüberbringen. Wählen Sie lieber einfachere Worte, die zu Ihnen passen, statt gekünstelt zu wirken.

Eigene Erfolgsstorys. Sie sollen nicht zum Märchenonkel werden. Aber ein paar Geschichten, wie Sie erfolgreich ein Problem gelöst oder ein Projekt zum Erfolg geführt haben, können Wunder wirken. Es ist gar nicht so selten, dass man gefragt wird: „Was waren Ihre drei größten Erfolge?" Auch die Frage „Was war Ihr schwerster Misserfolg?" kann schon einmal kommen. Überlegen Sie sich in Ruhe etwas aus Ihrer Vergangenheit, das Sie – den Erfolg und den Misserfolg – positiv darstellen können, und fügen Sie es Ihrem Repertoire hinzu. Frei erzählte, kurze Anekdoten aus dem eigenen Berufsleben vermitteln Ihre Erfahrung.

Authentische konstruktive Antworten auf „übliche Fragen" in einem Vorstellungsgespräch. Die Frage nach den eigenen Schwächen ist ein Klassiker. Es gibt viele weitere. Hier gibt es als Hilfestellungen diverse Bücher mit häufigen Fragen in Bewerbungsgesprächen, mit denen man solche Fragen üben kann. Als Beispiel kann ich nennen: *Trainingsmappe Vorstellungsgespräch* [55].

5. Verhandlungstaktik

Gerade bei Bewerbungsgesprächen für Projekte, aber auch bei Festanstellungen ist es gut, über ein wenig Übung im Bereich Verhandlungstaktik zu verfügen. Über Verhandlungen wurden unzählige Bücher geschrieben, daher wagen wir hier nur einen winzigen Blick auf ein paar Aspekte zum Thema Verhandlung:

Der Kunde braucht Sie, sonst gäbe es keine Verhandlung. Sie bieten etwas für ihn Wertvolles. Also haben Sie auch allen Anlass, ausreichend selbstbewusst aufzutreten (und vor dem Abgrund der Arroganz zu stoppen).

---

55 Püttjer, Christian; Schnierda, Uwe: Trainingsmappe Vorstellungsgespräch. Die 200 entscheidenden Fragen und die besten Antworten.

Machen Sie sich mit den **Grundregeln der Verhandlung** vertraut und trainieren Sie diese (zum Beispiel nach der Harvard Methode). Eine Verhandlung läuft nach klaren Regeln ab und Profis freuen sich, mit Profis zu verhandeln. Besuchen Sie eventuell ein Training. [56]

Das Gleichgewicht des magischen Dreiecks des Projektmanagements muss von allen beachtet werden, damit Verhandlung und Projekt erfolgreich werden und Kunde und Berater ihre Ziele erreichen. Geld, Zeit und Ergebnisse müssen in Einklang sein. Drückt der Einkäufer den Preis immer tiefer herunter, reduziert das zwangsläufig die möglichen Ergebnisse. Lassen Sie sich hier zu weit über den Tisch ziehen, gewinnen Sie vielleicht den Auftrag, aber erzeugen bei sich ein Magengeschwür oder bei Ihrem Kunden ein gescheitertes Projekt.

Es heißt verhandeln, nicht verschenken. Handeln Sie eine Forderung des Einkaufs gegen einen verhandelbaren Gegenstand auf Ihrer Seite. Entwickeln Sie hierbei Kreativität. Vor allem aber: Seien Sie darauf vorbereitet, zu verhandeln. Sie sollten die verhandelbaren Gegenstände und die Kosten von Zugeständnissen kennen, damit Sie im Gespräch wissen, wie weit Sie gehen können und wo für Sie Schluss sein muss.

Lassen Sie den Profi verhandeln, wenn einer an Ihrer Seite ist.

Lassen Sie Ihr Team sich nie entzweien, wenn Sie mit einem Vertriebspartner auftreten. Das gibt dem Einkauf eine offene Flanke, die er zu seinem Vorteil attackieren wird. Klären Sie wichtige Punkte immer vor einer Verhandlung mit Ihrem Vertriebspartner. Werden Sie im Gespräch kalt erwischt, bitten Sie um eine Auszeit, um sich abzustimmen!

Nehmen Sie die Souveränität mit ins Gespräch, „dann passt es diesmal nicht" zu sagen. Das stärkt Ihre Position. Schlimmstenfalls müssen Sie einmal verzichten. Wenn Sie ins Gespräch gehen mit der Einstellung „Ich darf diesen Auftrag nicht verlieren", dann haben Sie bereits verloren.

---

56 Geschlossene Verhandlungstrainings bietet beispielsweise Huthwaite für Firmenkunden an. Hier besuchte ich vor vielen Jahren zwei Verhandlungstrainings (http://www.huthwaite.de/)

Trainieren Sie Verhandlungspsychologie und halten Sie Schweigen aus. Beispiel: Der Einkäufer fragt nach der Vorstellung vom Tagessatz. Der Berater nennt eine Zahl. Der Einkäufer atmet tief ein, reißt die Augen weit auf und schweigt. Der Laie beginnt: „Naja, ich meine, so ungefähr, es könnten auch zehn Euro weniger sein, wenn Sie meinen ..." und redet sich um Kopf und Kragen. Der Einkauf erledigt nur seinen Job – und er wartet natürlich darauf, dass das passiert. Lassen Sie ihn warten. Lächeln Sie selbstbewusst. Halten Sie das Schweigen aus. Fragen Sie eventuell nach einer Weile selbstsicher: „Sehen Sie da ein Problem?"

Zusammenfassung

Zur Erhöhung der kurzfristigen Erfolgsquote in Vorstellungsgesprächen haben wir uns angesehen, was der Kunde im Vorstellungsgespräch eigentlich erreichen will, welche Tipps uns bei der Kommunikation im Gespräch weiterhelfen, wie wir mit Killerfragen umgehen, welche Standard-Elemente (Elevator Pitch und andere) sitzen sollten und wie wir uns taktisch klug in Verhandlungen verhalten. Bei allen Komponenten gilt: Übung macht den Meister – und mit wachsenden Erfolgen wächst auch das Vergnügen und die Angst schrumpft.

2.8.4 Mit der richtigen Positionierung geht's leichter – Die EKS-Strategie

Einführung

Um vertrieblich langfristig erfolgreich zu sein, muss der Berater etwas anbieten, das seine Kunden auch kaufen wollen. Dazu sind zwei Fragen zu beantworten: „Was ist dieses Etwas?" und „Wer sind die Kunden, die kaufen sollen?" Im Vertriebsumfeld gibt es dafür Fachbegriffe. Wir sprechen von der eigenen Positionierung (wer bin ich, was ist mein Portfolio, das ich anbiete) und von der Zielgruppendefinition.

Somit ist es in jedem Fall sinnvoll, sich Gedanken über seine persönliche Strategie zu machen. Eine schon länger existierende Vorgehensweise ist die engpasskonzentrierte Strategie (EKS®), welche Wolfgang Mewes vor mehr als drei Jahrzehnten entwickelt hat. Sie beschreibt mit vier Prinzipien und in sieben Schritten, wie man seine eigene Positionierung und Zielgruppendefinition erreicht und dies erfolgreich in die Praxis umsetzt. Dabei orientiert sich die Strategie an einem konstanten Engpass der definierten Zielgruppe, den der Anbieter dauerhaft löst. – Sie haben natürlich recht, wenn Sie bemerken, dass in „EKS-Strategie" das Wort Strategie doppelt vorkommt. Aufgrund der auch im Internet häufigen Notation in dieser Art haben wir die Überschrift allerdings bewusst redundant belassen. Notieren Sie sich einen Extra-Punkt als aufmerksamer Berater.

Probleme und Fallen

Keine klare Positionierung als Spezialist. Man könnte ja jemanden als potenziellen Kunden verlieren. Ohne Positionierung allerdings wissen Ihre Kunden nicht, wofür Sie stehen. Wer einen Spezialisten für ein Thema sucht, wird Sie nicht finden, da Sie sich nicht klar als solcher darstellen.

Keine klare Zielgruppendefinition: Man könnte ja jemanden als potenziellen Kunden verlieren. Ja, Ihre Zielgruppe wird deutlich schrumpfen, wenn Sie diese klar definieren. Allerdings zeigen Sie alleine durch Positionierung und Zielgruppendefinition bereits Ihre höhere Kompetenz in genau diesem Bereich für diese Zielgruppe. Sie werden also deutlich interessanter für diese kleinere Gruppe.

Zu starres Festhalten an seiner Strategie in veränderlichen Zeiten kann Sie langfristig Ihr Geschäft kosten. Wenn Sie heute noch der Berater für die optimale Papierauswahl bei Lochkarten im Computerumfeld sind, haben Sie wahrscheinlich seit mehreren Jahren keinen Kunden mehr gesehen. Die Technologien und die Marktanforderungen haben sich weiterentwickelt, ebenso der Beratungsbedarf dazu.

Zu schnelles Aufspringen auf neue Züge ist ebenfalls aus strategischer Sicht nicht sinnvoll. Gerade in der IT überholt eine Innovation die andere. Nicht jeder Marketing-Hype entpuppt sich jedoch als tragfähiger technologischer Trend. Wer zu schnell seine Strategien wechselt, verunsichert seine langjährigen Kunden und läuft Gefahr, durch Beratung im Bereich nicht ausgereifter Produkte und Technologien einen Schaden beim Kunden zu verursachen (the leading edge is the bleeding edge).

Die Theorie

Wenden wir uns dem Thema „Positionierung, das eigene Portfolio und Zielgruppendefinition" der EKS-Strategie zu [57]. Sie beschreibt die folgenden vier Erfolgsprinzipien:

Prinzip 1: Konzentration der Kräfte auf Stärkenpotenziale, Abbau von Verzettelung

Arbeiten Sie Ihre Stärken heraus und entwickeln Sie diese. Sie werden wegen Ihrer Stärken gebucht. Je ausgeprägter diese sind, desto größer sind die Erfolgsaussichten. Verschwenden Sie nicht zu viel Energie damit, Schwächen abzubauen. Wenn Sie beispielsweise keinen Spaß an der Buchhaltung haben, legen Sie sich einen Steuerberater zu. Es gibt wirklich Menschen, die Buchhaltung mögen. Sie können das besser und schenken Ihnen die Zeit, sich auf Ihre Stärken zu fokussieren. Einige Schwächen stehen einem Berater gleichwohl schlecht an. Wenn Sie permanent Ihren Kunden anschreien, sollten Sie überlegen, ob Sie daran etwas ändern können. Jedoch hat es eine höhere Auswirkung auf Ihren Erfolg, Ihre Stärken auszubauen, als Ihre Schwächen abzubauen.

Prinzip 2: Orientierung der Kräfte auf eine eng umrissene Zielgruppe

Sie schränken zwar die Zahl potenzieller Kunden ein, wenn Sie eine eng umrissene Zielgruppe definieren. Sie erhöhen jedoch die Wahrscheinlichkeit eines Auftrags drastisch, wenn Sie ganz klar sagen, für wen Sie eine Lösung anbieten. Diese Zielgruppe wird Sie als Spezialisten erkennen. Ein Rechenbeispiel: Haben Sie beispielsweise 100.000 potenzielle Kunden, führt die Diffusität Ihres Angebots und Ihrer Zielgruppenansprache zu einer Auftragswahrscheinlichkeit von 0,01 Prozent. Somit werden Sie zehn Aufträge aus dieser Zielgruppe erhalten. Wenn Sie hingegen durch eine klare Fokussierung Ihre Zielgruppe auf nur 1.000 Kunden reduzieren, aber durch die Klarheit Ihres Angebots als Experte eine Auftragswahrscheinlichkeit von 10 Prozent erreichen, erhalten Sie hundert Aufträge, also das Zehnfache. Natürlich muss diese Zielgruppe sinnvoll definiert werden und Ihr Angebot muss eine ausreichende Nachfrage erzeugen. Ist dem so, wer-

---

57 Quellen zur EKS-Strategie: http://www.wolfgangmewes.de/wolfgang-mewes.htm sowie
   http://de.wikipedia.org/wiki/Engpasskonzentrierte_Strategie

den Sie sich als Spezialist für Ihre Zielgruppe einen guten Namen machen und weiterempfohlen werden.

Prinzip 3: In die Lücke/Nische gehen

Viele Existenzgründer begehen den Fehler, dass sie mit einer Geschäftsidee an den Markt gehen, ohne genau zu wissen, wer und wie zahlreich die Konkurrenz ist. Sie rechnen sich in Business-Plänen Auftragszahlen durch, die extrem schwer zu erreichen sind, da der Bedarf vielleicht nicht so groß ist, vor allem aber, weil ihre Geschäftsidee bereits besetzt ist durch Konkurrenten. Optimal ist es, wenn Sie eine wirkliche Marktlücke entdecken und mit Ihrer Lösung genau den Bereich abdecken, der zuvor vernachlässigt wurde.

Prinzip 4: Sich in die Tiefe der Problemlösung entwickeln, Markführerschaft anstreben

Wenn Sie sich mit Ihrer Marke einen Namen gemacht haben und der Problemlöser für Ihre Zielgruppe sind, entsteht das Miteinander einer Symbiose zwischen Ihrer Zielgruppe und Ihnen. Nachahmer werden Ihnen sicherlich folgen. Streben Sie an, der beste Problemlöser in diesem Bereich und zum Marktführer bei Ihrer Zielgruppe zu werden. Sie glauben, das hört sich vermessen an? Es hörte sich auch vermessen an, als zwei Studenten zu ihrem Professor sagten: *„Wir werden das Internet herunterladen und es besser machen."* Die beiden gründeten ein Unternehmen namens Google, welches eine herausragende Stellung im Markt erreicht hat.

Die Praxis

Die vier Prinzipien der EKS-Strategie werden in sieben Phasen in die Praxis umgesetzt.

In **Phase 1** stellen Sie die Ist-Situation fest und arbeiten Ihre persönlichen Stärken, ihre Kernkompetenz heraus. Sie beantworten die Frage: Worin sind Sie wirklich gut? Und worin sind Sie besser als Ihre Konkurrenten?

In **Phase 2** erforschen Sie, welches das erfolgversprechendste Geschäfts- oder Aufgabenfeld ist. Nämlich der Bereich, in dem Sie den meisten Nutzen für Ihre Kunden stiften können und somit Ihre Chancen am größten sind.

In **Phase 3** ermitteln Sie nun die erfolgversprechendste Zielgruppe. Dabei geht es darum, herauszufinden, wer Sie wirklich braucht, wer tatsächlich bereit ist, für Ihre Leistung Geld auszugeben und mit welcher Kundengruppe Sie auch langfristig gute Geschäfte machen können.

In **Phase 4** finden Sie das brennendste Problem Ihrer Zielgruppe, den Entwicklungsengpass, also das Problem, welches Ihre Zielgruppe bei Wachstum und Weiterentwicklung bremst, den Flaschenhals. Und Sie erarbeiten eine Lösung für dieses Problem. Ja, das ist eine herausfordernde Aufgabe.

In **Phase 5**, der Innovationsphase, stellen Sie eine systematische Problemlösungsmethode zur Verfügung und werden so bei Ihrer Zielgruppe hoch begehrt. Darüber hinaus ist es an der Zeit, für durch Ihre Lösung auftretende Folgeprobleme ebenfalls vorausschauend Lösungen zu entwickeln. (Erst Flugzeuge schufen den Bedarf an Schleudersitzen und Fallschirmen.)

In **Phase 6** besinnen Sie sich auf das Prinzip „Schuster, bleib bei deinem Leisten". Arbeiten Sie im Umfeld Ihrer Kernkompetenz. Für notwendige ergänzende Leistungen arbeiten Sie mit einem Kooperationspartner zusammen. Kooperation in diesem Zusammenhang bedeutet, dass die Partner einander komplementär ergänzen. Sie liefern beispielsweise eine Finanzanalyse zur Liquidität eines Kunden, Ihr Partner übernimmt das Factoring. So bieten Sie beide zusammen Ihrem Kunden eine vollständigere Lösung an.

In **Phase 7** schaffen Sie es schließlich, ein konstantes soziales Grundbedürfnis Ihrer Zielgruppe dauerhaft zu lösen. Somit geht es nicht um ein Verfahren oder ein Produktangebot, sondern um Sie als permanenten Problemlöser für Ihre Zielgruppe. Mit dieser Problemlösung streben Sie die Marktführerschaft an.

Übungen und Tipps

- Wie die meisten Strategien wird die EKS-Strategie nicht in zwei Tagen umgesetzt, sondern es sind Prinzipien und Phasen, die Sie über Jahre begleiten. Für Sie als Berater kann es hilfreich sein, alles, was Sie tun und planen, immer gegen die Prinzipien und Phasen der EKS-Strategie zu reflektieren.

Wenn Sie sich tatsächlich dadurch von Ihrem Wettbewerb unterscheiden, dass Sie weiterdenken und Lösungspakete oder -methoden für Ihre Kunden entwickeln, die über das Beratungsangebot Ihrer Konkurrenten hinausgehen, wird der Kunde Sie als seinen besten Spezialisten für Ihr Thema wahrnehmen. Auch als angestellter Berater ist es interessant, Ihre persönliche Spezialität zu entwickeln. Vielleicht erstellen Sie eine solche Methode und entwickeln diese unter Ihrer Regie mit einem Team weiter.

- Überlegen Sie, wie Sie Ihren Lösungsansatz in vertriebliche Kommunikation umsetzen können. Wer kann Ihnen dabei helfen? Können Ihre Kunden Empfehlungen für Sie aussprechen? Ist das ein Thema für die Fachpresse?

- Haben Sie dabei immer die Zukunftsfähigkeit Ihrer Kunden im Auge, damit diese sich Ihre Dienste weiterhin leisten können. Beantworten Sie die Frage: „Wie mache ich meine Kunden erfolgreicher, damit ich erfolgreich bleibe und diesen Erfolg ausbauen kann?"

Zusammenfassung

Mit vier Prinzipien und in sieben Phasen stellt die EKS-Strategie eine Methode dar, mit der Sie eine langfristig erfolgreiche Geschäftsidee gezielt und geplant entwickeln und umsetzen können. Die EKS-Strategie führt dazu, dass Sie klar Ihre Zielgruppe, Ihr Angebotsportfolio und Ihre Positionierung definieren.

Sie konzentrieren sich dabei auf Ihre Stärken, statt Energie mit dem Abbau Ihrer Schwächen zu binden. Sie schaffen für Ihre eng umrissene Zielgruppe eine neue spezialisierte Lösung für deren brennendstes Problem, deren konstanten Engpass. Somit sichern Sie sich kontinuierliches Geschäft und Wachstum. Diese Lösungen und diesen Nutzen für Ihre Kunden können Sie hervorragend vertrieblich kommunizieren.

2.8.5 Welcher Verkäufertyp sind Sie? Jäger, Farmer oder Fischer?

Einführung

Nicht alle Verkäufer agieren vertrieblich gleich. Da gibt es diejenigen, die den Kunden so lange nicht zum Luftholen kommen lassen, bis er unterschreibt, und diejenigen, die langsam, stetig und unaufhaltsam Geschäftsbeziehungen intensivieren und ausbauen. In der Sales Theorie hat sich vor langer Zeit daraus das Hunter-Farmer-Modell entwickelt. Es beschreibt diese beiden Charakterzüge sowie die verschiedenen zu gegebener Zeit sinnvollen Eigenschaften beider Ausprägungen von Vertriebsleuten. Bezogen auf das Beratungsgeschäft greift dieses traditionelle Modell an einigen Stellen zu kurz. Hier kann uns eine Erweiterung speziell aus dem Consulting Geschäft von Robert Kelly zusätzliche interessante Denkansätze liefern: das Hunter-Farmer-Fisherman-Modell.

Probleme und Fallen

Ohne den notwendigen vertrieblichen Mut, auch einmal aggressiv vorzugehen, verliert man Kundenprojekte gegen Unternehmen und Berater, die diesen vertrieblichen Mut aufbringen.

Zu aggressives Vorgehen – speziell das Vorgehen nach **„sell and forget"** – („verkaufen und vergessen") funktioniert im Beratungsgeschäft definitiv nicht. Beratungsgeschäft funktioniert nur dann gut und langfristig ertragreich, wenn man sich einen Kundenstamm aufbaut und dieser einen weiterempfiehlt. Negative Referenzen sprechen sich deutlich schneller und weiter herum als positive Referenzen.

Die Theorie

Robert Kelly, Gründer der Firma Client Dimensions, beschreibt in seinem persönlichen eindrücklichen Artikel die Probleme, die er als Practice Manager im Consulting mit den Grenzen des Hunter-Farmer-Modells erlebt hat und die daraus entwickelte Erweiterung zum Hunter-Farmer-Fisherman-Modell[58].

Schauen wir uns zunächst die Komponenten des Hunter-Farmer-Modells an. Dabei werden zwei wesentliche vertriebliche Charaktere unterschieden:
Der Hunter – der Jäger – ist aggressiv, verfolgt vermutlich häufig einen starken Push-Ansatz (aufzählen von Features), hat den aktiven Part inne und erobert neue Kunden. Er ist in der Regel nicht so sehr derjenige, der aufgebaute Kundenbeziehungen langfristig pflegt, sondern zieht nach einem gewonnenen Deal zum nächsten Kunden weiter (sell and forget).

---

58 Quelle: The Hunter, the Farmer, and the Fisherman by Robert Kelly: http://www.clientdimensions.com/ HTMLobj-106/The_Hunter__Farmer__Fisherman.pdf

Geschieht nach einem erfolgreichen Verkauf nichts weiter, weil der Verkäufer zum nächsten Kunden zieht und das Projekt noch nicht anläuft, fällt der Kunde in ein Vakuum der Desillusion – der Deal ist gemacht, der Vertrag unterschrieben und keiner ist mehr da. In dieser Situation ist es ganz wichtig, den Kunden nicht alleine zu lassen, sondern ihm durch aktive und schnelle Weiterführung das Gefühl zu bestätigen, dass er sich für den richtigen Anbieter entschieden hat.

Der Farmer – der Ackerbauer – denkt langfristig. Er plant, sät, hegt und pflegt sein Feld, wässert und bringt anschließend eine reiche Ernte ein. Er baut auf und zehrt von seinen Vorräten. Im übertragenen Sinne pflegt und kultiviert er langfristige Kundenbeziehungen, schafft nachhaltiges Vertrauen und vergrößert so Schritt für Schritt sein Geschäft. Er ist allerdings nicht unbedingt gut darin, neue Kunden zu verfolgen und in einem aggressiven Prozess gegen eine starke Konkurrenz mit vielen Huntern zu gewinnen. Er ist eben Farmer und kein Eroberer.

In vielen Firmen wird nach wie vor nach Huntern gesucht, wenn es gilt, mehr Neukundengeschäft zu gewinnen, und nach Farmern, wenn das Bestandskundengeschäft gefestigt und ausgebaut werden soll.

Die Praxis

Beide Rollen haben im Beratungsgeschäft ihre Existenzberechtigung und Notwendigkeit. Doch sind sie nicht vollständig und beschreiben oft nicht die Rolle, in der sich auch vertrieblich erfolgreiche Berater häufig wohlfühlen. Diese dritte Rolle, der Fisherman – der Fischer – vereinigt Eigenschaften beider genannter Rollen und ist dennoch mehr als nur eine Mischung aus beidem.

Der Fisherman: Als Fischer denken Sie langfristig. Sie müssen dafür sorgen, dass Ihre Fischgründe nicht überfischt werden. Sie müssen Sie auch hegen und pflegen. Sie planen im Voraus, wie Sie auf einen Fischzug gehen, wo die Schwärme sich aufhalten, wie Sie vorgehen. Sie fahren hinaus, werfen die Angel aus und warten geduldig. Sie lassen dem Fisch Zeit, ein wenig am Köder zu knabbern. Ungeduld und aggressives Vorgehen würden den Fisch jetzt verjagen. Sie warten, bis er zuschnappt und kräftig zieht. Dann ist der Moment gekommen, aggressiv zuzuschlagen und die Leine einzuholen. Und wenn Sie feststellen, dass es nicht der richtige Fisch ist, werfen Sie ihn wieder hinein. Denn ein falscher Fisch im Boot ist weder sinnvoll für den Fisch noch für den Fischer. Und Sie stehen zu Ihrer Verantwortung für die Fischgründe, die Sie pflegen. Vertrieblich erfolgreiche Berater fühlen sich oft zwischen der Farmer- und der Hunter-Rolle hin- und hergerissen. Mit der Fischer-Rolle hat Robert Kelly einen Anzug geschneidert, der vielen Beratern besser passt und in dem sie sich sehr viel wohler fühlen als im Hunter- oder Farmer-Kostüm.

Die folgende Tabelle stellt noch einmal die Charakteristika der drei Rollen dar.

Hunter	Farmer	Fisherman
macht den Sack zu	kultiviert Beziehungen	kultiviert und fängt
übernimmt die Initiative	lässt Entwicklungen zu	wartet und handelt
visionär	realistisch	realistisch sowie visionär
aggressiv	entspannt und abwartend	wartet, bereit zum Stoß
Goldgräber	langfristiger Planer	plant seine Fischzüge
Wettbewerbsdenken	kooperativ	beherrscht Coopetition *
strebt immer nach Abschluss	fragt nach der Kundenmeinung	ist sicher, wenn er zuschlägt
Werfer (Baseball)	Fänger (Baseball)	kann werfen und fangen
mit der Brechstange unterwegs	aufmerksam	findet den besseren Hebel
Einzelkämpfer	Teamplayer	spielt gut in Teams und alleine

*Coopetition ist eine Kombination aus Competition und Cooperation – also aus situativ angemessener (und ehrenhaft kommunizierter) Konkurrenz und auch Kooperation.

- Messen Sie dem Rollendenken Hunter oder Farmer als absolute Kategorisierung, die nur entweder oder zulässt, nicht so viel Bedeutung bei. Entwickeln Sie Ihre vertrieblichen Fähigkeiten gemäß Ihrer Stärken und werden Sie sich bewusst darüber, was Sie gut beherrschen.

- Prüfen Sie, in welcher Rolle Sie sich persönlich am wohlsten fühlen und bauen Sie die Fähigkeiten in dieser Rolle aus.

- Bei vertrieblichen Defiziten, die Sie gerne ausgleichen möchten, studieren Sie umfassend vorhandene Vertriebsliteratur oder besuchen Sie Vertriebsseminare.

- Wenn Sie feststellen, dass Ihnen Eigenschaften fehlen, die Sie selbst nicht ausbauen möchten, denken Sie darüber nach, wer in Ihrem Umfeld diese Vertriebskomponenten für Sie übernehmen kann. Das können Kollegen sein, das kann aber auch ein Unternehmen sein, das Ihnen zum Beispiel Türen durch Cold Calls öffnet, während Ihre Begabung eher darin liegt, in vorbereiteten Gesprächssituationen vertrieblich zu glänzen.

- Sollten Sie feststellen, dass Vertrieb überhaupt nicht Ihre Sache ist, suchen Sie sich einen oder mehrere starke und vor allem vertrauenswürdige Partner, die den vertrieblichen Teil für Sie übernehmen. Sie beide müssen dann davon überzeugt sein, dass Ihre Zusammenarbeit langfristig einen gegenseitigen Gewinn darstellt. Es ist jedoch einfacher, wenn Sie zumindest ein Grundmaß an vertrieblichen Fähigkeiten entwickeln.

Zusammenfassung

Es gibt verschiedene vertriebliche Charaktere, die eher erfolgreich bei der Neukundengewinnung oder eher erfolgreich beim Ausbau des Bestandskundengeschäfts agieren. Daraus wurde das Hunter-Farmer-Modell abgeleitet.

Robert Kelly, Gründer von Client Dimensions, hat das Modell um die Fisherman-Komponente erweitert, welche speziell im Beratungsgeschäft besser beschreibt, wie Berater und Beratungsunternehmen Neukundenvertrieb und Ausbau des Bestandskundengeschäfts vorantreiben können.

Wichtig für Sie ist, dass Sie sich Ihrer vertrieblichen Rolle bewusst werden, das weiterentwickeln, was Sie weiterentwickeln wollen, und eine Lösung für die notwendigen Vertriebselemente finden, die Sie nicht selbst weiterentwickeln.

Teil III – Feintuning – Die Arbeit an der eigenen Beraterexzellenz

3.1 Feintuning ist gefragt

Teil I dieses Buches führte uns in das Basiswissen professioneller Beratung ein, Teil II beleuchtete Fähigkeiten exzellenter Berater. Wozu braucht es also noch einen dritten und vierten Teil?

Vergleichen wir Beratung mit einem Orchester, so haben wir in Teil I die einfacheren Instrumente (Pauke, Triangel etc.) und in Teil II die schwierigeren Instrumente (zum Beispiel Violine, Harfe) eingeführt.

In Teil III wenden wir uns dem Feintuning zu – übertragen auf das Orchester bedeutet das: dem Stimmen der Instrumente. Anders als beim normalen Orchester stimmen wir unsere Beratungsinstrumente häufig individuell auf eine bestimmte Person oder eine Situation ein. Bei der Gitarre gibt es beispielsweise manche Stücke, zu denen man die Saiten auf ein anderes System umstimmt.

Teil IV zeigt uns schließlich das Zusammenspiel des Orchesters auf.

Im Einzelnen behandeln wir in Teil III – Feintuning – die Arbeit an der eigenen Beraterexzellenz folgende Themen:

- Das richtige Maß – wie wir diverse Eigenschaften individuell auf unsere Persönlichkeit, den Kunden und die Situation einstellen
- Kommunikation III – Powertechniken der Kommunikation für mehr Beraterexzellenz mit den Themenblöcken
- Transaktionsanalyse
- NLP-Metaprogramme
- Drei Motivsysteme in der modernen Gehirnforschung
- Präsentieren II – von der Gehirnforschung in die Präsentation
- Lernen von Schauspielern – spiele nicht, sondern sei
- Authentizität – Wahrhaftigkeit in unserem Handeln

Wir beginnen mit „dem richtigen Maß", legen Sie schon einmal Ihre innere Stimmgabel bereit.

3.2 So finden Sie das richtige Maß

Einführung

So, wie eine Band ihren Sound per Mischpult auf die Akustik der jeweiligen Konzerthalle einstellt, verstehen es exzellente Berater, ihre verschiedenen Eigenschaften mit dem Mischpult ihres Charakters individuell passend zu sich, der Situation und dem Gesprächspartner einzustellen.

Wenn ich meinen Kunden auf ein Weinfest einlade und abstinent bleibe, so wirkt das seltsam. Wenn ich mich als Geschäftspartner vor meinem Kunden auf dem Weinfest so betrinke, dass der Absturz allen Beteiligten peinlich ist, kann das ebenfalls schaden. Das richtige Maß ist dafür entscheidend, wie angemessen das eigene Handeln bewertet wird und wie erfolgreich es ist. Ebenso wenig wie Abstinenz auf dem Weinfest ist mäßiges Trinken auf einem Anti-Alkoholiker-Kongress angebracht. Das richtige Maß kann also auch von der Situation abhängen. Und als weitere Komponenten spielen der eigene Charakter und die an der Situation beteiligten Personen eine Rolle.

Probleme und Fallen

Bei der Suche nach dem richtigen Maß lauern an mancher Stelle Gefahren.

Overtuning: Wenn wir uns auf jede Situation und jeden Gesprächspartner übermäßig einstellen, um es nur ja allen recht zu machen, übertreiben wir die Übung. Das wirkt sehr schnell wie das Fähnchen im Wind und wir laufen Gefahr, Glaubwürdigkeit einzubüßen. Fragen Sie sich immer, ob Sie sich so noch wohl fühlen, wenn Sie auf der Suche nach dem richtigen Maß sind.

Undertuning: Speziell für einen Berater kann es problematisch sein, wenn er „sein Ding durchzieht", ohne nach rechts und links zu schauen. Viele Berater – gerade von Top-Beratungshäusern – werden von Kunden als arrogant beschrieben. Sicherlich mag es häufig einen Konflikt zwischen der Aufgabe eines Beraters geben, der für die Vorbereitung eines Stellenabbaus gerufen wird, und einer guten, vertrauensvollen Kommunikation mit den Beteiligten. Doch meine Erfahrung zeigt, dass auch und gerade in schwierigen inhaltlichen Situationen ein wertschätzender Umgang und das richtige Einstellen auf die Kundenmitarbeiter weit häufiger zu Erfolgen führt als eine „Ihr habt eh keine Ahnung"-Haltung. Die Widerstände gegen solche Berater können enorm werden und schon häufig habe ich erlebt, wie einzelne sehr arrogante Berater kurzfristig aus einem Projekt entfernt wurden.

Tuning ohne Messen: Um das richtige Maß zu finden, muss ich wissen, was richtig ist. Das erfahre ich durch messen – wie das Wort Maß nahelegt. Oft messen Menschen jedoch nicht, sie vermuten. Wenn ich dann später mit ihnen eine bestimmte Situation erörtere und frage: „Weshalb hast Du Dich dort so verhalten" kommen meistens Antworten wie „Ich bin davon ausgegangen ..." oder „Ich habe gedacht, dass ...". Sie stellen sich aufgrund von Vermutungen auf eine bestimmte Art und Weise ein, ohne ausreichende Anhaltspunkte für ihre Vermutungen zu haben. Für dieses Messen sind feine Antennen nötig, um festzustellen, ob die gewählten Einstellungen beim Gegenüber gut ankommen. Im Zweifel ist es besser, beim Gegenüber nachzufragen, als aufgrund falscher Annahmen ein ganzes Gespräch lang falsch zu agieren.

Die Theorie

Um ein gutes Feintuning im Rahmen seiner eigenen Authentizität zu erreichen, ist es sinnvoll, sein eigenes Mischpult anhand der folgenden Parameter individuell einzustellen:

- nach dem eigenen Charakter
- individuell auf den Kunden/Gesprächspartner angepasst
- der jeweiligen Situation angemessen

Es kann durchaus sein, dass ich in einer für ein Team-Mitglied persönlich schwierigen Unterredung als verständnisvoller Zuhörer auftrete und mich zehn Minuten später in einer Verhandlungsrunde mit einem Lieferanten recht unnachgiebig zeige. Die folgende Abbildung zeigt ein Mischpult mit den Extremen einiger Charaktereigenschaften. Wir führen hier nicht sämtliche Eigenschaften auf. Überlegen Sie selbst einmal, wo Sie „Handlungsspielräume" haben und Ihre Eigenschaften einstellen können und wo Sie sich eher festgelegt fühlen.

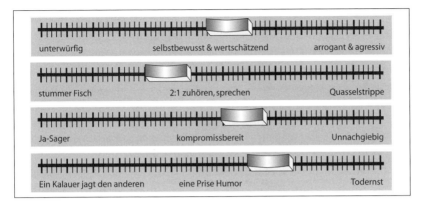

Abbildung 23: Das richtige Maß

Solange ich selbst authentisch bleibe und mich nicht VER-stelle (denn nach fest kommt ab), bewege ich mich glaubhaft in meinem Repertoire und kann meine Möglichkeiten optimal nutzen, um die Ziele meiner Kunden und meine eigenen zu erreichen und die gewünschte Atmosphäre für eine ideale Zusammenarbeit zu schaffen.

Echte Beratungs-Profis sind nicht Opfer ihrer Charaktereigenschaften, sie beherrschen deren Steuerung und können sie individuell auf die Situation einstellen. Das macht einen wichtigen Aspekt ihrer Beraterexzellenz aus.

Die Praxis
Der Geschäftsführer eines kleinen Beratungshauses konnte mit einigen Kunden-Entscheidern sehr gut umgehen und hatte eine hervorragende persönliche Beziehung zu den wichtigen Managern aufgebaut. Sie waren auf der gleichen Wellenlänge mit seiner kumpelhaften Art. Bei anderen Kunden war festzustellen, dass diese Kumpel-Masche gar nicht ankam. Diese Menschen sprangen auf ganz andere Themen an. Doch der Geschäftsführer konnte sich darauf nicht einstellen. Er hatte „seine Art drauf", in ihr bewegte er sich authentisch und konnte sich nicht auf andere Menschen einstellen. Das führte zu sehr guten Beziehungen bei diesen wenigen Kunden, begrenzte jedoch seine vertrieblichen Erfolge bei anderen Kunden. Dann verließ ein wichtiger Manager unfreiwillig den Kunden und das Geschäft dort knickte deutlich ein. Schlussendlich musste der Geschäftsführer das

Beratungshaus verlassen, weil er sich nicht flexibel genug auf verschiedene Charaktere einstellen konnte oder seine Feintuning Skills nicht ausgeprägt genug waren.

Wenn ich hervorragende Berater in meiner Nähe beobachte, stelle ich immer wieder fest, dass sie zum Beispiel in einem Projektteam immer wieder als Teil der Gruppe agieren und quasi mit den Wölfen heulen. Wenn sie mich jedoch bei Management-Terminen oder Kundengesprächen begleiten, stellen sie sich in exzellenter Weise auf den Kunden ein und strahlen fast auf Knopfdruck eine enorme Seriosität aus. Das hat nichts mit verstellen zu tun, sondern mit einstellen. Sie machen es ihrem jeweiligen Gegenüber so einfach wie möglich, gut mit ihnen umzugehen. Das fördert beim Gegenüber die Konzentration auf die Sache und nicht auf eventuelle Disharmonien beim Gesprächspartner.

Übungen und Tipps

- Machen Sie mal etwas ganz anders. Üben Sie in geschützten Umfeldern mit Bekannten. Prüfen Sie, wie es ankommt, wenn Sie bestimmten Charaktereigenschaften eine andere Note geben. Seien Sie bei jemandem, dem Sie häufig nachgeben, einmal sehr konsequent und schauen Sie, was sich verändert. Oder machen Sie jemandem, der häufig stundenlang mit Ihnen um ein bestimmtes Ergebnis ringt, einfach mal den Weg frei und sagen Sie: „Ja, so können wir das gerne machen." Sie finden sicher selbst die Situationen, in denen das keine negativen Folgen für Sie hat. Achten Sie dann darauf, wie dieses andere Verhalten auf Ihr Gegenüber wirkt. Lernen Sie mit ihren verschiedenen Kontrollen am Mischpult zu spielen und sie bei Wahrung Ihrer Glaubwürdigkeit für die Verstärkung Ihres Erfolgs einzusetzen.

- Beobachten Sie sehr erfolgreiche Menschen, wie diese in verschiedenen Situationen unterschiedlich handeln, wie sie ihr Mischpult einstellen, um Ziele zu erreichen. Schauen Sie dabei auch darauf, was für Sie ethisch in Frage kommt und wo Sie Ihre Prinzipien nicht über Bord werfen würden. Klarheit über die einzelnen Eigenschaften ist wesentlich für deren erfolgreiche Steuerung.

- Entwickeln Sie Messmethoden für sich selbst. Prüfen Sie anhand der Reaktion Ihrer Umwelt, wie bestimmte Einstellungen Ihres Mischpults bei anderen ankommen, und lernen Sie auch, in sich selbst hineinzuhören. Je mehr Sie innen und außen wahrnehmen, desto gezielter können Sie sich auf eine Situation und auf einen Menschen einstellen.

Zusammenfassung

Verschiedene Charaktereigenschaften und Fähigkeiten sind die Werkzeuge eines guten Beraters, sein Repertoire. Exzellente Berater sind nicht Opfer dieser Eigenschaften, sondern sie herrschen über sie. Sie können sie bewusst steuern und auf ihren Charakter, die aktuelle Situation und den jeweiligen Gesprächspartner einstellen.

Der Unterschied zwischen VER-stellen und EIN-stellen ist, das richtige Maß zu finden, das sich im Rahmen Ihrer Authentizität bewegt und sich für Sie persönlich gut anfühlt. Zum Finden des Maßes für Sie ist das Messen, also das Üben und Verbessern des Wahrnehmens ein wichtiges Instrument. Das Einstellen Ihrer persönlichen Fähigkeiten auf bestimmte Situationen – die hundertprozentige optimale Präsenz – ist ein deutlicher Faktor für Ihren Erfolg.

3.3 Kommunikation III/Powertechniken der Kommunikation für mehr Beraterexzellenz

Einführung

In Teil I des Buches haben wir uns im Themenblock „Der Schlüssel zum Erfolg – Die persönliche Kommunikation" verschiedene Basis-Soft Skills wie das Sender-Empfänger-Modell der Kommunikation, Kommunikation nach Paul Watzlawick, elektronische Kommunikation und weitere angeschaut. In Teil II des Buches untersuchten wir im Themenblock „Kommunikation II – Exzellente Berater arbeiten beständig an ihren Soft Skills" eine Reihe fortgeschrittener Soft Skills wie Assertiveness, Story Telling, Spurenlesen und andere.

Nun kommen wir zum Themenblock **Kommunikation III – Individualisierungstechniken.** In den folgenden Kapiteln geht es darum, sich auf die Zielperson einzustellen, um auf ihrer Frequenz zu senden. Alles dreht sich um die Frage: Wie können wir unsere Kommunikation maßschneidern auf die Bedürfnisse unseres Kunden? In vielen Büchern lesen wir über introvertierte, extrovertierte, sach- oder personenbezogene Charaktere. Diese Themen sind heute Standard in allen möglichen Kommunikationsseminaren. Doch die aktuelle wissenschaftliche Forschung hat einige interessante Fortschritte gemacht. Daher betrachten wir neben hochwertigen klassischen Themen wie der Transaktionsanalyse auch neuere Erkenntnisse der Hirnforschung. Im Einzelnen widmen wir uns den Bereichen:

- **Transaktionsanalyse** – Erläuterung der Kernpunkte der Transaktionsanalyse. Sie kann zur Steuerung eingesetzt werden, jedoch funktioniert das Ganze am vertrauenvollsten, wenn beide aus dem Erwachsenen-Ich heraus sprichwörtlich auf einer Augenhöhe miteinander kommunizieren.
- **NLP-Metaprogramme** – Wie Sie die fünf wichtigsten NLP Metaprogramme herausfinden und sich darauf einstellen: hinzu/weg von, internal/external, proaktiv/reaktiv, Gleichheit/Unterschied, kontextual/detailgenau.
- **Drei Motivsysteme** – Neue Erkenntnisse aus der Hirnforschung beschreiben die drei Motivsysteme des Menschen und wie wir sie mit Codes (Kommunikation) ansprechen beziehungsweise wie das Gehirn mit dem Autopiloten dafür sorgt, dass gerade Wichtiges stärker wahrgenommen wird.
- **Präsentation II** – Zielgruppenfokussiert Präsentieren – Finden Sie die Motive Ihres Kunden heraus. Handeln Sie dann nach den vier Lernsystemen und sprechen Sie jeden nach seiner Art an.
- **Lernen von Schauspielern** – Üben Sie sich im Nachempfinden von Gefühlen von Menschen durch Einnehmen ihrer Haltung und Mimik (spiegeln und empfinden).

3.3.1 Transaktionsanalyse

Einführung

In den 1950er Jahren entwickelten verschiedene Personen im amerikanischen Palo Alto eine neue Strömung der Psychologie, darunter Carl Rogers, Fritz Perl, Abraham Maslow. Der amerikanische Psychiater Eric Berne (1910 – 1970) verknüpfte in seiner Theorie der Transaktionsanalyse die Haltungen und Konzepte der humanistischen Psychologie mit Denkweisen der Tiefenpsychologie und mit verhaltenstherapeutischen Methoden zu einem eigenständigen Ansatz. [59]

---

59 Quelle: Deutsche Gesellschaft für Transaktionsanalyse (http://www.dgta.de/ta/history.shtml)

Dabei liefert die Transaktionsanalyse in beeindruckender Weise ein einfach zu verstehendes und in Dialogen zu beobachtendes Ich-Zustands-Modell und Funktionsmodell. Die Transaktionsanalyse kennt die Zustände des Eltern-Ichs (EL), des Erwachsenen-Ichs (ER) und des Kind-Ichs (K). Nicht nur in Beratungssituationen, sondern generell in beruflichen wie privaten Situationen eignet sich die Transaktionsanalyse gut, um Gesprächsverläufe zu verstehen und durch gezieltes Gehen in einen der Ich-Zustände auf eine wirkungsvolle Ebene in Bezug zu seinem Gesprächspartner zu gelangen, um Gesprächsblockaden aufzulösen.

Probleme und Fallen

Aneinander vorbeireden: Sie kennen das? Wenn Sie zu Ihrem Gesprächspartner sagen: „Wir sind heute nicht auf einer Wellenlänge" kommt es häufig vor, dass er in einem anderen Ich-Zustand verweilt als Sie. Er ist vielleicht in einem rebellischen Kind-Ich, während Sie als kritisches Eltern-Ich agieren. Mehr Kritik von Ihrer Seite verursacht nur mehr Rebellion auf der Seite des Gesprächspartners. Ohne das Auflösen dieses Haltungskonflikts werden Sie inhaltlich nicht weiterkommen.

Durch unbewusstes **Verschieben der Kommunikationsebene** kann die Gesprächsführung entgleiten und das Gespräch eskalieren. Ein Gespräch, das sachlich und harmonisch verlief, kann plötzlich kalt, schnippisch oder gar feindselig werden. Bei einem Dialog mit beidseitigem Erwachsenen-Ich (ER), verläuft die Unterhaltung in der Regel ruhig und sachlich. Wenn der eine Gesprächspartner beispielsweise die unbewusste Bemerkung des anderen als Beleidigung auffasst, kann er beispielsweise in das rebellische Kind-Ich oder das kritische Eltern-Ich wechseln. Sofort entsteht aus einer kooperativen eine konfrontative Gesprächssituation. Nun ist nicht mehr der Gesprächsinhalt das Thema, sondern zuerst muss der aufgetretene Konflikt als Thema in den Mittelpunkt gerückt werden, um diesen zu lösen, bevor konstruktiv weitergesprochen werden kann.

Die Theorie

Das **Zustandsmodell der Transaktionsanalyse** wird durch untenstehende Abbildung erläutert. Eine ausgezeichnete, ausführlichere Beschreibung zur Transaktionsanalyse findet sich im Buch „Die 7 Säulen der Macht®" von Suzanne Grieger-Langer [60].

Im Groben kennen wir drei Ich-Zustände, das Eltern-Ich (EL), das Erwachsenen-Ich (ER) und das Kind-Ich (K). Das Eltern-Ich beschützt und fordert. „Man sollte" oder „Das tut man nicht" sind typische Worte, die aus dem Erwachsenen-Ich stammen. Häufig haben wir Dinge von unseren Eltern gelernt, die wir nicht hinterfragen, sondern einfach in unseren Erfahrungsschatz übernommen haben. Das Kind-Ich repräsentiert das berühmte Kind im Manne oder das Mädchen in der Frau. Aus diesem Zustand heraus kommt ungebremste Faszination und Begeisterung, gleichsam mit dem Wunsch, sich zu verstecken oder aufzubegehren. Das Erwachsenen-Ich ist der Vermittler zwischen beiden Polen. Es beinhaltet Vernunft, Abwägen, Reflektion, Ruhe und Gelassenheit. Die wirkungsvollste Kommunikation entsteht, wenn alle Gesprächspartner aus dem Erwachsenen-Ich heraus – in diesem Falle wörtlich gemeint – auf einer Augenhöhe miteinander kommunizieren.

Das Erwachsenen-Ich ist in sich vollständig und daher nur in einer Ausprägung vorhanden. Das Eltern-Ich unterteilt sich noch einmal in das **fürsorgliche Eltern-Ich (fEL)** und das **kritische Eltern-Ich (kEL).** Das Kind-Ich kommt in drei Ausprägungen vor: das **freie Kind-Ich (fK), das angepasste Kind-Ich (aK)** und das **rebellische Kind-Ich (rK).**

Das fürsorgliche Eltern-Ich beschützt, herzt, bewahrt vor Unheil, verhindert jedoch auch, dass sich andere entfalten, da es die Welt vor einem abschirmt. Überfürsorgliche Abteilungsleiter lassen beispielsweise nicht zu, dass Mitarbeiter ihr wahres Potenzial entfalten, da sie vor schwierigen Situationen immer beschützt werden. Das kritische Eltern-Ich ist ein Antreiber. Es fordert, stimuliert zu Höchstleistungen. Jedoch ist ihm meist nichts gut genug. Dadurch kann es stark demotivieren und sich im Extrem zum Tyrannen entwickeln.

---

60 Grieger-Langer, Suzanne: Die 7 Säulen der Macht®, Seiten 18-27 und 78, 79.

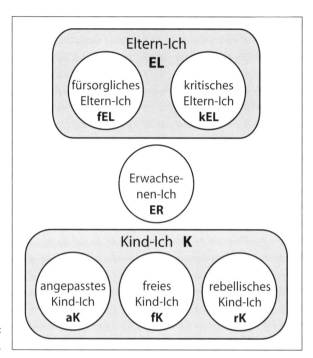

Wie die drei beziehungsweise sechs Ich-Zustände miteinander interagieren, beschreibt das **Funktionsmodell der Transaktionsanalyse.** Sowohl in äußeren Dialogen mit anderen Menschen wie auch in inneren Dialogen gehen wir in einen dieser sechs Zustände.

Das Einnehmen von Rollen kann situativ geschehen und im Gesprächsverlauf wechseln, es kann sich jedoch auch über Jahre hinweg eingeprägt haben. Nehmen wir als Beispiel einen strengen Vater. Dieser agiert häufig aus dem kritischen Eltern-Ich heraus. Die Tochter geht dann häufig in das angepasste Kind-Ich, versucht also dem Vater alles recht zu machen, was jedoch selten gelingt. Dieses Rollenspiel wird so lange eingeübt, bis es sich im Kopf des Kindes manifestiert. Später, wenn die Tochter erwachsen ist, hat sich das Muster so eingeprägt, dass der Vater auch während seiner Abwesenheit präsent ist. Eine „innere Stimme" sagt der Tochter dann: „Das tut man nicht, das solltest du besser oder ordentlicher machen."

Gute und konstruktive Dialoge, die allen Beteiligten den Raum für Entwicklung geben, finden in der Regel aus dem Erwachsenen-Ich heraus statt. Es ist durch seine Reife ausreichend abgeklärt, um Gespräche sachlich zu bewerten und ruhig zu argumentieren. Häufig finden solche Dialoge auf logischer Ebene statt. Das Erwachsenen-Ich gibt allen Rollen genug Spielraum, denn es weiß um die Notwendigkeit von Gefühlen in Gesprächen. Es beobachtet den Dialog emotional unbeteiligt und ist in der Lage, den Dialog bewusst zu steuern und die Interessen der Gesprächspartner zu wahren.

Gerade wenn wir persönlich betroffen sind, kann es allerdings vorkommen, dass diese unbeteiligte Position unbewusst verlassen wird. Dann glauben wir oder erwecken den Anschein, dass wir eine sachliche Entscheidung aus dem Erwachsenen-Ich treffen, im Hintergrund hat jedoch das rebellische Kind-Ich oder das kritische Eltern-Ich übernommen. Dieses Verdecken des Erwachsenen-Ich durch einen anderen Ich-Zustand wird als **Trübung** bezeichnet, bei dem es manchmal schwierig ist, das Spiel zu durchschauen.

Neben den persönlichen Rollenspielen, die wir durch Familie und Umfeld erfahren haben, existieren einige kulturübergreifende Rollen, in die sich Menschen unbewusst einklinken. Diese Urbilder menschlicher Vorstellungsmuster nennen wir **Archetypen.** Beispiele sind Helden, deren Widersacher, Mentoren und Tyrannen. Eine Person, die als angepasstes Kind-Ich in der Kindheit immer unter einem kritischen Eltern-Ich litt, empfindet diesen Zustand häufig als normal. Daher kommt es oft vor, dass solche Menschen sich auch später im Beruf eine Stelle suchen, in der ein Chef mit tyrannischen Zügen die Rolle des kritischen Eltern-Ichs übernimmt und sie weiterhin die Rolle des angepassten Kind-Ichs einnehmen, welches folgt und versucht, es dem Chef „recht zu machen". Oder wir erleben, dass diese Person sich endlich von ihren Eltern löst, dann jedoch einen Partner heiratet, der diese Rolle einnimmt, sodass das Rollenspiel weitergeht. Mehrfach habe ich im privaten Umfeld beobachtet, wie eine Ehe auseinanderbrach, weil ein Partner den anderen unterdrückte. Sehr kurz nach der Scheidung hat sich der unterdrückte Partner dann wieder fest an einen neuen Partner gebunden, der sich bald darauf wieder als Unterdrücker oder als altes Problem im neuen Gewand herausgestellt hat. Anscheinend versuchen viele Menschen Lücken in ihrem Rollenspiel schnell wieder durch Bekanntes zu schließen und geraten dadurch vom bestehenden Dilemma in ein neues.

Doch gibt es nicht nur negativ besetzte Archetypen, sondern auch die fördernden und helfenden. Beispielsweise den Mentor. Mentoren entwickeln eine teils unglaubliche Ausstrahlung und positive Anziehungskraft. Reale Beispiele großer Mentoren sind der 14. Dalai Lama oder Mahatma Gandhi. Sie sind gereifte, integrierte Persönlichkeiten.

Die Praxis
Auch Berater sollen den Archetypen des Mentors erfüllen. Ein Kunde engagiert Sie, weil er sich einen Führer in einer schwierigen oder aufwendigen Situation wünscht. Sie als Berater führen Ihren Kunden also auf dessen Verlangen hin.

Merke

Berater führen ihre Kunden auf deren Verlangen hin. Die Kunden wollen sie als Mentoren.

Bewusst oder unbewusst ist ein Beratungsprofi in der Lage, aus der ungetrübten Haltung des Erwachsenen-Ich heraus binnen Sekunden alle Haltungen durchzuschalten und sowohl für sein Gegenüber festzustellen, in welcher Haltung dieser sich befindet als auch zu überlegen, in welcher Haltung er seinem Gegenüber nun am besten antworten kann. Dabei setzt er auch Haltungen wie das fürsorgliche Eltern-Ich oder das kritische Eltern-Ich in Maßen ein, wo sie positiv wirken, um den Gesprächspartner weiterzubringen. Beispielsweise gelingt es dem geübten Berater häufig, den Gesprächspartner auf die Ebene des Erwachsenen-Ich zu bringen, von wo aus der Dialog auf konstruktivere Weise weitergehen kann. Beim bewussten Einsatz anderer Ich-Zustände gilt das gleiche wie für den Einsatz eines Messers. Nicht das Messer, sondern der, der es führt, entscheidet über seinen positiven oder negativen Einsatz. Fürsorgliches Eltern-Ich und kritisches Eltern-Ich können in Maßen positiv wirken, können aber auch beide destruktiv sein.

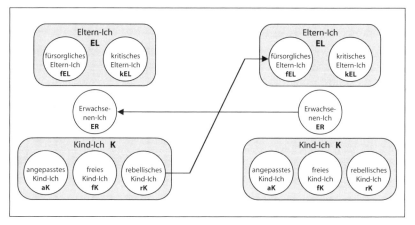

Abbildung 25: Transaktionsanalyse 2 – Beispiel für unterschiedliche Kommunikationsebenen

Folgender beispielhafte Dialog verdeutlicht das Wechselspiel der Zustände zwischen Kunde und Berater:

Kunde (rK): *„Ich springe gleich aus dem Fenster. Das darf doch nicht wahr sein. Was bilden die sich ein?"*

Berater (ER): *„Was ist denn passiert?"*

Kunde (kEL): *„Diese arroganten Jungspunde von Unternehmensberatern sind frisch von der Uni und wollen mir erzählen, wie ich meine Abteilung zu führen habe, und legen mir ein völlig unsinniges Konzept vor."*

Kunde (rK): *„Die sollen nur mal kommen, die lasse ich schön auflaufen."*

Berater (ER): *„Was sind denn genau Ihre Kritikpunkte an dem Konzept?"*

Kunde (ER): *„Wenigstens Sie hören mir zu. Also, das Konzept beinhaltet drei wesentliche Fehlannahmen, zum Ersten ..."*

Es gelingt dem Berater im voranstehenden Dialog, durch die passende Fragetechnik einen Prozess des Nachdenkens beim Kunden einzuleiten. Dadurch kommt dieser aus dem Wechselbad der Gefühle von kritischem Eltern-Ich und rebellischem Kind-Ich heraus und kann die tatsächlichen Problemfelder seiner Situation herausarbeiten. Der Berater holt den Kunden dort ab, wo dieser augenblicklich ist, und ermöglicht ihm eine Sicht auf weitere Optionen, die dem Kunden in den Zuständen kEL und rK nicht ersichtlich wurden.

Haben Sie es übrigens gemerkt? Vieles, was wir hier zur Kommunikation aus dem Erwachsenen-Ich beschrieben haben, kennen Sie bereits. Es sind eindeutige Züge der Assertiveness (freundlich, aber bestimmt) in der Transaktionsanalyse erkennbar. Folgende Tabelle veranschaulicht die Überlappungsbereiche:

Assertiveness-Verhalten	Transaktionsanalyse
unterwürfig	angepasstes Kind-Ich (aK)
assertive/freundlich aber bestimmt	Erwachsenen-Ich (ER), (selten aK, fEL oder kEL)
arrogant/aggressiv	kritisches Eltern-Ich (kEL) oder rebellisches Kind-Ich (rK)

Somit schließt sich der Kreis zwischen Transaktionsanalyse und Assertiveness als zwei verschiedene Blickwinkel auf Aspekte des gleichen Themas.

Übungen und Tipps

- Beobachten Sie zunächst Dialoge anderer und halten Sie fest, wer in welcher Rolle der Transaktionsanalyse agiert und ob Rollenwechsel stattfinden. Notieren Sie sich diese Rollenzuordnungen und Rollenwechsel. Nach und nach werden Sie feststellen, wo immer gleiche Muster auftreten und durch welche Konstellationen welche Konflikte entstehen.
- Erforschen Sie das Verhalten Ihrer Gesprächspartner. Prüfen Sie, in welchen Zuständen der Transaktionsanalyse diese Menschen mit Ihnen sprechen und notieren Sie auch dies.
- Prüfen Sie, wie Sie selbst sich in Gesprächen verhalten, und führen Sie auch hierüber Buch. Erkennen Sie Wirkzusammenhänge im Kontext der Transaktionsanalyse, die zu Erfolgen oder Misserfolgen in Ihrer Kommunikation führen.

> Setzen Sie die Ich-Zustände gezielt in Ihrer Kommunikation ein, um in früher schwierigen Situationen bessere Ergebnisse zu erzielen. Spielen Sie im vernünftigen Rahmen durchaus auch einmal mit den verschiedenen Zuständen, um deren Wirkung zu überprüfen. Fangen Sie beim freien Experimentieren nicht gleich mit einem Projekt oder Kunden an, den Sie nicht verlieren wollen.

Zusammenfassung

Die Transaktionsanalyse bringt uns durch ihr Zustands- und Funktionsmodell verschiedene Ich-Zustände näher, mit deren Hilfe wir komplexe Gesprächsverläufe und -konstellationen durchschauen können. Sie zeigt uns Zustände und Dialoge zwischen Eltern-Ich, Erwachsenen-Ich und Kind-Ich sowie deren Unterausprägungen auf und stellt uns ein mächtiges Kommunikationsinstrument der Individualisierungstechnik zur Verfügung. Geübte Berater können schnell durch die verschiedenen Ich-Zustände durchschalten und sowohl bei sich selbst als auch ihrem Gegenüber Rollenspiele erkennen. Sie sind in der Lage, durch bewusstes Einnehmen bestimmter Zustände das Rollenspiel zu beeinflussen, um so bessere Dialoge zu führen und widerstandsärmer andere Ergebnisse zu erzielen. Wir können eine in Teilen hohe Überdeckung der Transaktionsanalyse mit den Prinzipien der Assertiveness (freundlich, aber bestimmt) feststellen.

3.3.2 NLP-Metaprogramme

Einführung

Neurolinguistische Programmierung (kurz NLP) wurde Anfang der 1970er Jahre von Richard Bandler und John Grinder an der University of California in Santa Cruz in Kalifornien entwickelt und versteht sich als Sammlung unterschiedlicher psychologischer Verfahren und Modelle, die zu einer effektiveren zwischenmenschlichen Kommunikation und Einflussnahme führen. Anfang der Achtzigerahre wurde die NLP auch in Europa populär.

NLP ist von den drei Begriffen Neuro (die Nerven), Linguistik (Sprache) und Programmierung (zielgerichtete Anordnung von Informationsabläufen) abgeleitet und befasst sich im weitesten Sinn mit menschlicher Kommunikation. NLP ist eine auf stetige Weiterentwicklung angelegte Methodensammlung (sogenannte NLP-Formate) und beansprucht nicht, wissenschaftlich begründet zu sein.[61]

Viel eher genügt es den Anwendern von NLP im Kommunikations- und Therapie-Umfeld, dass ihre Ansätze wirksam sind. Das Thema NLP ist viel zu umfangreich, als dass wir an dieser Stelle einen Überblick oder Einstieg bieten können. Da es jedoch hervorragende Ansätze für erfolgreiche Kommunikation bietet, halte ich es für jeden Berater für empfehlenswert, das Thema zu vertiefen. Deshalb erwähne ich auch direkt an dieser Stelle folgende Lesetipps:

Leseempfehlungen zu NLP
Der Zauberlehrling. Das NLP Lern- und Übungsbuch von Alexa Mohl, ISBN 9783873870901
Die Magie der Sprache. Angewandtes NLP von Robert B.Dilts, ISBN 9783873874459
Das Metaphern-Lernbuch. Geschichten und Anleitungen aus der Zauberwerkstatt von Alexa Mohl, ISBN 9783873873490
Der Sieg über den Drachen von L.Michael Hall (Vorsicht, schwere Kost), ISBN 9783873873513

Eines der erwähnten NLP-Formate beschreibt verschiedene Denkmuster, sogenannte Metaprogramme, die jedem Menschen helfen, seine Gedankengänge zu strukturieren, indem sie quasi als Filter fungieren und die bevorzugten Sichtweisen hindurchlassen, während sie andere Sichtweisen ausblenden. Unterschiedliche Strukturierungsversuche der Metaprogramme weisen auf die Entdeckung von inzwischen 15 bis 40 verschiedenen Metaprogrammen hin. Davon wollen wir uns die fünf wichtigsten näher ansehen. Es handelt sich dabei um die **NLP-Metaprogramme**

- Hin zu versus Weg von
- Interner versus Externer Bezugsrahmen
- Gleichheit versus Unterschied

---

61 Quelle: auszugsweises Zitat des Wikipedia Artikels „Neurolinguistische Programmierung" (http://de.wikipedia.org/wiki/Neurolinguistische_Programmierung).

- Proaktiv versus Reaktiv
- Überblick versus Detail

Gelingt es Ihnen als Berater, die Funktionsweise dieser Programme bei Ihrem Gegenüber herauszufinden und sich darauf einzustellen, werden Sie deutlich leichter in der Lage sein, Ihrem Gesprächspartner Informationen zu vermitteln, wesentliche Informationen durch Fragen zu erhalten, Vorschläge zu machen und ein offenes Ohr zu finden, da Sie „in seiner Sprache sprechen". Dabei geht es nicht um Manipulation gegen den Willen Ihres Gegenübers, sondern um eine möglichst effektive Kommunikation.

Probleme und Fallen
Der Berater denkt in völlig anderen Metaprogrammen als sein Gesprächspartner und versucht verzweifelt, diesem seine „für jeden logisch ersichtlichen" Schlussfolgerungen einzuprügeln – vergebens. Ein Beispiel. Berater: „Sie müssen doch erkennen, welche Vorteile all dies für Sie bietet, wieso zögern Sie denn noch?" (klar fokussiert auf das Hin-zu-Metaprogramm). Kunde: „Nein, für mich ist das Wichtigste, dass wir auf gar keinen Fall durch Ihren Vorschlag irgendwelche Unruhe in das Unternehmen hereinbringen" (eindeutiger Bezug auf das Weg-von-Metaprogramm).

Der Berater erwartet nach einem Gespräch, dass sein Gesprächspartner genau so wie er denkt und dementsprechend anschließend die gleichen Handlungen einleiten würde, diese bleiben jedoch aus und darüber ist der Berater verwundert. Ein Beispiel: Der Berater ist sehr proaktiv, der Kunde jedoch reaktiv. Im Gespräch erklärt der Berater die neu entstandene Situation und die Aktivitäten, die der Kunde nun übernehmen könnte, um das Projekt nach vorne zu bringen. Nach dem Gespräch erwartet er implizit, dass sein Kunde diese Aktivitäten nun umsetzt, doch dies geschieht nicht, da der Kunde sich eher reaktiv verhält. Helfen würde an dieser Stelle (gerade wenn man dies von einem Gesprächspartner weiß) eine klare schriftliche Vereinbarung am Ende: „Wer macht was bis wann mit welchem Ergebnis".

Die Theorie
Sehen wir uns die Ausprägungen der fünf wichtigsten NLP-Metaprogramme im Einzelnen an. Uns ist wichtig, darauf hinzuweisen, dass hier keine Wertung in Richtung guter oder schlechter Verhaltensweisen vorgenom-

men wird, sondern lediglich erklärt wird, wie sich die einzelnen Metaprogramme in ihren Ausprägungen darstellen. Dabei sollten wir im Hinterkopf behalten, dass nur sehr wenige Menschen völlig dem einen oder dem anderen Extrem zuzuordnen sind, sondern sich eher tendenziell in eine der beiden Richtungen orientieren und manchmal auch in der Mitte liegen. Manche Menschen tendieren je nach Situation auch eher zur einen und dann zur anderen Richtung. Beispielsweise können Menschen, wenn sie in Stresssituationen geraten, völlig anders in den Metaprogrammen agieren als in entspannten Situationen. Somit sind die folgenden Beschreibungen der Extreme dahingehend zu verstehen, dass sie die Außenpunkte des Metaprogramms beschreiben.

Hin zu versus Weg von ist ein wichtiges NLP-Metaprogramm. Hin-zu-Menschen streben auf ein Ziel zu, sie wollen etwas bestimmtes Erreichen und kümmern sich nicht in erster Linie um die Probleme auf dem Weg. Sie haben das Ziel im Auge und finden einen Weg um die Probleme herum. Einen Hin-zu-Menschen können Sie in Bewegung versetzen, wenn Sie ihm etwas anbieten, das er haben möchte. Weg-von-Menschen wollen einer bestimmten Situation entgehen. Sie wollen einen Zustand beenden oder etwas vermeiden, vor dem sie Angst haben. Weg-von-Menschen können Sie üblicherweise nicht durch Hinweise auf ein Ziel motivieren, sondern durch Aufzeigen des Vermeidens von Gefahren und Problemen.

Interner versus Externer Bezugsrahmen. Dieses NLP-Metaprogramm beschreibt, ob jemand seine Messlatte für die Beurteilung von Dingen, Vorgängen oder Ergebnissen in sich selbst hat oder ob er sie von außen holt. Ein intern orientierter Mensch wird Ihnen sagen können, ob er gute Arbeit geleistet hat oder nicht. Ein extern orientierter Mensch wird sich häufig an anderen und ihrer Meinung über etwas ausrichten, um zu einem Urteil zu gelangen. Hier finden wir bei intern orientierten Menschen häufig eine Mischform dergestalt, dass sie zwar andere Personen zu einem Ergebnis befragen und die Antwort in ihr Urteil einbeziehen, dabei stellt diese jedoch nur einen Teil ihrer eigenen abschließenden Beurteilung dar.

Gleichheit versus Unterschied. Dies sind zwei Arten, Neues zu beurteilen. Gleichheits-Menschen tendieren zu Dingen, bei denen sie erkennen: „das ist ja genau so wie ...". Unterschieds-Menschen heben hingegen die

Änderungen hervor: „Das ist ja ganz anders als …" Einem Gleichheits-Menschen können Sie etwas schmackhaft machen, wenn er Altbekanntes darin wiederfindet: „Das neue Produkt hat im Wesentlichen denselben Kern wie das, was Sie schon seit Jahren verwenden. Zusätzlich bietet es folgende Neuerungen …" Einem Unterschieds-Menschen kann es gar nicht unterschiedlich genug sein: „Das hier ist brandneu. Es ist revolutionär und mit nichts Altem zu vergleichen. Es unterscheidet sich grundsätzlich. Damit gewinnen Sie immense neue Vorteile."

Proaktiv versus Reaktiv. Dies sind zwei Arten, mit Situationen umzugehen. Proaktive Menschen nennen wir häufig auch Macher. Sie kommen in eine Situation, sehen sich diese kurz an und handeln ohne Aufforderung, um etwas zu verändern oder ein Ergebnis zu erzielen. Sie brauchen niemanden, der ihnen sagt, was getan werden muss. Sie sehen und sie handeln, und sind aus sich selbst heraus motiviert. Viele Unternehmer sind solche proaktiven Menschen. Sie sehen Chancen und packen diese beim Schopf. Reaktive Menschen ergreifen in der Regel nicht die Initiative. Sie warten, bis sie aufgefordert werden, etwas zu tun. Sie brauchen feste Strukturen und Aufforderungen, Dinge anzugehen, sie lassen den Dingen eher einfach ihren Lauf und sehen sich nicht selten in der Opferrolle.

Überblick versus Detail. Wir können hier auch den Vergleich Top-Down oder Bottom-Up anstellen. Überblicks-Menschen wollen zu einem neuen Thema zuerst einen groben Überblick haben, um die Zusammenhänge zu verstehen. Dann können sie in die Details gehen, falls sie dies wollen. Für manche dieser Menschen verursachen Details fast schon Schmerzen, wenn sie den Überblick nicht haben. Dabei kann es passieren, dass Überblicks-Menschen wichtige Details außer Acht lassen, die für das Gelingen dennoch wichtig sind. Das Space Shuttle Challenger ist 1986 explodiert, weil ein Dichtungsring bei frostigen Temperaturen seine Elastizität verloren hatte – ein winziges Detail mit Auswirkungen auf das Gesamte. Detail-Menschen wollen aus der Aneinanderreihung exakter Details das Gesamtbild entwickeln (oder interessieren sich manchmal gar nicht für das Gesamtbild). Für sie sind Personen, die erst einmal eine Vision darlegen, häufig Schwätzer, die keine Ahnung haben, wie etwas wirklich funktioniert. Ab und zu besteht beim Detail-Ansatz die Gefahr, dass man den Überblick über das ganze Thema verliert oder gar nicht erlangt. Es kann dann passieren, dass auf Detail-Ebene etwas hervorragend verstanden und umgesetzt wird, es auf der großen Ebene jedoch keinen Sinn ergibt. Beispielsweise wird, um ein Problem zu lösen, ein neues Verfahren eingeführt – der Detail-Mensch kann durchaus übersehen, dass sein Verfahren irrelevant wird, wenn das Problem abhanden gekommen ist.

Die Praxis

Wenn drei der fünf Metaprogramme bei zwei Menschen übereinstimmen, besteht laut Prof. Dr. Christian Zielke [62] eine hohe Wahrscheinlichkeit, dass diese Menschen einander gut verstehen. Sind mehr als zwei Metaprogramme unterschiedlich, ist es eher zu erwarten, dass beide das Gefühl haben, aneinander vorbeizureden, was in diesem Fall wörtlich korrekt ist.

Exzellente Berater verstehen es nun, die Metaprogramme ihrer Gesprächspartner bewusst oder unbewusst zu erkennen und ihre Kommunikation darauf einzustellen, sie also mit dem optimalen Feintuning auf das Gegenüber auszurichten. Dadurch sinkt beim Gesprächspartner die Blockadeschwelle, weil er das Gefühl hat, der Berater versteht ihn und seine Anliegen. Ein Beispiel:

Kunde: *„Wir müssen unsere hohe Ausschussquote reduzieren."* (Weg von).
Berater: *„Welche Idee haben Sie, wie das gehen kann?"*
Kunde: *„Ich weiß nicht. Wir brauchen etwas genau so gutes wie unser Konkurrent."* (Gleichheit)
Berater: *„Haben Sie schon einen Zeitplan gemacht und Ergebnisse definiert?"*
Kunde: *„Nein. Haben Sie einen Rat für mich?"* (Reaktiv)
Berater: *„Ich schlage vor, in den nächsten zwei Wochen studieren wir das Vorgehen bei Ihrem Konkurrenten, dann erstellen wir ein Konzept und setzen dies innerhalb von vier Wochen um. Alle zwei Wochen setzen wir uns Kontroll-Meilensteine dafür. Dann haben wir in sechs Wochen das neue System."*
Kunde: *„Das hört sich sehr gut an. So machen wir das."*

---

62 Herzlichen Dank an Herrn Prof. Dr. Christian Zielke für die Einführung in diese NLP-Metaprogramme. Kontakt zu Prof. Dr. Zielke über http://www.zielke-institut.de/
Weitere Quellen zu NLP-Metaprogrammen: http://www.visionintoaction.de/THINKTANK/THINK-TANK-257.htm sowie http://www.biologie.de/biowiki/Meta-Programme

- Fertigen Sie Gesprächsnotizen an, bei denen Sie die Position Ihres Gesprächspartners zu den Extremen der fünf genannten Metaprogramme angeben. Also beispielsweise bedeutet bei eine Fünfer-Skala bei Hin zu vs. Weg von eine zwei, die Person ist eher ein Hin-zu-Typ.

- Wenn Sie die Position Ihrer Gesprächspartner in den Metaprogrammen ermittelt haben, spielen Sie mit den verschiedenen Varianten, um in Übung zu kommen. Prüfen Sie, was gut ankommt und wo eher Blockaden entstehen.

- Wenden Sie das Ganze positiv und im Sinne einer effektiveren vertrauensvollen Gesprächsführung an und missbrauchen Sie diesen Kommunikationsvorteil bitte nicht, um einfach Ihren Willen durchzusetzen. Langfristig funktioniert das nicht und Sie selbst würden dabei verlieren.

Zusammenfassung

NLP ist eine auf Praxisanwendungen ausgerichtete Sammlung von Methoden, sogenannte NLP-Formate. Eines dieser Formate sind die Metaprogramme des NLP, aus denen wir die wichtigsten näher betrachtet haben.

Die Ausprägung der NLP-Metaprogramme Hin zu versus Weg von, Interner versus Externer Bezugsrahmen, Gleichheit versus Unterschied, Proaktiv versus Reaktiv und Überblick versus Detail bei unseren Gesprächspartnern zeigt uns auf, wie wir unsere Kommunikation mit ihnen optimal gestalten können, um effiziente und ergebnisreiche Gespräche zu führen.

3.3.3 Drei Motivsysteme

Einführung

Über psychologische Hintergründe wurde in den letzten Jahrzehnten im Bereich von Soft Skill-Trainings und -Literatur viel gelehrt und geschrieben. Es schien eine lange Zeit nichts wirklich Neues zu geben. Doch in letzter Zeit wurden einige neue Erkenntnisse in der modernen Hirnforschung gewonnen und in Modellen zusammengefasst. Da das Modell der drei Motivsysteme eine gute, fortgeschrittene Sichtweise auf den Antrieb hinter dem Streben von Menschen bietet und somit interessant für die

Ergründung durch Berater ist, stellen wir es hier in Kurzform vor. Eine weiterführende Vertiefung findet sich in einigen Buchwerken (siehe Literaturempfehlungen im Anhang).

Probleme und Fallen
Kennen Sie das? Sie suchen etwas Bestimmtes und betreten einen Laden. Sie nennen dem Verkäufer das Produkt Ihres Verlangens und werden in den nächsten 20 Minuten mit Eigenschaften und Features der tollsten neuen Produkte bombardiert, ohne selbst zu Wort zu kommen. Sie haben jetzt zwar alles über die tollen Features der Produkte gelernt, doch der Verkäufer weiß immer noch nicht, was Sie genau suchen und vor allem, warum Sie es suchen, also was Ihre Motive sind. Es ist leider eine weit verbreitete Krankheit bei vielen Verkäufern, sich nicht um die Motive ihrer Kunden kümmern, sondern einfach durch Feature-Pushing ihre Opfer so lange in eine Starre des Schreckens zu versetzen, bis sie kaufen. Als guter Berater wissen Sie natürlich, dass Zuhören und Fragen der Schlüssel zu den Motiven des Kunden sind.

Manchmal besteht die Gefahr, dass der Berater Motive des Kunden oberflächlich ergründet, die Rückmeldungen jedoch falsch interpretiert. Wenn er dann auf falsch angenommene Motive hin argumentiert, reduziert dies möglicherweise deutlich die eigene Überzeugungskraft, da in die falsche Richtung argumentiert wird. Ein Lösungsansatz lautet: die eigenen Annahmen zu den Motiven des Kunden verifizieren.

Die Theorie
Schauen wir uns nun das Modell der Motivsysteme an und blicken wir dabei etwas tiefer in das menschliche Gehirn. Unser Großhirn ist verantwortlich für rationales Denken, für Strategien und logische Entscheidung. Das Limbische System ist der uralte Teil im Gehirn, der Emotionen verarbeitet und unser Triebverhalten entstehen lässt.

Wenn wir unter starken Stress geraten, übernimmt **das Limbische System** weitgehend die Kontrolle und entscheidet blitzschnell zwischen den Verhaltensweisen Kampf oder Flucht. Dies ist evolutionstechnisch betrachtet sinnvoll, um Gefahrensituationen abzuwehren. Wenn uns beispielsweise plötzlich ein Säbelzahntiger gegenübersteht, dann erfolgt automatisch die

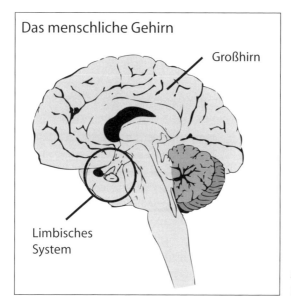

sofortige Entscheidung zur Flucht. In dieser Situation bleibt keine Zeit für sorgfältiges logisches Abwägen, weil der Säbelzahntiger dann schon gesprungen ist. In unserer heutigen Berufswelt haben solche Bedrohungen eher abgenommen, dennoch reagiert unser Gehirn in Stresssituationen wieder direkt mit dem Umschalten auf das Limbische System und der Taktik Kampf oder Flucht. Dies sind die Szenen, die wir alle in Meetings kennen, wenn jemand irrational panisch erscheint oder förmlich explodiert und andere massiv attackiert.

Doch geht die Macht des „Autopiloten" im limbischen System deutlich weiter als bis vor einigen Jahren vermutet. Auch im ganz normalen Alltag bewertet und beurteilt unser limbisches System für uns unbewusst Situationen und trägt zu unseren Entscheidungen bei. Dabei verarbeitet unser Autopilot deutlich mehr Informationen als unser bewusstes Denken. Wenn wir beispielsweise Hunger haben, nehmen wir eine Szene anders wahr, als wenn wir nicht hungrig sind. Wenn wir in der Gesamtszenerie beispielsweise Logos und Symbole bekannter Restaurantketten sehen, stechen diese in unserer Aufmerksamkeit deutlicher hervor als die anderen Bereiche.

Das **„Zürcher Modell der sozialen Motivation"** integriert Erkenntnisse der Hirnforschung, der Evolutionslehre, der Verhaltensforschung und der Entwicklungs- und Motivationspsychologie.

Es hat mehrere Väter. Zuerst den anerkannten deutschen Psychologen Norbert Bischof. Daneben steuerte Jeffrey A. Gray seinen Teil bei. Ebenso Prof. Dr. Hans Georg Häusel mit seinen Forschungen am Max Planck-Institut. Last but not least ist Jan Panksepp unabhängig mit anderen Verfahren zu den „neurobiologischen Insights" gelangt.

In diesem Zürcher Modell werden drei grundlegende Motivsysteme des Menschen identifiziert:

Die Drei Systeme des Zürcher Modells

Das Autonomiesystem, bei dem das Streben nach Macht, Unabhängigkeit und Durchsetzung im Vordergrund steht (Dominanz im Limbic® Modell).

Das Erregungssystem, bei dem Abwechslung, neue Erfahrungen und Spieltrieb die Hauptrolle spielen (Stimulanz im Limbic® Modell).

Das Sicherheitssystem, welches Geborgenheit, Schutz und Sicherheit betont (Balance im Limbic® Modell).

Alle drei Systeme sind von der Evolution her betrachtet sinnvoll, da sie die Erhaltung und Entwicklung der Rasse Mensch sichern. Durch das Autonomiesystem kämpfen und gewinnen die Starken. Das Erregungssystem (Neue Erfahrungen) sorgt für eine gute Mischung im Genpool und veranlasst Menschen, neue Bereiche mit neuen Chancen zu erkunden. Das Sicherheitssystem schützt davor, sich unüberlegt in Gefahr zu begeben. Somit sind diese uralten Motive sehr mächtig.

Dr. Hans Georg Häusel hat die Erkenntnisse aus diesen Modellen in Form der Limbic® Map für die Marketingpraxis weiterentwickelt und bietet mit seinen Kollegen hierzu über die Webseite www.nymphenburg.de eine Reihe von Dienstleistungen und Büchern an. [63] Seine Leistung liegt insbesondere

---

63 Quelle: Scheier, Christian; Held, Dirk: Wie Werbung wirkt.

darin, a) ein sauberes Gesamtmodell aller wesentlichen Emotionssysteme inklusive Mischungen und Dynamik entwickelt zu haben und b) eine neuropsychologisch fundierte Persönlichkeitsstruktur formuliert zu haben.

An dieser Stelle herzlichen Dank an Dr. Häusel für die freundliche Genehmigung, seine Limbic® Map als Abbildung zu verwenden.

Wichtig im theoretischen Teil sind abschließend folgende Erkenntnisse:
- Drei genetisch verankerte Grundmotive bestimmen unser Handeln.
- Die Gewichtung der Motive ist bei jedem Menschen unterschiedlich ausgeprägt und hängt auch von seiner aktuellen Situation ab (hungrig, bedroht, ruhig und gelassen).
- Motive sind da. Sie können nicht erzeugt werden.

Die Praxis
Welche Elemente aus diesen Erkenntnissen der Forschung und des Neuromarketing lassen sich für das Beratungsumfeld nutzen?

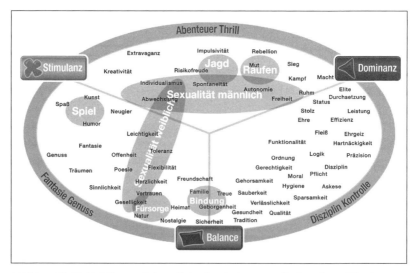

Abbildung 27: Limbic® Map – mit freundlicher Genehmigung von Dr. Hans-Georg Häusel

Ein Beispiel: *Horst und Andreas sind Finanzberater und konkurrieren um einen Beratungsauftrag. Der Kunde will sein zusätzlich erwirtschaftetes Geld sinnvoll investieren. Horst ist bei einem großen Beratungsinstitut, welches gerade drei neue Finanz-Produkte auf den Markt gebracht hat. Die Berater sind alle angehalten, diese bevorzugt zu verkaufen. Horst hat alle Eigenschaften und Vorteile der neuen Produkte im Kopf. Er hat den ersten Termin beim Kunden und schwärmt von den fantastischen Chancen und hohen Dividenden, die mit den Produkten erzielbar sind. Sie sind ganz neu und daher unheimlich attraktiv. Direkt nach dem Ende des Gesprächs mit Horst ist Andreas an der Reihe. Er ist Certified Financial Planner und verfügt über eine breite Anzahl an unterschiedlichen Partnern und die Möglichkeit, über „Masterwordings" in den Vertragswerken die optimalen Angebote für seine Kunden herauszusuchen. Andreas fragt beim Kunden intensiv nach, um welche Summe es sich handelt, was die Ziele des Kunden sind, bei welcher Anlagestrategie er sich wohlfühlt – eher mit höheren Chancen und Risiken oder eher konservativ und besser abgesichert. Der Kunde erzählt eine Geschichte: „Wissen Sie, kurz vor der Jahrtausendwende haben alle meine Freunde angegeben, dass sie 30 Prozent und mehr Verzinsung für ihre Aktien erhielten und dass jeder töricht sei, der noch nicht in diese Wunderaktien des neuen Marktes investiert hätte. Einige nahmen sogar Kredite auf, um Aktien zu kaufen. Sie lachten mich aus mit meinen Bundesschatzbriefen, die gerade einmal garantierte 6 Prozent Zinsen boten. Zwei Jahre später habe ich niemanden mehr lachen gehört, und die 6 Prozent waren hervorragend im Vergleich zu den Verlusten, die meine Freunde hinnehmen mussten." Damit war klar, dass beim Kunden das Grundmotiv Sicherheit im Vordergrund steht. Andreas schlägt aus seinem Repertoire einige geeignete Lösungen vor und erhält den Auftrag.*

Übungen und Tipps

▢ Finden Sie mehr über die Menschen heraus, mit denen Sie arbeiten: durch Ihre Beratungsgespräche, durch persönliche Gespräche beim Essen, abends bei einem Bier oder Wein und bei der ganz normalen Arbeit. Was tun sie privat? Was sind ihre Hobbys? Was ihre Leidenschaften? Womit kann man ihnen eine Freude machen? Was mögen sie nicht (was man dann selbst vermeiden kann)? Notieren Sie Ihre Erkenntnisse systematisch.

- Leiten Sie aus Ihren wachsenden Erkenntnissen ab, welche Grundmotive diese Menschen treiben, fragen Sie ruhig gezielt danach: „Wie wichtig ist Ihnen Sicherheit im Verhältnis zu Neuerungen?" Aus den Antworten können Sie ableiten, auf welche Eigenschaften von Produkten und Lösungen diese Wert legen. Sie sind so in der Lage, eine wesentlich verbesserte Beratung zu bieten und viel häufiger Dinge zu empfehlen, die aufgrund der Übereinstimmung mit den Motiven Ihrer Kunden akzeptiert werden.
- Beantworten Sie die Frage: „Wie kann jedes Gespräch zwischen Ihnen und Ihrem Kunden zu einem Gewinn für beide werden?" Daraus wird erwachsen, dass Ihr Kunde sich freut, Sie zu sehen.

Zusammenfassung

Unser Autopilot hat einen enormen Einfluss auf unser tägliches Handeln, Entscheiden und Fühlen. Drei Grundmotive sind in jedem Menschen in unterschiedlicher Ausprägung und Gewichtung vorhanden. Dominanz (Durchsetzung), Balance (Sicherheit) und Stimulanz (Neugier).

Als exzellenter Berater können Sie mehr über die Grundmotive Ihrer Kunden herausfinden, um sie besser, zielgerichteter und angenehmer für alle Beteiligten zu beraten und Lösungen zu präsentieren. Mit dieser zusätzlichen Informationsquelle steht Ihnen ein weiteres Feintuning-Werkzeug für eine optimale individualisierte Kommunikation mit Ihren Kunden zur Verfügung.

3.3.4 Präsentation II/Zielgruppenfokussiert Präsentieren

Einführung

In Teil I dieses Buches haben wir im Kapitel „Präsentation I – Überzeugend Präsentieren" bereits beschrieben, wie Sie Präsentationen gut vorbereiten, durchführen und nachbereiten. Nun wenden wir uns fortgeschrittenen Individualisierungstechniken beim Präsentieren zu.

Dabei bildet das vorangegangene Kapitel mit den drei Motivsystemen eine wichtige Grundlage, denn die Kenntnis über die Motive der Zuschauer im Publikum sind ein wesentliches Element, das es in der Präsentation zu berücksichtigen gilt. Neben den Motiven werfen wir einen Blick auf verschiedene Lernstile und wie diese in der Präsentation angesprochen werden können.

Probleme und Fallen

One Size fits all – Nicht alle Menschen in Ihrem Publikum sind gleich. Sie verfolgen unterschiedliche Ziele und bevorzugen verschiedene Lernstile. Wenn Sie alle mit einer Einheitspräsentation ansprechen, nutzen Sie nur einen Teil Ihrer Wirksamkeit und laufen Gefahr, Widerstände bei Teilen des Publikums hervorzurufen.

Genauso schlecht ist es, wenn Sie **Motive und Lernstile falsch einschätzen.** Wenn Sie glauben, der Controlling-Leiter sei ein absoluter Analytiker und bevorzuge einen logischen Vortragsstil, obwohl er in Wirklichkeit ein Bauch-Entscheider ist, würden Sie ihn mit einer logischen, analytischen Präsentation nicht ansprechen. (Dabei bleibt die Frage: Wie wird jemand, der ausschließlich aus dem Bauch heraus entscheidet, Controlling-Leiter?)

Häufig ist es sehr **schwierig, im Vorfeld genug über die einzelnen Teilnehmer zu erfahren,** um ausreichend belastbare Aussagen zu deren Motiven und Lernstilen treffen zu können. Gleichwohl wird Ihnen die Beschäftigung mit dieser Frage weiterführende Erkenntnisse über Ihr Publikum bescheren, als wenn Sie diesen Aspekt ignorieren. Daher ist es immer lohnenswert, sich im Vorfeld mit dem Publikum auseinanderzusetzen.

Die Theorie

Motive des Publikums: Im vorangegangenen Kapitel haben wir von den neueren Ergebnissen der Hirnforschung gelesen. Danach wird jeder Mensch von drei Grundmotiven in unterschiedlicher Ausprägung getrieben: dem Motiv der Neugier (Stimulanz), dem Motiv der Sicherheit (Balance) und dem Motiv der Unabhängigkeit (Dominanz). Diese Motive können nicht erzeugt werden, sie sind da. Daher lautet die Frage in zwei Teilen: Erstens, wie können Sie die Motive Ihrer Zuhörer herausfinden? Und zweitens, wie können Sie Ihrem Publikum in der Präsentation aufzeigen, dass Ihr Vorschlag die Motive Ihrer Zuhörer unterstützt (SWIFT – say what's in it for them)? Nutzen Sie dabei alle Informationsquellen, die Sie auftun können. Je größer das Publikum wird, desto schwieriger ist es, spezielle Einzelmotive anzusprechen. Hier ist es ratsam, Motivgruppen für Ihre Präsentation zusammenzufassen und dann als Motivgemenge anzusprechen. Beispiel: „Mit der aufgezeigten Lösung sichern Sie Ihre Investitionen und können Ihre gewohnten Prozesse beibehalten (Motiv Sicherheit). Gleichzeitig führen Sie im Hintergrund einen modernen neuen Masterprozess ein, der aktuellste Entwicklungen im Geschäftsprozessmanagement berücksichtigt (Motiv Neugier). Dadurch erhöhen Sie Ihre Produktivität und verschaffen sich einen klaren Wettbewerbsvorteil gegenüber Ihrer Konkurrenz (Motiv Dominanz)."

Lernstile des Publikums: Menschen nehmen Informationen unterschiedlich auf. Somit sollten Sie Ihren Vortragsstil auf den Lernstil oder die Lernstile Ihres Publikums anpassen. Das Hermann Brain Dominanz Instrument (HBDI™) unterscheidet zwischen dem logischen, dem strukturierten, dem gefühlvollen und dem experimentellen Lernstil. Wenn Sie den bevorzugten Lernstil Ihrer Zuhörer kennen, können Sie Ihre Präsentation optimal für diese strukturieren.

- Der logische Vortragsstil enthält üblicherweise mehr überprüfbare Daten und Fakten. Frage: „Welche Fakten benötigen Sie noch, um eine Entscheidung zu treffen?"
- Der experimentelle Stil beinhaltet spontane Beiträge und den freien Fluss von Ideen (Workshop-Charakter). Attribute: „Dem Zeitgeist voraus, modernes, trendiges Design"
- Der strukturierte Stil führt üblicherweise alles in guter Ordnung auf und geht schrittweise, prozessorientiert vor. Frage: „Was kann ich noch erläutern, um Ihre Entscheidung abzusichern?"
- Der gefühlvolle Stil spricht Themen wie Wohlfühlaspekte und Haptik an. Frage: „Welche Punkte sollten wir noch vertiefen, damit Sie sich mit einem guten Gefühl entscheiden können?"

Zur Vertiefung der durchaus komplexen Materie und der optimalen Vorbereitung von Präsentationen kann ich Ihnen folgendes Buch von Anita Hermann-Ruess empfehlen: *Speak Limbic – Wirkungsvoll präsentieren.*

Die Praxis

Sollten mehrere Lerntypen in Ihrem Publikum sitzen, ist es ratsam, auch Elemente aus unterschiedlichen Vorlesungsstilen für die Präsentation zu planen. Falls Sie feststellen, dass die Personen oder Gruppen zu heterogen sind oder sehr unterschiedliche Interessenlagen haben, prüfen Sie, ob Sie die Personen oder Gruppen teilen können, um kleine, zielgerichtetere Präsentationen zu halten. So können Sie sich in mehreren Schritten Einzelzustimmungen einholen. Planen Sie eventuell im Nachgang eine Gesamtpräsentation. Beachten Sie im Fall einer Aufteilung unbedingt Hierarchien bei Ihrem Kunden und eine angemessene Reihenfolge, mit wem Sie zuerst wie über Ihr Thema sprechen.

Betrachten wir nun noch einige weitere Aspekte fortgeschrittener Präsentationen.

Wirkgefüge und Struktur der Präsentationsinszenierung: Vermitteln Sie **Spaß und Begeisterung.** Sorgen Sie dafür, dass sich das Funkeln in Ihren Augen auf die Teilnehmer überträgt. Bringen Sie eine **Prise Außergewöhnliches** in Ihre Präsentation. Menschen freuen sich gerne. Machen sie Ihnen diese Freude. Spielen Sie mit Ihrem Publikum in angemessener Weise. Je größer das Publikum, desto mehr Aktivitätselemente spielen sich beim Publikum auf einer allgemeinen Ebene ab: „Jeder hebt bitte einmal die Hand, der…". Je kleiner die Gruppe ist, desto interaktiver können Sie die Präsentation gestalten. Bedenken Sie dabei die verschiedenen Lernstile Ihrer Teilnehmer. Ein experimentierfreudiger Mensch wird vielleicht einen Stepptanz mit Ihnen ausprobieren wollen. Ein logisch orientierter Controlling-Leiter vermutlich eher nicht.

Wiederholen wir noch einmal die beispielhafte Präsentationsdramaturgie aus dem Kapitel „Präsentation I – Überzeugend Präsentieren":

- Einleitung: Beginnen Sie mit einem Paukenschlag – erwecken Sie Aufmerksamkeit.
- Beschreiben Sie den Problem- oder Ist-Zustand (Hölle) möglichst wirkungsvoll.
- Holen Sie die Zustimmung des Publikums ein (Konsens zum Problem).

- Beschreiben Sie den Soll- oder Idealzustand (Himmel) ebenso wirkungsvoll.
- Zeigen Sie den Weg zur Lösung auf.
- Holen Sie die Zustimmung zu Ihrem Vorschlag ein und schließen Sie die Präsentation mit einem Paukenschlag ab.

Wenn Sie Zustimmung zu Ihrer Schlussfolgerung erhalten wollen, gibt es zwei Wege dazu. Sie können Ihre Schlussfolgerung offenlegen und fragen: „Sehen Sie, lieber Zuhörer. Meinen Sie nicht auch, dass das so ist?" Oder Sie wählen eine viel wirkungsvollere Variante. Geben Sie Hinweise und deuten Sie Ihre Schlussfolgerung an. Aber sorgen Sie dafür, **dass Ihr Zuhörer selbst die Kurve im Kopf kriegt.** Lenken können Sie den Denkprozess bei den anderen zum Beispiel durch Fragen: „Wie würde der Idealzustand aussehen? Welche Wünsche müsste eine Lösung erfüllen? ..." So machen Sie den passiven Zuhörer zum Beteiligten, zum Mit-Denker. Falls das nicht funktioniert, können Sie immer noch das Ergebnis von sich aus aufzeigen.

Wählen Sie Ihre Worte sorgsam aus. **Ihre Sprache ist ein ungewöhnlich mächtiges Instrument.** Sie können in Sekunden ein Lächeln auf Gesichter zaubern, tiefe Zustimmung und Zuneigung gewinnen oder sich mit einem unbedachten Satz einen Feind fürs Leben schaffen. Seien Sie klar, präzise und positiv in Ihrer Sprache. Weisen Sie keine Schuld zu. Es kommt äußerst schlecht an, sich auf Kosten anderer zu profilieren. Das wirft beim Zuhörer häufig die Frage auf: „Was sagt er dann hinter meinem Rücken über mich?"

Geschafft haben Sie es, wenn Sie und Ihre Teilnehmer eine ordentliche Portion **Spaß** haben und Ihr Publikum die Präsentation **mit einem Lächeln** verlässt.

Übungen und Tipps

- Erarbeiten Sie eine Checkliste, mit der Sie Ihre Präsentationen vorbereiten. Berücksichtigen Sie dabei all die in beiden Präsentationskapiteln angesprochenen Punkte, vom Ziel der Präsentation bis zum Publikum, seinen Motiven und Lernstilen.

- Am einfachsten ist es für Sie, wenn Sie Spaß am Präsentieren entwickeln. Wenn Sie beispielsweise zu einem Thema Experte sind, fangen Sie an, Fachartikel dazu zu schreiben. Suchen Sie sich eine Möglichkeit, diese Artikel zu veröffentlichen. Fahren Sie dann auf einen Kongress und halten Sie einen Vortrag zu einem solchen Thema. Sie können auch klein anfangen. Es gibt Interessengruppen zu verschiedenen Themen, die häufig Thementage veranstalten und auch gerne externe Sprecher einladen. So können Sie in einem kleineren Kreis Ihre Präsentationsfähigkeiten üben und ausbauen.

Zusammenfassung

Zur Frage, wie man wirkungsvoll präsentiert, haben wir einige Themen angeschnitten: Gute Vorbereitung, gute Inszenierung und gute Nachbereitung sowie Ihr Spaß am Präsentieren steigern die Wirksamkeit Ihrer Präsentation.

Optimale Unterstützung für Ihre Präsentation erhalten Sie, wenn Sie die Motive Ihres Publikums ermitteln und sich auf seine Lernstile einstellen können. Durch das Würzen Ihrer Präsentation mit einigen außergewöhnlichen Zutaten und die angemessene Einbindung des Publikums sollte Ihre Präsentation lange in Erinnerung bleiben.

Meine persönliche Antwort auf die Frage „Wie erleben wir bei Präsentationen Spaß statt Todesängste zu durchleiden?" lautet: Es macht mir eine Menge Spaß, wenn meine Zuhörer nach einer gut inszenierten Präsentation mit leuchtenden Augen aus dem Raum gehen genau wie bei einem guten Film oder Konzert. Ich brauche nicht wie andere Menschen den Nervenkitzel beim Bungee Jumping. Ich halte lieber ab und zu eine herausfordernde Präsentation, denn dies ist eine meiner Leidenschaften. Ich wünsche Ihnen viel Erfolg und Spaß dabei, Ihre eigene Antwort zu finden.

3.3.5 Lernen von Schauspielern

Einführung

Warum sind manche Schauspieler so gut? Sie spielen nicht, sondern sie gehen in die Person hinein, die sie spielen und werden so zu der Person; gedanklich, von ihrer Körperhaltung, Gestik, Mimik, ihrer Stimme und in weiteren Ausprägungen. Sie empfinden wie ihre Rolle und verstehen sie hundertprozentig. Wäre das nicht fantastisch, wenn wir Berater uns so in unsere Kunden hineinversetzen könnten? Nun, warum tun wir es nicht einfach, so wie ein guter Schauspieler?

Probleme und Fallen

Achten Sie bei der im Folgenden beschriebenen Technik des Spiegelns und Nachempfindens darauf, dass Sie unbeobachtet sind und Ihr Gesprächspartner auf keinen Fall mitbekommt, dass Sie ihn nachahmen. Sonst glaubt er möglicherweise, Sie würden ihn „nachäffen" und das könnte zu größeren Irritationen führen.

Die Theorie

Wie gelangen diese guten Schauspieler in die Rolle hinein? Wie schaffen sie es, sich **in die Lage des anderen hineinzuversetzen?** In diesem geflügelten Wort liegt schon ein wichtiger Hinweis. Sie tun alles, was die Person tut. Sie nehmen die entsprechenden Körperhaltungen ein. Sie reden wie die Person, nutzen die gleiche Wortmelodie, die gleiche Mimik, die gleiche Gestik. Dadurch beginnen sie, zu empfinden wie ihr gespielter Charakter. So wirken sie brillant, denn sie spielen nicht, sie sind.

Diese erstaunliche Erkenntnis durfte ich in einem Schauspielerseminar selbst erfahren. Ein Regisseur eines angesehenen Schauspielhauses führte uns Teilnehmer in die Kunst des Hineinempfindens in eine Rolle ein. Wir taten in diesen zwei Tagen viele absurd anmutende Dinge, doch sie befähigten uns, in verschiedene Rollen wirklich hineingehen zu können und aus dem ganzen emotionalen Spektrum der Zielperson heraus zu empfinden und zu agieren. Die Erkenntnis, die ich aus diesen zwei sehr besonderen Tagen mitnahm, lautet:

Körperhaltung, Mimik und Gestik beeinflussen unser Befinden. Unser Befinden beeinflusst Körperhaltung, Mimik und Gestik. Dieses Phänomen ist tief im Menschen verwurzelt; gleichartige Haltungen erzeugen gleichartige Empfindungen bei verschiedenen Menschen.

Das geht sogar so weit, dass permanente Gemütszustände sich körperlich manifestieren. Erfasst werden diese Phänomene von der Physiognomik, der Lehre von der Auswirkung charakterlicher Entwicklungen auf unsere Gesichtszüge und unseren Körperbau. Wenn wir täglich unseren Bizeps trainieren, wird dieser wachsen. Genau so prägen sich Lachfältchen ein, wenn wir viel schmunzeln oder Sorgenfalten und herunterhängende Mundwinkel, wenn wir ständig ein miesepetriges Gesicht machen. Viele ältere Schauspieler, wie Sean Connery oder Richard Gere, faszinieren gerade durch ihre von Jahr zu Jahr interessanter werdenden ausgeprägten Charaktergesichter.

Die Praxis

Wie lässt sich dieses physikalische Phänomen in der Beratung nutzen? Auf zwei Arten können Berater profitieren:

Erstens bei der **Erforschung des Gemütszustands des Gesprächspartners:** Sie können die Körperhaltung, Mimik und Gestik nutzen, um die Stimmung eines Kommunikationspartners zu erfühlen. Kopieren Sie sie einfach und fühlen Sie, was Sie dabei empfinden, allerdings ohne dass Ihr Gesprächspartner dies mitbekommt, also eventuell anschließend, wenn Sie alleine sind. Nehmen Sie diese Haltung und Mimik so lange ein, bis Sie deutlich Ihre Empfindungen wahrnehmen. Dieses Gefühl dürfte nah an dem Gefühl Ihres Gesprächspartners sein. Die Erkenntnis über seinen inneren Zustand gibt Ihnen zusätzliche Ansätze, wie Sie Ihre Kommunikation noch besser auf seine Stimmungslage ausrichten können oder wie Sie ihm aus einer schlechten Stimmung heraushelfen können.

Zweitens können Berater profitieren, in dem sie einen optimalen Zustand für sich selbst setzen: Sie können durch Annehmen einer entsprechenden Körperhaltung und Mimik in einen positiven, überzeugten und überzeugenden Zustand wechseln. So ist es Ihnen möglich, mit dem optimalen Zustand und der bestmöglichen Stimmung in Gesprächen und bei Aufgaben mehr zu erreichen. Denn auch hier wirkt das Einnehmen einer Haltung auf das Empfinden. Andersherum erzeugt übrigens eine sehr positive Gemütshaltung automatisch eine aufrechte Körperhaltung. Wenn Sie sich wie der König der Welt fühlen, versuchen Sie einmal, sich (wie das Wort schon sagt) niedergeschlagen zusammenzukauern. Es wird Ihnen nur schwerlich gelingen und sollte sich seltsam und falsch anfühlen. So sind Sie in der Lage, für viele Beratungssituationen effektive Zustände zu finden und gezielt in diese hineinzugehen.

Übungen und Tipps

- Üben Sie das Erforschen der Gefühle Ihrer Gesprächspartner durch Nachahmen, wenn der andere nicht im Raum ist oder sich im Gespräch unbeobachtet die Möglichkeit ergibt. Auch bei weiteren Personen können Sie diese Übung anwenden. Beobachten und kopieren Sie berühmte Schauspieler, Fernsehstars oder Politiker und erfühlen Sie deren Empfinden.

- Erinnern Sie sich an einen großartigen Zustand, in dem Sie sich fantastisch fühlten und Ihnen alles gelang. Was sahen Sie? Was hörten Sie? Wie fühlte sich das an? Was empfanden Sie? Was rochen Sie? Gab es einen Geschmack? Erinnern Sie sich intensiv und nutzen Sie die Energie und die Ressourcen dieses Zustandes erneut. In der einschlägigen Literatur zu NLP (zum Beispiel „Der Zauberlehrling" von Alexa Mohl) sowie auf NLP Seminaren (zum Beispiel „Der Volkspractitioner" von Chris Mulzer, der als Aufzeichnung auf 17 DVDs erhältlich ist) erfahren Sie, wie Sie einen solchen Zustand, einen „Moment of Excellence" ankern, um ihn jederzeit abrufbereit zu haben.

Zusammenfassung

Gute Schauspieler spielen keine Rollen, sie werden zu den Personen dieser Rollen. Dadurch wirken sie so authentisch. Von Schauspielern können wir Berater in zweierlei Hinsicht lernen. Zuerst können wir uns besser in unseren Gesprächspartner hineinversetzen, wenn wir (unbeobachtet) seine Haltung und Mimik spiegeln und die so entstehenden Empfindungen wahrnehmen. Zweitens können wir selbst eine motivierende und positive Haltung einnehmen und so unsere Stimmung deutlich verbessern im Hinblick auf ein Ziel oder Ergebnis, welches wir erreichen wollen.

„Sein oder nicht sein", das ist hier wirklich die Frage, auch für Berater, wie William Shakespeare vor langer Zeit feststellte.

3.4 Ein Rat zum Schluss – Bleiben Sie authentisch!

Einführung

An verschiedenen Stellen in diesem Buch haben Sie beiläufig von Authentizität und der Königsregel gelesen. Das Thema an sich ist so wichtig, dass es ein eigenes Kapitel verdient hat.

Authentizität ist ein kompliziertes Wort für eine einfache Sache. Es geht darum, echt, wahrhaftig und glaubwürdig zu wirken. Wieso sollte Authentizität einem Berater nun dabei helfen? Schauen wir doch einmal, welche Probleme ohne Authentizität auftreten können.

Probleme und Fallen

Im Kapitel „Die Todsünden des Beratens, wie man sie vermeidet und das Kundenproblem richtig versteht" haben wir bereits einige „Todsünden" des Beratens kennengelernt:

Die Verstellen-Falle: Verstellt sich der Berater beispielsweise durch das kreative Ausschmücken seiner Fähigkeiten (zu Deutsch übertreiben) bedarf die Aufrechterhaltung dieses gespielten Zustands nach und nach so viel Energie, dass er irgendwann aufgedeckt wird. Je später, desto schlimmer für alle Beteiligten. Lösungsansatz: Verstellen Sie sich nicht.

Die Lügen-Falle: Bewusstes Lügen ist im Business sehr gefährlich. Sobald eine Lüge auffliegt, ist Ihre Glaubwürdigkeit vollends dahin. Sie werden nie wieder das gleiche Maß an Vertrauen bei Ihren Geschäftspartnern erlangen, die davon erfahren haben. Auch hier gilt, je weiter Sie eine Lüge aufrechterhalten wollen, umso mehr Energie müssen Sie hineinstecken und neue Lügen erfinden. Irgendwann bricht das Lügengebäude in sich zusammen wie ein Kartenhaus. Sie wissen ja, Lügen haben kurze Beine. Lösungsansatz: Da die Wahrheit schneller läuft, als die kurzen Beine der Lügen tragen, seien Sie ehrlich. Sie können natürlich, wie in den Tipps des Kapitels „Unverzichtbar nicht nur für Einzelkämpfer – Die vertriebliche Eigenpräsentation" beschrieben, die Technik der „intelligenten Aufrichtigkeit" gebrauchen, um verbale Spielräume zu nutzen. Nur verlassen Sie den Bereich der Aufrichtigkeit nicht.

Die Fähnchen-in-den-Wind-Falle: Menschen, die ihr Fähnchen in den Wind hängen und heute so und morgen anders argumentieren und auftreten, verwirren ihr Umfeld. Das ist keine gute Eigenschaft für einen Berater. Lösungsansatz: Zuverlässigkeit gibt Kunden und Kollegen Sicherheit und führt so zu mehr Vertrauen und Glaubwürdigkeit.

Die Theorie

Unsere Zieldefinition der Authentizität lautet: echt, wahrhaftig und glaubwürdig wirken. Und das funktioniert am besten, wenn man echt, wahrhaftig und glaubwürdig ist. Glaubwürdigkeit ist das Ziel, Authentizität der Weg, der dorthin führt.

Wieso genügt es denn nicht, alles zu beherzigen, was man bislang gelernt hat und auf Frage X immer die richtige Antwort Y zu geben? Die aufgeführten Fallen zeigen die Problematik der exponentiell zunehmenden Komplexität, sobald mehrere Faktoren und Parameter zusammenkommen. Die Antwort auf die Frage „Was würde ein guter Berater auf Frage X antworten?" können Sie noch lernen. Für zehn verschiedene Situationen können Sie auch zehn Antworten auswendig lernen. Kommen zu den zehn Situationen noch zehn verschiedene Kunden als weitere Dimension dazu, sind Sie schon bei einhundert Antworten usw. Sie sind als Berater vermutlich zwanzig bis vierzig Jahre am Markt unterwegs. Können Sie sich die Komplexität eines solchen Argumentationskonstrukts nach vierzig Jahren vorstellen? Irgendwann ist es viel einfacher, ein guter Berater zu sein und einfach natürliche Antworten zu geben, als alle Antwortkombinationen eines guten Beraters auswendig zu lernen.

Aus dieser theoretischen Erkenntnis, die durch umfangreiche Praxiserfahrung vielfach bestätigt wurde, lassen sich zwei Nachrichten zur Authentizität ableiten:

Authentizität

Die schlechte Nachricht der Authentizität: Für Glaubwürdigkeit muss man lange und intensiv arbeiten. Da Verstellen nicht lange funktioniert, sollte man sich etwas suchen, das Glaubwürdigkeit mit ausreichender Sicherheit erzeugt. Das gelingt, wenn man sich nicht verstellt, sondern seine Fähigkeiten und sein Auftreten langfristig positiv entwickelt. Ich habe bislang keinen einfachen, billigen Trick gefunden, dies zu umgehen. Als Metapher kann uns der Satz dienen: Wer viel trainiert, wird stark.

Die gute Nachricht der Authentizität: Wenn sie erst einmal da ist, geht mit Authentizität alles kinderleicht, da sie zur Gewohnheit geworden ist und Sie sich ganz natürlich benehmen können. Der Haken (siehe die schlechte Nachricht): Sie müssen Ihr Leben ändern und das, was Sie vermitteln wollen, wirklich leben. Doch wenn Sie dies geschafft haben, ist alles ganz einfach. Wenn Sie sich dafür entscheiden, dauert es zwar, Ihre Fähigkeiten auszubauen, jedoch können Sie bereits ab dem ersten Tag Ihre Authentizität nutzen. Wahre Authentizität ist wie ein Haus aus Steinen viel mächtiger und stärker als eine Fassade aus Pappe und Holz, sobald ein Sturm aufzieht, und in einem Beraterleben gibt es häufiger Stürme.

Die Praxis

Ein fiktives Beispiel verdeutlicht uns das Prinzip. Zwei selbstständige Berater, Moritz Mürrisch und Franz Freundlich, unterstützen denselben Kunden in einem Projekt.

Moritz steht unter Druck. Er war beim Bewerbungsgespräch clever und hat bei einigen Dingen wie Projektmanagement, soziale Kompetenz und Geschäftsprozessmanagement der Wahrheit großzügigen Spielraum gegeben – oder kurz: er hat ordentlich übertrieben. Nun hat der Projektleiter ihn damit konfrontiert: „Ihre Unaufrichtigkeit hat uns in große Schwierigkeiten gebracht. Sind Sie sich eigentlich über die möglichen Folgen für Sie persönlich inklusive Ihrer Haftung hierfür im Klaren? Überlegen Sie sich, wie Sie das wieder ausbügeln. Sonst müssen wir jemand anderen auf Ihre Stelle setzen."

Moritz' Freunde können ihm auch nicht weiterhelfen. Bei ihm zu Hause und im Freundeskreis geht man ganz anders miteinander um, als das in seinen bisherigen Projekten erwartet wird. Es herrscht privat ein robuster Ton, man bezeichnet den anderen oft als „Loser", aber das ist ja alles nicht so gemeint. Das gehört eben dazu. Jedenfalls fällt es Moritz verdammt schwer, im Projekt seine Maske aufzusetzen und höflich und freundlich zu allen zu sein. Das ist doch alles nur Show.

Franz ist zufrieden. Er hat bei seiner Bewerbung um das Projekt zwar an der einen oder anderen Stelle nicht darauf hingewiesen, dass er sich mit einem Thema erst kurz auseinandersetzt, aber dafür hat er sich in diese Dinge außerhalb des Projekts intensiv eingearbeitet und die Versprechen, die er gegeben hat, eingehalten. In Summe hat er sich authentisch dargestellt und auch klar gemacht, wo die Grenzen seiner Kompetenz im Bereich Geschäftsprozessmanagement liegen. Dafür hat man einen weiteren Berater – Moritz Mürrisch – in das Projekt geholt. So kann Franz sich ganz natürlich geben und muss sich nicht verstellen. Früher war das ab und zu etwas schwierig, da in seinem Freundeskreis ein rüder Umgangston herrschte. Doch einige seiner Freunde haben sich ebenfalls weiterentwickelt und zu den anderen ist der Kontakt eher dünner geworden. Dafür hat Franz neue Freunde gefunden, die mehr auf seiner Wellenlänge liegen. Somit hat er auch ein privates Umfeld, das ihn versteht und ihn zu beruflichen Fragen unterstützt, wenn er einmal nicht weiter weiß. Nun versteht er das alte Sprichwort: „Benimm dich zu Hause wie beim König, dann kannst du dich beim König benehmen wie zu Hause."

Abbildung 28:
Die Königsregel meiner Oma – ja, das ist wirklich meine Oma.

Übungen und Tipps

▪ Überlegen Sie nicht, mit welchen Tricks Sie ins nächste Projekt gelangen. Denken Sie darüber nach, welche Fähigkeiten für Sie langfristig wichtig sind, entwickeln Sie diese und seien Sie permanent authentisch. Dadurch können Sie sofort Ihre Authentizität einschalten. Das erstreckt sich von fachlichen Fähigkeiten über Dinge wie Auftreten und Wirken bis hin zur Etikette.

▪ Gestalten Sie Ihr berufliches und privates Umfeld aktiv, sodass es optimal zu Ihren beruflichen und privaten Zielen passt. Prüfen Sie, wo Ihre Freunde sich mit Ihnen weiterentwickeln können. Dort wo das nicht gelingt und Sie merken, dass man Sie nach unten ziehen will, reduzieren Sie den Kontakt oder stellen Sie ihn ein. Das mag hart klingen. Doch sind Menschen, die Ihre Entwicklung behindern, wirklich Ihre Freunde? Suchen Sie sich auch neue Kontakte, die gleichartige Ziele verfolgen und auch an Ihrem persönlichen und beruflichen Fortkommen interessiert sind. Wenn Sie Ihr Umfeld langfristig so gestalten, wird es Ihnen leicht fallen, authentisch aufzutreten. Denken Sie darüber nach, mit welchen Menschen sich ein König umgibt.

Zusammenfassung

Bei Authentizität geht es darum, echt, wahrhaftig und glaubwürdig zu wirken. Und das funktioniert am besten, wenn man echt, wahrhaftig und glaubwürdig ist. Zum Ziel der Glaubwürdigkeit und des Vertrauens gelangt man am einfachsten mit Authentizität.

Durch Authentizität muss man sich nicht verstellen. Dazu gehört einerseits, sich durch intensive Arbeit zu entwickeln, und zweitens, sich dadurch ganz natürlich geben zu können. Somit wird die Komplexität des Verstellens einfach überflüssig. Die alte Regel meiner Oma erweist sich in der langfristigen Anwendung als mächtige Weisheit: „Benimm dich zu Hause wie beim König, dann kannst du dich beim König benehmen wie zu Hause." Werden Sie König und fühlen Sie sich in Ihrem Leben zu Hause.

Teil IV – Im Zusammenspiel wird die Exzellenzformel wirksam

Nach dem Basiswissen aus Teil I und den Fähigkeiten exzellenter Berater in Teil II haben wir in Teil III das Feintuning der Beratungsinstrumente und -fähigkeiten behandelt. Das Orchester in unserem Vergleich mit der Beratung hat also nun seine Instrumente gestimmt – feingetunt.

Teil IV widmet sich schließlich dem Zusammenspiel von Fähigkeiten, Personen und Komponenten auf verschiedenen Ebenen:

Stufe 1: Erschließen der eigenen Fähigkeiten: intrapersonelles Zusammenspiel Ihrer Fähigkeiten als Berater.

Stufe 2: Erschließen der Potenziale im persönlichen Expertennetzwerk: Zusammenspiel mit Ihrer Community Gleichgesinnter – den Menschen, mit denen Sie als Berater eng zusammenarbeiten.

Stufe 3: Erschließen der Potenziale größerer Netzwerke: Dies ist weiter gefasst als die Community und umfasst alle Kontakte, die näher und weiter entfernt mit Ihnen als Berater zu tun haben.

Stufe 4: Erschließen der Kundenbeziehungen/Werden Sie zur Marke. Hier blicken wir auf die Interaktion mit dem Markt, der eigenen Präsentation im Markt und dem Aufbau Ihrer persönlichen Marke als Berater.

Wir schließen mit einer Zusammenfassung, die noch einmal einen guten Überblick über das gesamte Thema Beraterexzellenz gibt.

Nun, da alle Instrumente an ihrem Platz und gut gestimmt sind, machen Sie sich auf eine mitreißende Sinfonie gefasst. Wir beginnen mit dem intrapersonellen Zusammenspiel. Der Dirigent betritt die Bühne und hebt den Taktstock. Silentium, die Musik spielt.

4.1 Erschließen der eigenen Fähigkeiten

Einführung

Bei all den beschriebenen und vielen in diesem Buch nicht beschriebenen Fähigkeiten kommt es in der Praxis auf eines an: das richtige Zusammenspiel. Wie bei einem Orchester ist das Zusammenspiel der einzelnen Musiker für den Erfolg wichtig. Und dieses Zusammenspiel endet nicht am Rand des Orchestergrabens. Im Hintergrund muss das Orchester üben, gemanagt und finanziert, promotet und vom Publikum unterstützt werden. Genau so ist es auch im Zusammenspiel aller Elemente für uns als Berater.

Probleme und Fallen

Mancher Berater geht nach seinem erlernten Schema F vor. Ein Kollege sagte einst zu mir: *„Ich bin nach PMI zertifiziert. Es gibt nichts besseres. Das bekommt der Kunde, ob er das will oder nicht".* Der Kollege hatte den anderen Standard bei seinem Kunden nicht berücksichtigt, und dann war es auch nicht mehr lange sein Kunde. Neue Situationen können nicht immer mit alten Schemata gelöst werden.

Neue Ideen könnten sich als Sackgasse erweisen. Wenn Sie experimentieren und ihre Fähigkeiten zusammenspielen lassen, um etwas Neues auszuprobieren, informieren Sie Ihren Kunden vorher, damit klar ist, dass auch ein Ergebnis herauskommen könnte, das nicht zielführend ist. Wenn so etwas passiert, schenken Sie ihm die „vertane" Zeit als zusätzliche Leistung. So haben Sie etwas Neues gelernt und Ihr Kunde erhält dennoch das für ihn wichtige Ergebnis.

Die Theorie

Aristoteles
Das Ganze ist mehr als die Summe seiner Teile. <div align="right">Aristoteles</div>

Durch das richtige Zusammenspiel Ihrer eigenen Fähigkeiten multiplizieren Sie den Wert Ihrer Leistung. Ziehen Sie situativ die richtigen Register aus Ihrem Repertoire. Wenn Sie mit einer technischen Lösung nicht mehr weiterkommen und auch die Hotline des Softwareherstellers keinen Patch für das Problem hat und es erst einige Monate nach Projektende behoben sein wird, wechseln Sie die Ebene. Erdenken Sie eine organisatorische Lösung oder verlassen Sie das System und finden Sie einen ganz anderen Ansatz für das Problem. Kombinieren Sie auf kreative Weise Ihre Fähigkeiten und überraschen Sie den Kunden mit Ihrer Vielseitigkeit. So etwas spricht sich herum. Entwickeln Sie Ihren Ruf als kreativer Problemlöser.

Die Praxis

Ein Kunde hatte eine Serie von Workshops bei uns gebucht. Es ging um ein komplexes Großprojekt, bei dem ein Konsortium aus Lieferanten die alte Lösung geliefert hat. Am Ende wurde die Projektlaufzeit um ein Vielfaches überschritten und die Kosten auch. Sowohl auf Kundenseite als auch auf Lieferantenseite war man unzufrieden. Nun war die Technologie zwar eingeführt, jedoch aufgrund der jahrelangen Verzögerungen veraltet. So sollte einerseits nun wieder ein neues System eingeführt werden, andererseits durch ein Life Cycle Management sichergestellt werden, dass die neue Technologie wartbar blieb. Zur Erstellung des neuen Systems musste eine Analyse vorgeschaltet werden, die das alte System noch einmal intensiv betrachtet, um daraus die Vorgaben für das neue System abzuleiten. (Fragen Sie nun bitte nicht nach der doch eigentlich üblichen ausführlichen Dokumentation des Altsystems.) Der Kunde war jetzt in der Zwickmühle. Für den Fall, dass ein anderes Unternehmen die ausgeschriebene Analyse durchführen würde, wie würde es dem Kunden gelingen, die Alt-Lieferanten doch irgendwie einzubinden, damit sie ihr Wissen beisteuerten? Denn ohne dies würden die Kosten der Analyse deutlich höher werden. Der Kunde fragte uns in seinem Dilemma, mit welchen juristischen Mitteln man dem neuen Analyse-Dienstleister die Verantwortung für die Mitarbeit bei der Analyse auferlegen könnte, um so das Problem vom Kunden zum Analyse-Dienstleister zu verlagern. Als ich nach dem Workshop über meinen Hausaufgaben saß, merkte ich mehr und mehr, dass dies der falsche Ansatz war. Ich kann nicht ein Problem einfach verlagern und glauben, das würde mich weniger kosten. So griff ich in die Werkzeugkiste meines internen Repertoires und begann zu kombinieren. Hier ging es nicht um juristische oder Projektmanagement-Fragen. Es ging um Verhandlungsführung. Also prüfte ich, was die Harvard-Methode zur Verhandlungsführung zu bieten hatte, und kombinierte mithilfe einer geschätzten Kollegin einige Dinge. Dann kam der Tag des Folgeworkshops. Wir erarbeiteten zuerst eine Aufstellung aller wichtigen Player in diesem Spiel (Alt-Lieferanten, interne Abteilungen, neuer Analyse-Dienstleister usw.). Bei dieser Analyse untersuchten wir strukturiert in einem dafür entworfenen Formular die Ziele der Player, führten in einer SWOT-Analyse in diesem Formular jeweils ihre und unsere Position aus. Und wir ermittelten, wer im Konzernverbund des Kunden die Position des Kunden unterstützen konnte. Dabei trat klar heraus, dass eine Win-Win-Konstellation zum Erfolg führen würde. Nach dem Ausfüllen dieser Formulare erstellten wir gemeinsam eine Liste verschiedener Szenarien und Konstellationen. Anhand der Eingangsparameter hätten wir uns fast vierzig Kombinationen ansehen können. Wir entschieden uns nach einigem Versuchen für drei wesentliche Szenarien. Dort bewertete der Kunde einzelne, für ihn wichtige Elemente, wie z. B. „Wiederverwendbarkeit des Altsystems" oder „Analyse- und Entwicklungskosten". Somit kamen wir zu einer Auswertungsmatrix, die dem Kunden in Zahlen anzeigte, welche Lösung nach seiner Bewertung (seinem Bauchgefühl) in Kombination vermutlich die beste war. Damit war noch nicht alle Arbeit getan, jedoch konnte der nun hochzufriedene Kunde diese Methode anwenden, um weitere wichtige Player und Szenarien zu identifizieren und so die für sich beste Entscheidung zum Vorgehen treffen.

Schauen wir uns zusammenfassend das Zusammenspiel der Komponenten noch einmal an.

Gewünscht war ein juristischer Rat zur Vertragsgestaltung. Gebraucht und geliefert bekommen hat der Kunde eine kombinierte Methode aus
 - einer Player-Analyse aus der Harvard Verhandlungsmethode
 - inklusive einer Zielanalyse, SWOT-Analyse des Players und des Kunden, Unterstützungsmöglichkeiten und weitere Punkte in diesem Kontext
 - plus eine Szenarienanalyse mit der Bewertung seiner für ihn wichtigen Kriterien bezogen auf das gewählte Szenario, um Szenarien anhand ihrer Wertigkeit vergleichen zu können, und,
 - nicht zu vergessen, einem taktvoll durchmoderierten Workshop.

Der letzte Punkt ist wesentlich, denn schließlich erhielt der Kunde etwas, das er nicht angefragt hatte, sondern etwas, das für ihn das Beste war, sodass er seine Fähigkeiten zum Management solcher Situation deutlich ausgebaut hat.

Übungen und Tipps

- Wenn Sie ein Problem lösen sollen, denken Sie quer. Überlegen Sie, welche Kombination von Ihnen bekannten Methoden oder Methodenfragmenten an der Stelle vielleicht besser helfen könnten als die Standard-Vorgehensweise. Gerade, wenn es sich um ein komplexes Problem handelt, ist es sinnvoll, zurückzutreten und das gesamte Bild zu betrachten, sowie die ganze Palette Ihrer Werkzeuge, um zu sehen, ob sie ein neues, passendes Werkzeug erfinden können.

- Hören Sie auf Ihre innere Stimme und nutzen Sie die Kraft Ihres Unterbewusstseins, um Lösungen zu ersinnen. Wenn Sie denken: „Hier komme ich mit dem Standard nicht weiter – irgendetwas stimmt hier nicht", fragen Sie Ihr Unterbewusstsein höflich, ob es eine bessere Idee hat. Dann beschäftigen Sie sich mit etwas anderem oder gehen Sie schlafen und warten Sie einfach ab, welche Rückmeldung Sie automatisch erhalten.

- Schildern Sie vertrauten Kollegen die Situation. Häufig fördert eine weitere Meinung neue nützliche Aspekte zutage.

Zusammenfassung

Sie haben viele Fähigkeiten erworben. Sie kennen als exzellenter Berater viele Methoden und Vorgehensweisen. Die wahre Kraft, die in all diesen Bausteinen ruht, ist die Kombination der Bausteine in einer neuen Art, die optimal auf die jeweilige Kundensituation passt. Innovationen am Markt sind häufig einfach die Kombination von zwei oder mehr Bestandteilen, die bereits lange existieren. Doch sind es die Richtigen, kann das einem neuen Produkt oder einer neuen Dienstleistung zum Durchbruch verhelfen und eine neue Ära einläuten. Experimentieren Sie mit Ihren Fähigkeiten und Methoden und kombinieren Sie diese. Dadurch liefern Sie Ihren Kunden innovative Beratungsansätze, die Ihre Beratungsleistung zu etwas ganz besonders Wertstiftendem macht. Und wenn Sie etwas wirklich Tolles erfunden haben, würde ich mich freuen, davon zu erfahren. Viel Spaß und Erfolg bei diesem Abenteuer.

4.2 Erschließen der Potenziale im persönlichen Expertennetzwerk

Einführung

Die Welt ist zu komplex geworden, als dass Sie als Einzelkämpfer langfristig erfolgreich sein könnten. Selbst, wenn Sie sich auf genau ein Gebiet spezialisieren und der Top-Experte dafür werden. Denn Ihr Kunde hat nicht nur dieses eine Problem, das Sie alleine lösen können. Er wird Sie auch nach ähnlichen Themen oder auch mal nach ganz anderen Punkten fragen. Wer kann Ihnen dann weiterhelfen?

Probleme und Fallen

Nehmen ohne Geben oder der Glaube an Visitenkartenpartys. Visitenkartenpartys sind sicher eine interessante Möglichkeit, Menschen kennenzulernen. Doch zu der Zeit, als ich vor einigen Jahren als frischgebackener Selbständiger einige Partys besuchte, stellte ich fest: Hier tummelten sich viele Berater und Webdesigner auf der Suche nach einem Projekt. Jeder versuchte, jedem etwas zu verkaufen, alle waren Konkurrenten. Kaum einer war bereit, in eine Community oder eine echte Partnerschaft zu investieren. Aufgrund dieses Überhangs an vertriebsorientierten Anbietern waren bald alle potenziellen Kunden vertrieben. Die wirklichen Gewinner waren die Veranstalter der Visitenkartenpartys.

Ungeduld: Der Aufbau eines produktiven eigenen Expertennetzwerks benötigt Zeit und Geduld. Dies bedeutet vielleicht mehr Investition als sich mancher vorstellen mag. Wer zu schnell aufgibt, wird enttäuscht werden.

Keine Fokussierung: Ein loses Netzwerk, welches sich ab und an mal auf ein Bier trifft, ist kein fokussiertes Expertennetzwerk. Somit wird sich die Gruppe auch keine wirtschaftlichen Ziele setzen und keine Entwicklung oder Ergebnisse erreichen.

Die Theorie

Allein ist man allein. Multiplizieren Sie nicht nur Ihre eigenen Fähigkeiten, sondern nehmen Sie die Power Ihres persönlichen Expertennetzwerks hinzu. Wer sind diese Menschen? Das sind Teamkollegen, Arbeitskollegen, Freunde,

Gleichgesinnte und Menschen mit ähnlichen Interessen. Als persönliches Expertennetzwerk definieren wir die Gruppe von Menschen um Sie herum, deren Interessen sich mit Ihren überschneiden, die Sie persönlich gut kennen und mit der Sie erfolgreich eng und vertrauensvoll zusammenarbeiten können. Sie ist für Sie der harte Kern und ein Teil Ihrer Community. Dieses Netzwerk kann in verschiedenen Ausprägungen auftreten, die weithin beschrieben wurden. Dabei kann es sich beispielsweise um einen Brain-Trust[64] handeln, wie ihn Napoleon Hill beschreibt, um eine Community of Practice[65], eine Interessengemeinschaft, eine Organisation oder eine Kooperation. Kulturhistorisch sind Sippen und Stämme in die gleiche Kategorie einzuordnen. Häufig bildet sich Ihr Expertennetzwerk auch aus mehreren dieser Gruppen, mit denen Sie intensiver zusamenarbeiten.

Sich gegenseitig zu unterstützen wird immer wichtiger, denn nur in einem fokussierten Expertennetzwerk (=Kollegen) deckt man heute und in Zukunft ein ausreichend großes Stück des Marktes ab, um für seine Kunden auch in Zukunft die passenden Antworten zu haben. Einer für alle, alle für einen. Betrachten wir vier Aspekte zum Thema fokussiertes Expertennetzwerk etwas näher.

Fokussierung: Wichtig ist dabei die Fokussierung, also das Festlegen auf gemeinsame Ziele und die gegenseitige Unterstützung der einzelnen Mitglieder beim Erreichen dieser Ziele durch die anderen Gruppenmitglieder. Denn fokussierte Gemeinschaften sind deutlich effektiver und bringen Sie persönlich wesentlich weiter als eine Gruppe von netten Menschen, die sich einfach so ohne weitere Ausrichtung trifft und plaudert. Um nicht missverstanden zu werden: Auch das ist sehr wichtig und auch dabei kann fantastisches Geschäft entstehen, jedoch verfügt ein fokussiertes Expertennetzwerk über wesentlich mehr Energie und mehr steuerbare Tatkraft und wird schneller und zuverlässiger Ergebnisse erzielen.

Komplementäre Ergänzung: Ein weiterer wichtiger Aspekt der Kooperation ist das Thema Ergänzung. Eine Kooperation ist dann gut möglich, wenn sich die Angebote der Partner komplementär ergänzen und so dem Kunden eine vollständigere Lösung liefern, statt sich selbst gegenseitig Konkurrenz

---

64 Quelle: Hill, Napoleon: Denke nach und werde reich.
65 Quelle: http://de.wikipedia.org/wiki/Community_of_Practice

zu machen (vgl. Kapitel „Mit der richtigen Positionierung geht's leichter – Die EKS-Strategie").

Wertschätzung und Wertstiftung: Der dritte wichtige Punkt ist das Entwickeln eines großen Vertrauens aus einer gegenseitigen Wertschätzung heraus und dem Wunsch, seinen Geschäftspartnern in ihrer Entwicklung weiterzuhelfen. Daraus ergibt sich automatisch, dass Kooperationen, die Sie eingehen, für alle Beteiligten eine echte Win-Win-Konstellation darstellen und für alle Wert stiften. Denn diese Menschen, diese Gruppe von Vertrauten, die Sie um sich herum aufbauen, sind für lange Zeit, Jahre, vielleicht Jahrzehnte Ihre Partner, denen Sie helfen und die Ihnen helfen.

Fördern und fördern lassen: Suchen Sie sich einen oder mehrere Mentoren und lassen Sie sich fördern. Lernen Sie und erweitern Sie Ihre Fähigkeiten, Ihre Kontakte und Ihr Geschäft – das ist der passive Teil des Gefördertwerdens. Werden Sie außerdem von sich aus aktiv. Fördern Sie andere Menschen in Ihrem Netzwerk aktiv. Seien Sie Mentor für andere und helfen Sie diesen, sich weiter zu entwickeln. Tun Sie Gutes und erfreuen Sie sich daran, wie Ihre Partner wachsen und gedeihen. Mit Sicherheit wird sich dieses Prinzip des Förderns und fördern Lassens für Sie und für andere in Ihrer Community auszahlen. Warten Sie nicht, bis Sie denken: „Jetzt bin ich perfekt ausgebildet und jetzt kann ich anfangen, andere zu fördern." Beginnen Sie schon heute, auch, wenn Sie denken, dass Sie keine Zeit haben. Ich habe mir einige Jahre lang gesagt: „Ich werde mich wieder für andere engagieren, wenn ich mehr Zeit habe." Dann habe ich erkannt, dass ich nie mehr Zeit haben werde und da mir das ehrenamtliche Engagement fehlte, habe ich wieder begonnen, andere Menschen mit meinen Fähigkeiten zu unterstützen, und das tut mir richtig gut. Sie können ebenfalls jetzt schon helfen. Es wird immer Menschen geben, die besser sind als Sie. Doch gibt es auch immer Menschen, die von Ihren Fähigkeiten, so wie sie heute sind, profitieren können. Fördern Sie andere und lassen Sie sich fördern.

Die Praxis

Die Praxis des Zusammenspiels des Expertennetzwerks sieht mit Sicherheit bei jedem Berater anders aus. Alleine aus den Unterschieden der Beratungstätigkeiten heraus ergeben sich ganz andere mögliche und sinnvolle Gruppen für eine Zusammenarbeit.

Nehmen wir als Beispiel einen fiktiven selbstständigen IT-Berater namens Jakob Oyen. Jakob ist Oracle-Datenbankspezialist. Somit organisiert er sich in der Deutschen Oracle Anwendergruppe (www.doag.org). Hier findet er viele Fachleute, die seine technologischen Leidenschaften teilen. Viele dieser „Kollegen" kann er zurate ziehen, wenn er in einem Kundenprojekt auf eine technische Hürde trifft. Außerdem wird über diesen Kanal öfters einmal eine Projektanfrage an ihn herangetragen. Gleichzeitig ist er an Projektmanagement interessiert und hat nach einer Zertifizierung beim Project Management Institute (PMI) zwei Gruppen von Gleichgesinnten auf der Community-Plattform Xing.com gefunden – „Projekte und Projektmanagement" sowie das „PM-Forum-Augsburg" direkt in seiner Heimatstadt. Hier führt er rege Diskussionen um aktuelle Projektmanagement-Themen und Probleme aus seinen Beratungsprojekten. Einmal monatlich trifft er sich mit anderen Projektmanagern aus Augsburg. Mit einigen Kontakten in den beiden Welten Oracle und Projektmanagement hat Jakob ein Team des Vertrauens entwickelt, das schon im einen oder anderen Kundenprojekt gemeinsam gute Ergebnisse erzielt hat. Er fördert einige Teilnehmer durch Tipps und Hilfestellungen in deren Projekten. Durch die guten Kontakte eines Kollegen aus diesem Kreis zu Vertriebsprofis, die über eine Provision beteiligt werden, hat sich in den letzten Jahren ein florierendes Geschäft entwickelt.

Übungen und Tipps

▣ Bauen Sie Ihr persönliches Expertennetzwerk strategisch auf. Überlegen Sie sich, welche Menschen Sie weiterbringen und wer Ihr Beratungsangebot ideal ergänzt. Überlegen Sie im gleichen Zuge, wie Sie diesen Menschen weiterhelfen können. Dann erstellen Sie eine Liste, wann Sie auf wen mit welchem Angebot zugehen. Lernen Sie diese Menschen unbedingt persönlich kennen und achten Sie auch darauf, dass die Chemie stimmt. Testen Sie Ihre Kooperationen im Kleinen, mit einem oder zwei ersten Aufträgen. Wenn diese einen für alle zufriedenstellenden Erfolg erbringen, können Sie Ihre Kooperation ausweiten oder mit einigen dieser Menschen einen persönlichen Brain-Trust bilden.

▣ Pflegen Sie Ihr Expertennetzwerk. Halten Sie mit Ihren Vertrauten Kontakt, auch wenn Sie gerade nicht miteinander zusammenarbeiten. Das Sprichwort „aus den Augen, aus dem Sinn" gilt umgekehrt auch positiv.

Wenn einer Ihrer guten Kontakte oder dessen Kunde gerade ein Problem hat und zwei Tage zuvor mit Ihnen gesprochen hat, ist die Wahrscheinlichkeit viel höher, dass er in diesem Moment an Sie denkt und nicht an einen seiner vielen anderen Kontakte.

▪ Achten Sie auf Balance. Geben Sie mehr als Sie müssen. Von den Menschen, mit denen Sie gut zusammenarbeiten können, wird dieses mehr Gegebene irgendwann und irgendwie zurückkommen. Fragen Sie sich bei Menschen, von denen nie etwas zurückkommt, ob diese die Richtigen für Ihr engeres Expertennetzwerk sind, und passen Sie Ihr Agieren dort entsprechend an. Praktizieren Sie das „Fördern und fördern Lassen"-Prinzip.

Zusammenfassung

Das Zusammenspiel Ihres fokussierten Expertennetzwerks, Ihrer Vertrauten, Ihres Brain-Trust multipliziert Ihre persönliche Wirksamkeit und Entwicklung. Versammeln Sie Ihre Fellows um sich herum. Achten Sie dabei auf die vier Aspekte: Fokussierung, komplementäre Ergänzung, Wertschätzung und Wertstiftung sowie Fördern und fördern Lassen. Investieren Sie in Ihr Expertennetzwerk und wachsen Sie gemeinsam. So wird aus einem einzelnen Berater ein exzellentes, schlagkräftiges Team.

4.3 Erschließen der Potenziale größerer Netzwerke

Einführung

Das im letzten Kapitel betrachtete Expertennetzwerk ist das Kernstück des eigenen Umfeldes. Eine wachsende Bedeutung erfährt darüber hinaus das, was wir das eigene größere Netzwerk nennen – Stichwort Networking.

Merke

Das größere Netzwerk definiere ich hier als alle Menschen, zu denen Sie einen persönlichen Kontakt haben, mit denen Sie zeitweise kooperieren oder die potenzielle oder tatsächliche Geschäftspartner sind. Das persönliche Expertennetzwerk ist ein Teil dieses größeren Netzwerks, das größere Netzwerk geht jedoch weit darüber hinaus.

Ich glaube nicht nur, dass dem Netzwerk in der eigenen Karriere- und Berufsplanung mehr und mehr eine strategische Rolle zukommt, sondern auch, dass Netzwerke in Bezug auf klassische Unternehmen und Konzerne stark an Wichtigkeit gewinnen.

Probleme und Fallen

Nicht netzwerken: Nicht jeder ist ein Salonlöwe. Das muss man jedoch auch nicht sein, um erfolgreich zu netzwerken. Wer jedoch ganz auf das Netzwerken verzichtet, beraubt sich um eines der größten Potenziale unserer heutigen Zeit. Auch früher war Netzwerken unter den erfolgreichen Menschen wichtig. In heutigen Zeiten ist Netzwerken ein wichtiges Präventivmittel für die eigene Jobsicherheit geworden. Und Netzwerken ist durch das Internet derart leicht geworden, dass es wirklich jedem offensteht.

Das Netzwerk mit eigenen Werbebotschaften zuspammen: Das ist auch keine gute Idee. Wenn ich mir beispielsweise ein Kontaktnetzwerk auf XING.com mit hundert Kontakten aufgebaut habe und sende allen jede Woche einen Newsletter mit Produktwerbung (auf Neudeutsch Spam), brauche ich mich nicht zu wundern, wenn mein Kontaktnetzwerk sich schnell verkleinert, mich jemand als Spammer meldet und ich aus der Plattform ausgeschlossen werde.

Die Theorie

Warum gewinnt das eigene größere Netzwerk so stark an Gewicht?
Schauen wir ein paar Jahrzehnte zurück: Es gab Unternehmen, die lange am Markt waren. Es gab krisensichere Jobs. Menschen haben als Lehrling (altes Wort für Auszubildender) in einem Betrieb angefangen und blieben dort dreißig, vierzig Jahre.

Heute ist das eher die Ausnahme. Was hat sich geändert? Unternehmen und Produkte kommen und gehen immer schneller. Wir leben in der Zeit der Mergers & Akquisitions. Unternehmen kaufen andere Unternehmen, stoßen sie wieder ab und werden selbst verkauft. Aktionäre wollen hohe Dividenden und dafür baut das Unternehmensmanagement schon mal ein paar Tausend Stellen ab (Out- oder Newplacement) oder sourct Unternehmensbereiche out oder wieder in. Unsere Gesellschaft und unsere Sozialsysteme müssen sich verändern, da ihre mathematischen Grundlagen sich verschieben. Wir erleben einen beschleunigten Wandel aller Strukturen um uns herum. Viele Menschen streben in einer solch hektischen Zeit nach einem Fixpunkt, nach Konstanz, nach Sicherheit. Auf spiritueller Ebene finden ihn manche in ihrer Religion. Doch wo ist der Fixpunkt in der Geschäftswelt und in unserem Berufsleben?

Die Antwort lautet: „im Netzwerk." Der wichtigste konstante Faktor im Geschäftsleben ist heute und zukünftig der Mensch. Menschen kaufen von Menschen. Menschen vertrauen (oder misstrauen) Menschen über Dekaden. Auch, wenn sich Unternehmen ändern, Strukturen sich wandeln und große Konzerne entstehen und vergehen. Die Menschen, die uns umgeben, werden für eine lange Zeit die gleichen bleiben. So kommt es auch, dass ich heute einen sehr guten Geschäftspartner und Vertrauten habe, der das Unternehmen wechselt, und morgen machen wir über sein neues Unternehmen gute Geschäfte.

Networking spielt eine Schlüsselrolle. Das Zusammenspiel des Netzwerks – also die Kooperation von Menschen, die einander kennen und vertrauen – wird zunehmend ein wesentlicher Wirtschaftsfaktor. Zu Ihrem Netzwerk gehören alle Menschen, die Sie persönlich kennen, auch wenn sie anderen Branchen angehören und sich für andere Dinge interessieren. Das Spannende dabei ist nicht nur die Anzahl Ihrer direkten Kontakte, sondern interessant sind vor allem die Kontakte Ihrer Kontakte. Wenn Sie beispielsweise 320 Kontakte haben und jeder hat ebenfalls 320 Kontakte, haben Sie somit über einen Empfehler einen Zugang zu 102.400 Menschen.

Ein weiterer sehr interessanter Aspekt ist die Zeit und der Reifungsprozess. Häufig begegne ich einem Menschen, der in seiner beruflichen Entwicklung noch am Anfang steht, ich erkenne aber ein großes Potenzial in ihm. Zu solchen Menschen halte ich bewusst Kontakt, da ich weiß, dass die Zeit für mich arbeitet. Warten wir einmal fünf oder zehn Jahre und schauen dann, was aus demjenigen geworden ist. Genau so ist es mit alten Klassenkameraden oder Studienkollegen. Wartet man lange genug, sind einige von ihnen irgendwann in interessanten Positionen und man kann auf eine elegante und vertraute Weise mit ihnen kooperieren und Geschäfte mit ihnen machen. Das größere Netzwerk entwickelt sich mit einem selbst weiter.

Dies ist eine weitere große Stärke in jedem Netzwerk. Es wird wie ein guter Wein mit der Zeit wertvoller.

Somit ist Networking für Sie als Berater existenziell wichtig. Denn langfristig versorgt Ihr Netzwerk Sie mit Aufträgen – und Sie helfen Ihrem Netzwerk bei dessen Zielerreichung. Pflegen und nutzen Sie Ihr Netzwerk.

Die Praxis
Suchen Sie Vereinigungen und hochqualitative Consulting Netzwerke wie zum Beispiel den Bundesverband Deutscher Unternehmensberater BDU e.V. (www.bdu.de) oder das regional ausgerichtete Consulting Netz Bad Homburg (www.cnhg.de), bei dem ich Mitglied bin, um mit Berufskollegen zu netzwerken und neue gemeinsame Ideen zu entwickeln. Besuchen Sie Veranstaltungen und Kongresse zu Ihrem Themengebiet, bei denen Sie Beraterkollegen treffen. Besuchen Sie vor allem aber auch Veranstaltungen, zu denen Ihre Kunden gehen. Hören und erfahren Sie, welche Probleme Ihre Kunden bewegen.

Kommen Sie mit interessanten Menschen, die Sie dort treffen, in Kontakt, tauschen Sie Ihre Visitenkarten aus und arbeiten Sie diese Kontakte vor allem zügig nach. Wenn Sie jemanden sehr interessanten auf einem Kongress kennengelernt haben, vereinbart haben in Kontakt zu bleiben und derjenige wenige Stunden später schon eine E-Mail von Ihnen in seiner Inbox hat, in der Sie sich für das Gespräch bedanken und ihm ein paar weitere Informationen geben, bleibt dies üblicherweise gut im Gedächtnis.

Pflegen Sie Ihr Netzwerk weiter über eine professionelle Networking-Plattform im Internet. In Deutschland sehr verbreitet und mit ausgezeichneten Funktionen ausgestattet ist XING.com. Hier lohnt es sich, in die Premium-Mitgliedschaft für ein paar Euro pro Monat zu investieren, um alle Kommunikations- und Suchfunktionen nutzen zu können. Sie können über Xing sehr interessante Marktstudien für sich durchführen, wenn Sie zum Beispiel herausfinden möchten, wer in Ihrer Region in einem bestimmten Unternehmen tätig ist, wo Menschen sitzen, die sich für Ihr Angebot interessieren, und vor allem, über welchen Weg (sprich über welche Bekannte) Sie dorthin einen Kontakt anbahnen können. Sie können XING beispielsweise auch nutzen, um an zahlreichen Diskussionsforen teilzunehmen und sich so als Experte zu präsentieren oder um Termine für Ihre Fachvorträge anzubieten. Interessant ist vor allem auch Folgendes: Egal, wo auf der Welt Ihre Kontakte sind, über eine Networking-Plattform können Sie weiterhin gut zusammenarbeiten und Kontakt halten. International weit verbreitet ist die Networking-Plattform www.linkedin.com. Es gibt natürlich noch weitere solcher Plattformen. Stöbern Sie selbst ein wenig im Internet.

Übungen und Tipps

Im Abschnitt „Die Praxis" sind schon einige Dinge beschrieben, die Sie tun können, um Ihr größeres Netzwerk auszubauen und zu pflegen. Der einzige Tipp an dieser Stelle lautet daher: Reservieren Sie sich Zeit dafür und pflegen Sie Ihr Netzwerk aktiv und permanent.

Zusammenfassung

In einer sich wirtschaftlich permanent wandelnden Welt spielt das Netzwerken für einen Berater eine wichtige Rolle. Die guten Kontakte, die Sie über die Jahre aufbauen und pflegen, sind ein bedeutender Multiplikator für Ihr Geschäft und Ihre Entwicklung. Nutzen Sie Veranstaltungen, Vereinigungen und Networking-Plattformen, um Ihr größeres persönliches Netzwerk zu hegen und zu pflegen. Es wird wachsen und gedeihen, die Menschen in Ihrem Netz werden reifen und Ihre so investierte Zeit wird sich auszahlen.

4.4 Erschließen der Kundenbeziehungen/Werden Sie zur Marke

Einführung

Über das eigene Netzwerk haben Sie einen Zugang zu vielen Menschen. Nun überlegen Sie einmal: was erzählen Ihre Kontakte über Sie und darüber, was Sie tun, wenn sie gefragt werden? Kennen Ihre Kontakte die Antwort? Wofür Sie der Experte sind? Oder sagen sie dann nur: „Der macht irgendwas mit Beratung"?
Was sagt Ihre Webseite über Sie aus? Wie nimmt der Markt Sie wahr? Sind Sie einer der vielen Tausend Berater, die ihre Leistung auf einem Internet-Marktplatz anbieten, ein „me too", oder gibt es ein wahrnehmbares Unter-

scheidungskriterium? – Wenn Sie die letzte Frage mit „Nein" beantworten, sollten Sie sich ein Unterscheidungskriterium zulegen.

Probleme und Fallen

Keine Unterscheidbarkeit: Manche Berater liefern ihren Kunden keinen Ansatzpunkt, zu erkennen, wer sie sind, wofür sie genau stehen und was sie können – und was nicht. Sie sind nicht zu greifen. Daher wissen viele Kunden auch nicht, wofür sie diesen Berater engagieren sollten.

Der Bauchladen: Es gibt Berater, die auf ihrer Webseite aus Angst, potenzielle Kunden zu verlieren, quasi alles anbieten. Dabei stellt sich nach ein wenig Stöbern auf der Seite heraus, dass offensichtlich nur eine Person hinter dem „Beratungsunternehmen" steckt, auch wenn im Pluralis Majestatis von „Wir" gesprochen wird. Hier hat der Kunde wenig Chancen zu erkennen, was die wahren Stärken des Beraters sind.

Die Theorie
Werden Sie exzellent – werden Sie „der Experte" auf Ihrem Gebiet. Schreiben Sie Artikel oder Bücher, halten Sie Vorträge. Entwickeln Sie Ihre eigene Marke, für die Ihr guter Name steht.

Eine Erkenntnis aus dem Neuromarketing ist, dass der Anblick einer bekannten Marke eine Hirnaktivität mit viel weniger beteiligten Hirnrealen und einer stärkeren emotionalen Beteiligung auslöst als ein Auswahlprozess bei einer unbekannten Marke[66]. Der Wiedererkennungswert von Marken entlastet also das Gehirn und verursacht weniger Stress. Marken und bekannte Slogans sind somit clevere Anker gemäß NLP.

Was tun Sie, wenn Ihre Ölquelle brennt? Schauen Sie in die Gelben Seiten und suchen sich durch die Liste mit den Einträgen: A.A.A.A. Ölquellenlöschung, A.A.A. Ölquellenservice, usw.? Nein. Sie rufen bei der Firma von Red Adair an. Sie wissen, das sind die Experten für brennende Ölquellen. So wie Red Adair gibt es eine Vielzahl von Beispielen für Menschen, die mit ihrem Expertenthema verknüpft sind: Quantenphysik: Stephen Hawking,

---

66 Quelle: Scheier, Christian; Held, Dirk: Wie Werbung wirkt, Seite 24 f.

Literaturkritik: Marcel Reich-Ranicki, NLP: Alexa Mohl, Zauberei: Houdini und David Copperfield.

Eines ist all diesen Personen gemein: Sie stiften ihren Kunden einen wirklichen Zusatznutzen durch ihre Top-Expertise.

Bauen Sie Ihre eigene Marke auf und werden Sie über Ihr Netzwerk hinaus bekannt als „die Kapazität" auf Ihrem Gebiet. „Knifflig", sagen Sie? Sie haben recht. Wir sprechen ja auch über langfristig Wirksames. Sehen Sie sich berühmte Persönlichkeiten an. Wer über Nacht reich wird, hat tagsüber hart gearbeitet.

Die Praxis
Nehmen wir zur Anschauung ein Beispiel, das nur entfernt aus der Beratung, nämlich aus der Wetter-Beratung oder genauer der Wettervorhersage kommt. [67]

Jörg Kachelmann, geboren 1958 in Lörrach, ist ein Schweizer Moderator, Journalist und Unternehmer im Bereich der Meteorologie. Er ist der strahlende und populäre Stern am Himmel der Meteorologen und genießt meine Bewunderung und Hochachtung.
Kachelmann verbrachte seine Jugend in Schaffhausen. Schon als Kind wollte er Meteorologe werden und zeichnete das Wetter auf. Während der Schul- und Semesterferien arbeitete er für verschiedene Wetterdienste. Er arbeitete nach einem abgebrochenen Studium lange Zeit für verschiedene Medien.
Dem Südwestfunk faxte er so lange unaufgefordert Wettervorhersagen, bis diese angenommen wurden. 1989 kaufte Jörg Kachelmann ein altes Bauernhaus in Bächli und baute dieses zu einer Wetterstation um. Damit gründete er die Meteomedia AG.
Kachelmann machte sich nicht nur durch seine unkonventionellen Wettermoderationen einen Namen, sondern auch durch die erstaunliche Qualität seiner Wettervorhersagen. Meteomedia betreibt inzwischen über tausend Wetterstationen allein in Deutschland, die zu dieser Qualität nach einem einfachen Prinzip beitragen. Je mehr echte Messdaten Kachelmanns Firma zur Verfügung stehen, desto besser war er in der Lage, Wetterentwicklungen

---

67 Quelle: (gekürzt und persönlich angereichert, Stand http://de.wikipedia.org/wiki/Kachelmann 5.04.2008.

vorherzusagen. *Einige Vorhersagen und Unwetterwarnungen, die kein anderer herausgab, gaben ihm schließlich Recht und verhalfen ihm zu wachsender Akzeptanz im Markt. Seit April 2002 wird die Wettervorhersage in der ARD auch von der Meteomedia AG produziert.*
Neben seiner Leidenschaft fürs Wetter moderierte er verschiedene Fernsehsendungen.
Jörg Kachelmann ist in meiner Wahrnehmung der prominenteste Experte für Wettervorhersagen in Deutschland. Fällt der Name Kachelmann, denken viele Menschen sofort an Wettervorhersage. Sein Name ist zur Marke, zum Anker für sein Angebot am Markt geworden.

Übungen und Tipps

Wie können Sie Ihre eigene Marke aufbauen und Expertenstatus erlangen?

- Orientieren Sie sich an der engpasskonzentrierten Strategie (EKS®) (siehe Kapitel „Mit der richtigen Positionierung geht's leichter – Die EKS-Strategie" und www.eks.de)
- Das Buch von Giso Weyand ist in diesem Zusammenhang sehr empfehlenswert: „Allein erfolgreich – Die Einzelkämpfermarke. Erfolgreiches Marketing für beratende Berufe".
- Erschaffen Sie gute Methoden und Werkzeuge für Ihren Beratungsbereich, stellen Sie diese anderen kostenpflichtig und oder frei zur Verfügung.
- Halten Sie Vorträge, schreiben Sie Fachartikel und finden Sie Kooperationspartner, die Ihre Artikel veröffentlichen und deren Artikel Sie veröffentlichen. Bauen Sie Kontakte zur Fachpresse in Ihrem Beratungssegment auf.
- Bauen Sie Ihre Expertise und Ihre Marke Schritt für Schritt stetig und geduldig aus. Gut Ding will Weile haben.

Zusammenfassung

Nach dem Zusammenspiel Ihrer eigenen Fähigkeiten, dem Zusammenspiel mit Ihrer engeren Community und Ihrem Netzwerk ist das Zusammenspiel mit dem Markt durch die Etablierung Ihrer eigenen Marke als Berater das größte Spielfeld. Und hier ist auch am meisten zu gewinnen. Denn haben Sie Ihre Marke erst einmal etabliert, wirkt sie wie ein Magnet. Seien Sie MARKant. Fallen Sie auf, damit Sie nicht in der Masse untergehen.

Zusammenfassung und Ausblick

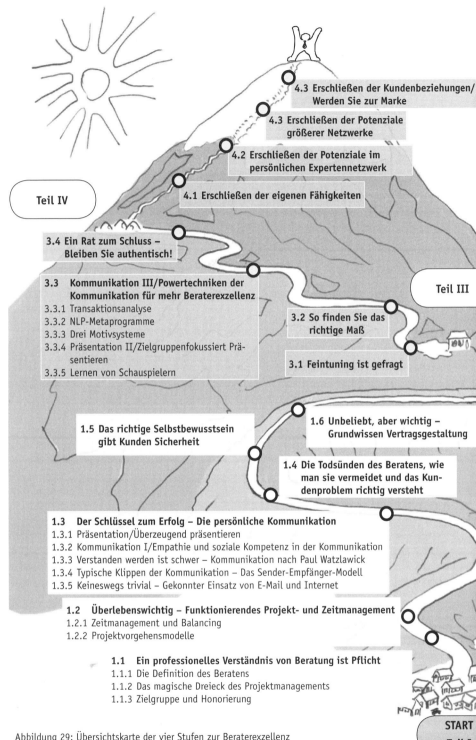

Abbildung 29: Übersichtskarte der vier Stufen zur Beraterexzellenz

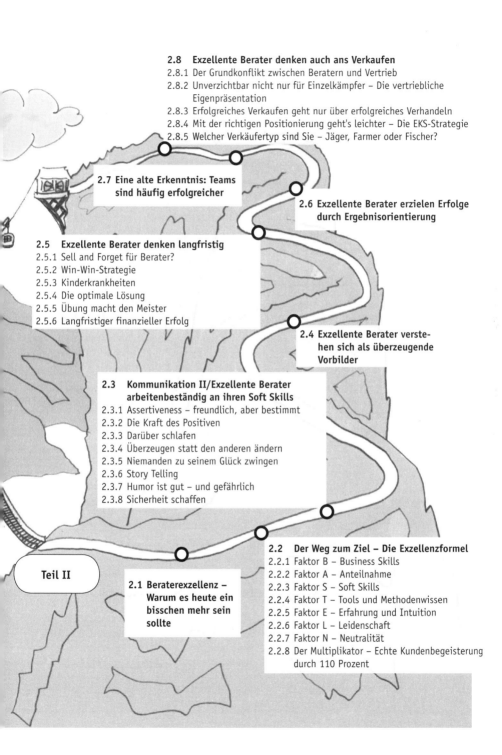

Das Ende und der Überblick

Wir sind am Ende unserer Reise durch die Welt der Beraterexzellenz angelangt. Wir hoffen, für Sie war es spannend, hilfreich und hat auch an der
einen oder anderen Stelle Spaß gemacht. Für uns war das Erschaffen dieses
Buches jedenfalls sehr lehrreich, voller Herausforderungen und mit viel
Freude verbunden.

An diesem Punkt, da wir gemeinsam den Gipfel erklommen haben, wollen
wir Ihnen noch einmal eine Zusammenfassung über die vier aufeinander
aufbauenden Teile geben, denn von hier oben kann man gut sehen. Daher
folgt noch einmal eine grobe verbale Beschreibung der vier Bereiche, damit
Sie eine gute Übersicht über alles in diesem Buch haben. Eine Landkarte
zum Inhalt finden Sie auf Seite 310–311.

Teil I – Wie arbeiten eigentlich gute Berater

Begonnen haben wir unsere Reise mit der Definition des Beratens, der Kunden des Beraters und den Grundregeln erfolgreicher Projektdurchführung
durch Anwenden des magischen Dreiecks des Projektmanagements. Wir haben die Flora der Fähigkeiten mit der SkillFlower™ untersucht, ebenso wie
Grundlagen zu Zeitmanagement, Vertragsthemen und Vorgehensmodellen.
Schließlich haben wir einen Blick auf die wichtigen Basiskommunikations-
themen und Präsentationsfähigkeiten geworfen. Mit diesem Basiswissen
konnten wir definieren, was einen guten Berater ausmacht. Wir haben also
die einfachen Musikinstrumente des Orchesters kennengelernt.

Teil II – Vom guten Berater zur Beraterexzellenz

In diesem Teil des Buches haben wir erforscht, welche zusätzlichen Elemente einen guten Berater zu einem exzellenten Beratungsprofi machen,
der bei seinem Kunden Begeisterung erzeugen kann. Den Anfang machte
die Exzellenz-Formel.

Die Exzellenz-Formel
Die Exzellenz-Formel = B.A.S.T.E.L.N. × 110 % = (Business Skills + Anteilnahme + Soft Skills + Tools + Erfahrung + Leidenschaft + Neutralität) × 110 %

Speziell bei den fortgeschrittenen Soft Skills haben wir eine Reihe beratungsrelevanter Bereiche unter dem Kapitel „Kommunikation II/Exzellente Berater arbeiten beständig an ihren Soft Skills" intensiver unter die Lupe genommen. Eine Reihe weiterer Elemente von Vorbildfunktionen über Langfristigkeit und Erfolgsstrategien bis hin zu Teamwork und Vertrieb rundeten das Thema Beraterexzellenz ab. Somit haben wir auch die schwierigeren Instrumente im Orchester der optimalen Beratung parat.

Teil III – Feintuning/Die Arbeit an der eigenen Beraterexzellenz

Hierbei ging es um das Stimmen der Instrumente, das Feintunen. Dabei widmeten wir uns zuerst dem Mischpult der eigenen Fähigkeiten, welches wir nach der eigenen Persönlichkeit, der jeweiligen Situation und dem Gegenüber individuell einzustellen übten. Dann wendeten wir uns im Kapitel „Kommunikation III/Powertechniken der Kommunikation für mehr Beraterexzellenz" verschiedenen klassischen und auch neueren Individualisierungstechniken zu. Angefangen bei der Transaktionsanalyse über NLP-Metaprogramme, drei Motivsysteme aus der Hirnforschung und deren Einsetzbarkeit für optimal zugeschnittene Präsentationen bis zum Lernen von Schauspielern. Wir schlossen das Feintuning mit dem Thema Authentizität und der Königsregel. Das Orchester war nun bereit, zu spielen.

Teil IV – Im Zusammenspiel wird die Exzellenzformel wirksam

Zum Schluss nahmen wir uns des Zusammenspiels auf verschiedenen Ebenen an, nämlich der intrapersonellen Ebene beim Zusammenspiel der eigenen Fähigkeiten und der Macht der Neukombination, der interpersonellen Ebene und dem Zusammenspiel mit Ihrer engeren Community. Weiter dem Zusammenspiel mit Ihrem Netzwerk und schließlich dem Zusammenspiel mit dem Markt und dem Aufbau einer eigenen Beratermarke. Letzteres ist übrigens nicht nur interessant, wenn Sie selbstständig sind. Auch, wenn Sie der Top-Experte in Ihrem Unternehmen für ein bestimmtes Thema werden wollen, helfen Ihnen diese Techniken weiter.

All diese Fähigkeiten, das optimale Tuning und das hervorragende Zusammenspiel haben wir in den letzten 15 Jahren bei exzellenten Beratern entdecken können und haben sie als wunderbare und herausragende Sinfonie der Beratung erlebt.

Wenn Sie sich nun die Karte ansehen (siehe Abbildung 29), gestatten Sie uns einen inspirierenden Hörtipp. Betrachten Sie die Karte doch, während Sie die neun Sinfonien von Beethoven im Box-Set überarbeitet und dirigiert von David Zinman und gespielt vom Tonhalle-Orchester Zürich hören. Bei Amazon.de zu finden durch Eingabe der ASIN in das EAN-Feld der erweiterten Musiksuche: B00000IFP6. So, wie Zinman Beethoven überarbeitet hat, habe ich ihn nie zuvor gehört.

Weitere Anknüpfungspunkte

Wie Sie in diesem Buch an vielen Stellen sehen konnten, war dies ein Überblick über das umfassende Thema der Beraterexzellenz. An vielen Stellen haben wir auf Bücher und Fachartikel verwiesen, und es ist sinnvoll, Ihre Expertise durch das Lesen dieser Werke zu vertiefen. Hierzu empfehlen wir einen Blick in das Literaturverzeichnis am Ende dieses Buches.

Wie Sie wissen, ist Papier geduldig, doch die Welt dreht sich schnell weiter. Wenn Sie auch über neue Entwicklungen rund um das Thema Beraterexzellenz auf dem Laufenden gehalten werden wollen, dann schauen Sie einfach regelmäßig auf der Seite www.beraterexzellenz.de vorbei. Dort bieten wir zusätzliche Informationen, Artikel, Tipps, Seminare und Werkzeuge für Top-Berater an. Tragen Sie sich in unseren Newsletter-Verteiler ein und lassen Sie sich automatisch auf dem neuesten Stand halten.

Wir freuen uns sehr über Ihre Rückmeldung zu unserem Buch oder unserem Angebot auf der Webseite. Anregungen, Ideen und konstruktive Kritik sowie Kontaktanfragen nehmen wir gerne entgegen. Schreiben Sie uns per Mail an joerg.osarek@beraterexzellenz.de oder andreas.hoffmann@beraterexzellenz.de.

Wir wünschen Ihnen viel Erfolg beim weiteren Ausbau Ihrer exzellenten Beraterfähigkeiten und viel Spaß und Freude bei deren Anwendung im Abenteuerland des Beratens.

Ihr

Literaturverzeichnis

Diese Übersicht enthält Literatur und Leseempfehlungen sowie interessante Internet-Adressen.

Literatur und Leseempfehlungen

Allgemeine Empfehlungen

Andler, Nicolai: Tools für Projektmanagement, Workshops und Consulting. Ein Kompendium der wichtigsten Techniken und Methoden. Publicis Corporate Publishing, Frankfurt am Main 2007. (ISBN 9783895782640)

Covey, Stephen R.: 7 habits of highly effective people. Powerful Lessons in Personal Change. 15. Auflage, Free Press, New York 2004. (ISBN 9780743269513)

Dudenredaktion: Das Herkunftswörterbuch. Etymologie der deutschen Sprache. Die Geschichte der deutschen Wörter bis zur Gegenwart. 4. Auflage, Bibliographisches Institut, Mannheim 2006. (ISBN 9783411040742)

Grieger-Langer, Suzanne: Die 7 Säulen der Macht®. Kommunikation, Standfestigkeit, Ethik, Selbstkontrolle, Wissen, Leidenschaft, Liebe. Junfermann, Paderborn 2006. (ISBN 9783873876200)

Harding, Ford: Creating Rainmakers. The Manager's Guide to Training Professionals to Attract New Clients. Wiley & Sons, 2006. ISBN 9780471920731

Hermann-Ruess, Anita: Speak Limbic – Wirkungsvoll präsentieren. Präsentationen effektiv vorbereiten, überzeugend inszenieren und erfolgreich durchführen. BusinessVillage, Göttingen 2006. (ISBN 9783938358276)

Hill, Napoleon: Denke nach und werde reich. Die 13 Gesetze des Erfolgs. Ariston, München 2006. (ISBN 9783720527408)

Püttjer, Christian; Schnierda, Uwe: Trainingsmappe Vorstellungsgespräch. Die 200 entscheidenden Fragen und die besten Antworten.
Campus, Frankfurt am Main 2006. (ISBN 9783593376578)

Schäfer, Bodo: Die Gesetze der Gewinner. Erfolg und ein erfülltes Leben.
dtv, München 2003. (ISBN 9783423340489)

Townsend, John: The Business Presenter's Pocketbook. 6. Auflage,
Management Pocketbooks, Alresford 1997. (ISBN 9781870471480)

Tuckman, B. W.: Developmental sequences in small groups. Psychological
Bulletin, 1965, vol. 63, no. 6, pp. 384-99.

Watzlawick, Paul; Beavin, Janet H.; Jackson, Don D.: Menschliche
Kommunikation. Formen, Störungen, Paradoxien. Huber, Bern 1969.
(ISBN 3456834578)

Weinberg, Gerald M.: The Secrets of Consulting. A Guide to Giving and
Getting Advice Successfully. B & T, 1985. (ISBN 9780932633019)

Weyand, Giso: Allein erfolgreich – Die Einzelkämpfermarke. Erfolgreiches
Marketing für beratende Berufe. BusinessVillage, Göttingen 2006.
(ISBN 978-3938358221)

Empfehlungen zu NLP

Dilts, Robert B.: Die Magie der Sprache. Angewandtes NLP. 3. Auflage,
Junfermann, Paderborn 2001. (ISBN 9783873874459)

Hall, L. Michael: Der Sieg über den Drachen. Junfermann, Paderborn
1999. (ISBN 9783873873513, Vorsicht, schwere Kost)

Mohl, Alexa: Das Metaphern-Lernbuch. Geschichten und Anleitungen aus
der Zauberwerkstatt. 4. Auflage, Junfermann, Paderborn 1998.
(ISBN 9783873873490)

Mohl, Alexa: Der Zauberlehrling. Das NLP Lern- und Übungsbuch. 9. Auflage, Junfermann, Paderborn 2006. (ISBN 9783873870901)

NLP-Training auf DVD

Mulzer, Chris: Der Volkspractitioner. Grundausbildung im Modell von NLP. Aufzeichnung auf 17 DVDs, 4 CDs. kikidan, Berlin 2006. (ISBN 9783939821014)

Zum Thema Neuromarketing

Häusel, Hans-Georg: Think Limbic! Mit Audio-CD. 4. Auflage, Sonderdruck, Haufe, Freiburg 2005. (ISBN 9783448068139)

Häusel, Hans-Georg: Neuromarketing. Erkenntnisse der Hirnforschung für Markenführung. Werbung und Verkauf. Haufe, Freiburg 2007. (ISBN 9783448080568)

Scheier, Christian; Held, Dirk: Wie Werbung wirkt. Haufe, Freiburg 2006. (ISBN 9783448072518)

Interessante Internet-Adressen

Allgemeine Empfehlungen

http://www.beraterexzellenz.de/ – Die Top Ressource für exzellente Berater

http://www.ah-ub.de/ – Andreas Hoffmann Unternehmensberatung

http://gesichterlesen.de/ – Institut für erlernbare Menschenkenntnis, Stefanie Dedenbach

http://www.graphologies.de/ – Hier kann Ihnen ein Programm automatisch durch vordefinierte Fragen eine Handschrift analysieren. Bei meiner Frau und mir hat es hervorragend geklappt.

http://www.humansynergistics.com/products/survival.aspx – Arctiv Survival Situation – Training für Teamwork

http://www.huthwaite.de/ – interessante Seminare zum Beispiel zur SPIN-Methode sowie zum Thema Verhandlungsführung (nahe an der Harvard-Methode)

http://www.its-people.de/ – Verbindlicher Zusammenschluss selbstständiger IT-Berater in einem unternehmerisch professionell geführten Unternehmensverbund

http://www.wolfgangmewes.de/wolfgang-mewes.htm – EKS-Strategie

http://www.clientdimensions.com/HTMLobj-106/
The_Hunter__Farmer__Fisherman.pdf – The Hunter, the Farmer, and the Fisherman by Robert Kelly

http://www.dgta.de/ – Deutsche Gesellschaft für Transaktionsanalyse

http://www.zielke-institut.de/ – Prof. Dr. Christian Zielke

Team-Rollen und Persönlichkeitsprofile

http://www.belbin.com/belbin-team-roles.htm

http://www.keirsey.com/keirsey.html – der kostenlose Keirsey Temperament Sorter mit seinen deutschen Erläuterungen unter:
http://de.wikipedia.org/wiki/Keirsey_Temperament_Sorter

http://www.hid.de/ – das „Herrmann Brain Dominance Instrument" HBDI™